JN096820

シリーズ
地域研究のすすめ

ようこそ南アジア世界へ

PAKISTAN

NEPAL

BHUTAN

BANGLADESH

INDIA

SRI LANKA

MALDIVES

石坂晋哉
宇根義己 =編
舟橋健太

昭和堂

はじめに

　南アジア地域には，世界人口の実に4分の1もの人びとが暮らしています。インドの人口（2019年推計値で13億6600万人）だけでも，世界人口の5分の1に迫る勢いです。インドの人口は2024年ごろには中国のそれに追いつき，その後追い抜くと予想されています。南アジア系の人びとのなかには，例えばマイクロソフトやグーグルのCEOなど，世界的に活躍する人も出てきました。南アジア系の人びとが，これからの世界でますますその存在感を強めていくことは，間違いないでしょう。

　いっぽうで，南アジアに対するわたしたちの認識や情報は，中国など他の諸外国地域と比べると豊富ではなく，また正確ともいえないのではないでしょうか。そのような南アジア地域の特徴を捉えるためのキーワードとして，しばしば用いられる語が2つあります。1つ目は「変化」です。かつてインドやバングラデシュなどは「貧困」や「停滞」といったイメージがつきまとっていました。本書を手に取ってくださった方のなかにも，そうした昔のイメージをお持ちの方がいらっしゃるかもしれません。かつては南アジア地域研究者も，この地域がなぜ発展しないのか，どうしていつまでも変わらないのか，その理由を考え続けていました。

　しかし，時代はすっかり変わりました。南アジア地域は1990年代ごろを境に大きく変化を遂げたのです。若い世代の方のなかには，インドと聞くと「成長」「発展」「新興国」「IT大国」といったイメージがまず浮かぶという方もいらっしゃるかもしれません。いまや，南アジア地域研究者が取り組むべき課題も，「変わらないと思われていた南アジアが，なぜ，いかにして，変わり始めたのか」「南アジアの変化は，いったい何を引き起こすのか」といったことにシフトしてきています。

　2つ目は「多様性」です。南アジアにはさまざまな言語や宗教があります。自然環境にも豊かな多様性がみられます。地球温暖化で国土の水没が危

i

惧されるモルディヴの島々。世界最高峰を有するヒマラヤ山脈。その両者の間に広がるインド亜大陸の広大な空間には，実に多様な地形，気候，生態がみられます。こうした多様性を擁しつつも，ひとつの地域として緩やかな一体感をもっているのが，南アジア地域の2つ目の特色です。

　海外の「変化」や「多様性」を理解することは容易ではありません。もちろん，南アジア地域に関する本は，日本でも入手困難ではなくなってきました。インドでのビジネスに特化した専門書や，ジャーナリストによる時事解説，旅行者の印象記，インドの美術や料理を紹介する本などが，書店の本棚には並んでいます。しかし南アジア地域について，最新の学術成果を踏まえて総合的・体系的に1冊で学ぶことができるような入門書は，残念ながら見当たりません。

　本書は，こうした状況を踏まえて企画された南アジア地域研究の入門書です。南アジア地域の基本的な事柄について，体系的に学ぶことができるようになっています。主な読者として，大学で南アジア地域研究について学ぼうとする学部生を対象としていますが，もちろんそれだけに限らず，南アジア地域に関心がある方には，ぜひご一読いただきたいと思います。

　また，本書は各章も各コラムもそれぞれで独立していますので，関心の強いところから読み進めていただいて問題ありませんが，南アジア地域の「いまのすがた」をできる限り総体的に捉えることができるよう，全体の構成を整えましたので，ぜひ，通読していただければと考えます。現地の「雰囲気」が感じられるよう，折々で執筆者の体験からの挿話を織り込むなど，臨場感あふれる記述にもなっています。本書をきっかけに，南アジア地域への関心を強められ，当地に赴いて実際の「空気」に触れていただければ，執筆者一同，望外の喜びです。

　さあ，南アジア世界へ，ようこそ！

　2020年1月

編者一同

目　次

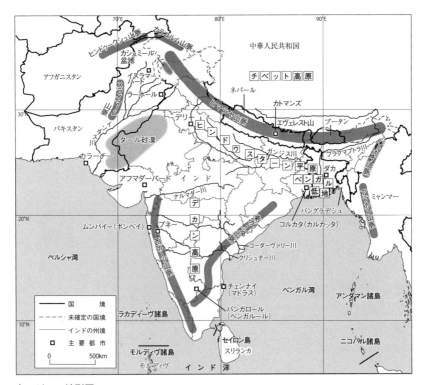

南アジアの地形図

出所：宇根作成。

南アジア世界の醍醐味

石坂晋哉

インドの玄関口，インディラ・ガーンディー国際空港にて（2011年，デリーにて筆者撮影）

「南アジア地域研究」とは何なのか？　そもそも，南アジアとはどこのことなのか？
また，「地域研究」とは何なのか？　そうした基本的な事柄について，序章では，で
きるだけ分かりやすく解説したい。

1 なぜ南アジア？

南アジアという地域には，えもいわれぬ"醍醐味"がある，と思う。

「インドに行くと，世界観が変わるそうですね」や，「インドに行くと，インドが好きで好きでたまらなくなる人と，インドが大嫌いになる人の二通りに，はっきりと分かれるそうですね」などと言われることがある。たしかに筆者自身，インドとの出会いがなければ今の自分はなかったと思うし，自身のものの見方やものごとへの態度の根幹に"インド体験"が少なからぬ影響を及ぼしたと自覚してはいる。しかし，たとえばインド研究者が全員「インドが好きで好きでたまらない」かというと，決してそういうわけではない。

正直に告白すると筆者は，最近は1年のうちに何度も渡印する機会があるが，インドに向かう飛行機に乗るとだいたい，実に憂鬱な気分に陥り「行きたくない，行きたくない」と思い，早く仕事を済ませて日本に帰国しようと念じてばかりいる。しかし，インドの空港に降り立つ頃までには，だいたい，あきらめの境地に至り，すっかり気分を切り替えて「インド・モード」に入ることができるのも事実だ。そしてインド滞在を終えて帰国する頃には，今度は，日本に帰るとまた忙しい，嫌だ嫌だ，と思うのが常である。誠に勝手なものである。ときどき欧米や東南アジアなどに行く機会もあるのだが，こうした激しい感情の起伏や身体の拒絶反応は，やはり，インドへの行き帰りのときだけやってくる独特のものである気がする。

自分なりに分析してみると，これはひとつには，インドと日本があまりにも大きく異なっているのが原因である。日本の常識はインドでは通用しない。筆者のインドとのつきあいは20年以上になるが，いまだに，えっ，と新鮮に驚くことが（つまり，どっと疲れることが），インドにいるとしばしばある。大きなカルチャーショックの連続は実に身体にこたえるものだ。

もうひとつ，これはより説明しづらい現象なのだが，インドにいると，消そうとしても消し去ることのできなくなるような，強烈な"印象"が，身体に刻み込まれてしまう気がする。早朝の森の中から聞こえるクジャクの鳴き

声，道を悠然と歩く牛の姿，雨季のじっとりとした暑さ，乾季の始まり頃の夕暮れ空の独特な色彩，地平線に沈む夕日，街中の喧騒とさまざまなにおい，停電中の暗闇下でいただく絶品の家庭料理。日本にいても，いつでも，ありありと想い起こすことができるそうしたインドの大地や自然や暮らしの“印象”が，有無をいわせず，筆者を繰り返しインドに引き戻しているのではないだろうか。そしてまたインドにはなぜか，どうしても定期的に会いたくなってしまう人がいる。どうしても定期的に行きたくなってしまう場所が，インドにはあるのだ。

　ここまで，南アジアの魅力とおそろしさ（？）について，完全に筆者個人の勝手な印象論を述べてきたが，次節では，もう少し冷静に南アジア地域の特徴を客観的に捉えてみたい。

2　南アジアを捉えるキーワード──「多様性」と「変化」

　「南アジア地域」には，現在の国名でいうと，インド，スリランカ，ネパール，パキスタン，バングラデシュ，ブータン，モルディヴの7ヶ国が含まれる（アフガニスタンやイランあるいはミャンマーやチベットを「南アジア地域」に含める場合もあるが，本書では基本的に上記7ヶ国の地域を中心に扱う）。この7ヶ国の面積の合計は約450万 km^2 となり，東欧を除くヨーロッパ（西北南欧の35ヶ国）より少し広い計算になる。

　南アジア地域の特徴として，まず指摘できることは，非常に多くの人が住んでいる点である。世界人口（75億5000万人）の実に4分の1ほどが南アジア地域で暮らしている。各国別の人口でみると，インドの人口だけでも13億3900万人と，世界人口の5分の1に迫る勢いであり，パキスタン（1億9700万人）とバングラデシュ（1億6500万人）も，日本の人口（1億2700万人）を上回っている（表0-1）。

　しかも，この南アジアの人びとは言語や宗教がさまざまである。インド一国のなかの主要言語だけでも，ヒンディー語，ベンガル語，オディアー語，アッサム語，カシュミール語，パンジャービー語，マラーティー語，グジャ

ラーティー語，シンディー語，タミル語，テルグ語，カンナダ語，マラヤーラム語という13もの言語をあげなければならない。しかもその13言語（「13ヶ国語」ではない点に注意！）には，言語学的にまったく系統を異にするインド・アーリヤ語族の言語とドラヴィダ語族の言語が含まれており，さらに，そのほかにシナ・チベット語族やアウストロアジア語族の言語も存在する。宗教に関しても，ヒンドゥー教，イスラーム，キリスト教，シク教，仏教，ジャイナ教など，南アジアには，さまざまな宗教の信者が暮らしている。こうした南アジア地域の人びとの特徴を表すのによく使われるのが，「多様性」という言葉である。

　「多様性」は，南アジア地域の自然環境の特徴を表すのにも適した語である。地球温暖化で国土の水没が危惧されるモルディヴの島々から，世界最高峰（8848m）を有するヒマラヤ山脈まで標高差のある空間には，実に多様な地形，気候，生態がみられる。雨が滅多に降らない沙漠（砂漠）から，ギネス記録の多雨地までを擁するさまは，「多様性」というよりも「両極端」と形容したくなるほどである（小西 1997）。

　多くの人が住んでいて，「多様」な南アジア。しかし，もうひとつ，この

表0-1　南アジア各国便覧

	インド	スリランカ	ネパール
正式国名	インド共和国	スリランカ民主社会主義共和国	ネパール連邦民主共和国
独立年	1947	1948	
首都	デリー	スリ・ジャヤワルダナプラ・コーッテ	カトマンズ
面積	328万7263km²	6万5610km²	14万7181km²
人口	13億3918万人	2088万人	2931万人
主要言語	ヒンディー語，英語など	シンハラ語，タミル語，英語	ネパール語
通貨	インド・ルピー	スリランカ・ルピー	ネパール・ルピー
国家元首	大統領		大統領
行政の長	首相	大統領（首相が補佐する）	首相

出所：辛島他（2012），田中・田辺（2010），United Nations（2017）をもとに筆者作成。

南アジア地域の特徴を形容するキーワードがある。それが「変化」という
キーワードである。

　かつて，本書の執筆陣が高校生や大学生であった頃（1990年代前後），南ア
ジア地域に関する一般的なイメージは「貧困」「停滞」「悠久」といったもの
であった。今から振り返ってみるならば，その頃までの南アジア地域研究が
取り組んできた課題のうち，大きな軸となっていたのは，「南アジアはなぜ
変化しないのか」という問いであった。なぜインドは，いつまでたっても経
済成長を実現できず，停滞したままなのか。バングラデシュはなぜ，貧困か
ら抜け出せないのか。

　しかし，「なぜ変化しないのか」を考え続けてきた研究者たちを尻目に，
現実の南アジア地域は1990年代頃を境に大きく「変化」を遂げていくことに
なった。「変わらない」ことを前提に「なぜ変わらないのか」を考えている
うちに，いつの間にか現実がどんどん変わり始めたのである。

　特に重要なのは経済成長である。しかし政治の構造変動も見過ごすことは
できない。国際政治の場における南アジア各国の存在感は急速に高まりつつ
ある。さらに，家族のあり方や，人びとのものの考え方や行動様式，暮らし

パキスタン	バングラデシュ	ブータン	モルディヴ
パキスタン・イスラーム共和国	バングラデシュ人民共和国	ブータン王国	モルディヴ共和国
1947	1971		1965
イスラマーバード	ダカ（ダッカ）	ティンプー	マーレ
79万6095km²	14万3998km²	4万6500km²	298km²
1億9702万人	1億6467万人	81万人	44万人
ウルドゥー語，英語，パンジャービー語，パシュトー語，シンディー語など	ベンガル語	ゾンカ語	ディヴェヒ語
パキスタン・ルピー	タカ	ニュルタム	ルフィヤ
大統領	大統領	国王	大統領
首相	首相	首相	

のあり方なども，ほんの数世代の間に，いつの間にかすっかり変わってきた。経済の領域，政治の領域，社会や文化の領域が，それぞれに，また相互に複雑に関連しつつ，ダイナミックに変貌を遂げつつある。はたまた一方で，変わりそうでいて，なぜか一向に変わらないものもある。

そうした現実に対応して，いまや南アジア地域研究が取り組むべき課題も，「変わらないと思われていた南アジアが，なぜ，いかにして，変わり始めたのか」「南アジアの変化をどのように捉えるべきか」「南アジアの変化は，いったい何を引き起こすのか」といったことにシフトしてきた。学問領域としての「南アジア地域研究」が今まさに，そうした実にスリリングな段階に入り，活発な議論がなされていることを，本書を通じてぜひ実感していただきたい。

3　地域研究の基本的な心構え──「総合的理解」と「相互理解」

本書は「南アジア地域研究（South Asian Area Studies）」の入門書である。前節までは「南アジア（South Asia）」について説明してきた。本節では「地域研究（Area Studies）」とは何かについて説明したい。

まず，地域研究の「地域（area）」という単位は，国家より大きく，地球全体より小さい単位である。世界には，南アジア地域のほか，東南アジア地域，中東地域，アフリカ地域，アメリカ地域などの「地域」が存在する。そうした世界の各地域には，それぞれに，固有の生態環境条件や歴史がある。そうした固有の自然環境や歴史を踏まえて，各地域の政治や経済・社会・文化などを理解するべきだというのが，地域研究の基本的な立場である。

地域研究の「地域（area）」は，「地域おこし」とか「地域振興」とかというときの「地域（region）」──国家よりも小さい単位，県や市町村など，地方──とは異なる。後者の「地域（region）」を対象とする研究のことを，地域研究（Area Studies）とは区別して，リージョナル・スタディーズ（Regional Studies）とよぶことがある。

また，地域研究と似た学問分野として，「国際関係論（International

Relations)」がある。地域研究と国際関係論の違いは，前者が世界を「地域」の集まりとして捉えるのに対し，後者が世界を「国」の集まりとして捉える点にある。地域研究には，近代の国民国家（nation state）を単位とした「国際（inter-national）」という観点だけから世界をみることに対する批判的観点が内在しているともいえる（小杉 2011）。

「地域研究」という学問領域は，歴史学や経済学など伝統的な個別専門分野にまたがった「メタ」レベルの学問領域だと考えることもできる。「地域研究者」は多くの場合，「地域研究」を名乗ると同時に，個別の専門分野を名乗っている。たとえば筆者の場合，「専門は何ですか」と聞かれたら，「南アジア地域研究，社会学です」と答えることにしている。社会学の立場に立ちつつ，地域としては南アジアを研究対象としており，「南アジア地域研究」として蓄積された学知を踏まえた研究をしている，という意味である。

地域研究がめざすべきこととして，①総合的理解と，②相互理解をあげることができる。このうち，まず，①総合的理解について，たとえ話を使って説明したい。

「群盲象を評す」という，インド発祥とされる寓話をご存じだろうか。目の見えない人が数人集まって，象の身体の一部を触り，象とはどういう動物かを説明しあうという話である。鼻を触った者は，象を「木の枝のようだ」と述べる。耳を触った者は，象を「大きな扇のようだ」と述べる。足を触った者は，象を「柱のようだ」と述べる。いずれもそれぞれ正しいが，各人が触ったのは象の身体の一部分でしかなく，全体像を捉えることができていないのだ。

ここで，「南アジア」を，この象のようなものだと考えてみてほしい（実際に，インドは「巨象」にたとえられることがある）。社会学者は，南アジアの「社会」という一部分しかみることができていない。経済学者は，南アジアの「経済」という一部分しかみることができていない。また地理学者は，南アジアの「地理」という一部分しかみることができていないのである。

「群盲象を評す」の寓話には，さまざまなバリエーションがあるらしいが，そのうちのひとつでは，それぞれの見解を「総合」することの重要性が

説かれる。同様に，地域研究では，さまざまな専門分野からのアプローチを互いに学びあうことで，地域の「総合的な理解」をめざすことが重要だと考えるのである。各専門分野の研究が，ときとして「重箱の隅をつつく」ものに終始して，閉塞的になりがちな状況を打破し，専門分野の垣根をも横断して，地域の多面性を捉えようという姿勢が，地域研究には存在する。そこで重要となるのが，同一の地域を対象としつつ，専門分野を異にする者同士の共同研究である。日本の南アジア地域研究は，一方では仏教学・インド哲学・サンスクリット文学の専門家と，他方では西洋由来の歴史学・経済学などの専門家とが，同一の場で自由に互いに議論しあう場を作ろうということから始まった。本書も，さまざまな専門の立場から，それぞれに南アジア地域の「ある面」を明らかにし，互いに補足しあうことで，南アジア地域の「全体像」に迫ろうとしている。

地域研究がめざすべきことのもうひとつが，②相互理解である。これは，地域研究の研究対象が，単なる"物"ではなく，地域には"人"が含まれていることと関係している。

実は，地域研究は20世紀後半に，アメリカを中心として大きく発展した比較的新しい学問分野である。その発展を後押ししたのが，いわゆる東西の冷戦構造と，そのなかでのアメリカの軍事戦略であった。アメリカの地域研究は，軍事戦略の一環として発展したのである。それに対し日本の地域研究は，軍事戦略とは一線を画し，当初から比較的，地域の相互理解をめざしてきたといわれる（小杉 2011）。つまり，アジアやアフリカの側にできるだけ寄り添って，アジアやアフリカの人びととの具体的な「出会いと対話」を通じて，地域を理解しようとしてきたのである。

また，地域を理解するためには，実際に地域に赴き，フィールドワーク（現地調査）を行うことが重要だとされる。当該地域に実際に足を運び，現地の人びとや自然と不断の対話をするなかで初めて見えてくることがある。フィールドワークを通じた出会いと対話が，地域研究では非常に重視されるのである。

今日，アジアやアフリカの人びとは，当然ながら，単に，研究対象として

研究者から「見られる」側にいるわけではない。自身の属する地域を内側から見て，自ら発信する研究者が大勢いる。そうした当事者たちとの対話を通じた「学びあい」が，現在の地域研究には求められているのだ。

4　本書について

　本書は，南アジア地域研究の入門書である。

　第1章から第11章までは，南アジア地域に関する各専門分野からの知見が順にまとめられている。第1章「地理」は地理学，第2章「歴史」は歴史学，第3章「宗教」は宗教学，第4章「哲学・思想」はインド哲学・思想史，第5章「政治」は政治学，第6章「経済」と第7章「産業」は経済学，第8章「社会」は文化人類学・社会学，第9章「ジェンダー」はジェンダー論（文化人類学），第10章「教育」は教育学・社会福祉学，第11章「文化」は文化人類学である。

　南アジア地域研究の弱点のひとつは，「南アジア」と掲げているにもかかわらず，実のところ「インド」のことしか論じない場合が多いという点である。面積のうえでも人口のうえでも，インドが，圧倒的な存在感を示している地域であるため，やむをえない面もあるが，本書第12章ではこの問題の克服にチャレンジしている。すなわち，インドを相対化し，南アジア地域内のインド以外の場所に光を当てるために，あえて「南アジア」とは異なる，別の地域区分方法を提唱する議論を紹介している。第12章の第1節では「ヒマラヤ地域」，第2節では「ゾミア」，第3節では「環インド洋地域」，第4節では「イスラーム世界」，第5節では「南アジア系移民の世界」について論じている。

　ヒマラヤ地域という地域区分では，ネパールやブータンが主要国となる。ゾミアの場合，インド北東部やブータンが中心となる。環インド洋地域では，南インド沿海部とともにスリランカやモルディヴが重要となる。イスラーム世界においては，パキスタンやバングラデシュ，モルディヴの存在感が増すであろう。南アジア系移民は，世界中に分布しており，「南アジア系

移民の世界」という視点は，もはや「地域」という枠組みすら相対化しているともいえよう。なお，最後の第13章は，南アジアと日本の関係史の概説である。

　また本書では，南アジアをめぐるホットなイシューや興味深い論点などを，「南アジアをあるく」という名のもとに14のコラムとして取り上げている。「カレー」「環境問題」「印パ分離独立の記憶」「音楽」「文学」「インド憲法」「土地」「エネルギー問題」「観光」「スポーツ」「高齢者」「インド映画」「芸能」「南アジアと中国」である。

　本書は2018〜19年に執筆された。2019年の後半以降に起こった出来事が，本書の記述には反映されていない場合があるが，ご了承いただきたい。たとえばインドでは2019年10月に，それまでのジャンムー・カシュミール州が，ジャンムー・カシュミール連邦直轄地とラダック連邦直轄地に分割された。本書掲載の地図は，この変更が行われる前の時点のものである。

　南アジア地域研究という学問領域は，日本においては，1988年の南アジア学会設立，1998〜2000年度の特定領域研究「南アジア世界の構造変動とネットワーク」，2010年からの人間文化研究機構（NIHU）プロジェクト「南アジア地域研究」などにより大きく発展してきた。研究面での蓄積は，南アジアのかつての宗主国であるイギリスやフランス，オランダなどと比較しても，またアメリカや，さらにインドをはじめとした南アジアの本国と比較しても，分野によっては決して引けを取らないレベルになってきた。他方で，日本では，この南アジア地域研究の成果を1冊でまとめた入門書は，これまで刊行されたことはなかった。

　21世紀に入り，日本の一部の大学では「南アジア論」などの授業科目が新設され，一般の人びとの南アジアへの関心も高まっている。しかし残念ながら日本ではまだ，南アジアに関する正確でバランスのとれた理解が広まっているとは言いがたい。本書を読まれることで，南アジアの地理，歴史，思想，政治，経済，社会，文化の基本的な事柄について，体系的な知識を身に付けていただけたら幸いである。そして，南アジア世界の醍醐味を，ぜひ存分に味わっていただきたい。

参考文献

辛島昇他監修　2012『新版　南アジアを知る事典』平凡社。

小杉泰　2011「地域研究」東長靖・石坂晋哉編『持続型生存基盤論ハンドブック』京都大学学術出版会，4-5頁。

小西正捷　1997「多様性——両極端の世界」小西正捷編『インド』河出書房新社，14-23頁。

田中雅一・田辺明生　2010『南アジア社会を学ぶ人のために』世界思想社。

United Nations 2017. *World Population Prospects: The 2017 Revision*. United Nations.

●読書案内●

『新版　南アジアを知る事典』辛島昇他監修，平凡社，2012年
　　　南アジアについて学ぼうとする者が，まず参照すべき事典。1992年の初
　　　版が，2002年の新訂増補版を経て，2012年に大幅に改訂された。南アジ
　　　ア地域研究では，現地語の日本語表記をする際に，この事典に従った表
　　　記をすることが多い。

『現代南アジア』全6巻，東京大学出版会，2002〜03年
　　　特定領域研究「南アジア世界の構造変動とネットワーク」（1998〜2000年
　　　度）の研究成果である。環境やジェンダーといった新しい研究領域も取
　　　り上げられている。第1巻の巻末には便利な「研究ガイド」が付いてい
　　　る。

『現代インド』全6巻，東京大学出版会，2015年
　　　人間文化研究機構プロジェクト「現代インド地域研究」第1期（2010〜
　　　14年度）の研究成果である。「溶融」「環流」「メガ・リージョン」といっ
　　　た新しいキーワードを用いながら現代インド・南アジアの変化を捉えよ
　　　うとしている。

『激動のインド』全5巻，日本経済評論社，2013〜15年
　　　2009年から5年間にわたり実施された日本学術振興会科学研究費基盤研
　　　究（S）「インド農村の長期変動に関する研究」の成果である。現在のイ
　　　ンドの激変を長期変動の中に位置付け，GIS（地理情報システム）を活用
　　　した分析を行っている。

『新版　インドを知る事典』山下博司・岡光信子，東京堂出版，2016年
　　　インドの「衣」「食」「住」を中心に，暮らしに根ざした体験をもとに，
　　　分かりやすく解説している。最終章「いざインドへ！」は，『地球の歩
　　　き方　インド』（ダイヤモンド・ビッグ社）などのガイドブックとともに，
　　　インドに初めて足を運ぶ人に，ぜひ目を通していただきたい。

カレー

バターチキンとサンバルにみる食文化の多様性

小嶋常喜

　インド料理といえば，土窯のタンドゥールで焼いたタンドゥーリー・チキンやナーン，そして濃厚なバターチキンといった北西部のパンジャーブ料理が定番だ。これは1947年の分離独立の混乱で，多くのパンジャーブの人びとがインド各地や世界中に移住して料理を広めたことによる。だから，「インド料理」レストランでネパールやバングラデシュの料理人がパンジャーブ料理を作るのもよくある光景だ。

　しかし近年，東京でも，タマリンドで酸味を利かせた豆・野菜料理のサンバルで米を食べる，南インド式の定食「ミールス」を出す店が増えている。世界的にも，南インドのチェンナイに拠点を置く「ホテル・サラヴァナ・バヴァン」がその店舗網を広げている。つまりバターチキンとサンバルは，いまや北部や西部のパン食文化と南部や東部の米食文化をそれぞれ代表する「カレー」の双璧をなしている。

　スパイス（ターメリック，クミン，コリアンダーなど）を使う料理を「カレー」とするならば，南アジアの人びとは毎日カレーを食べている。「カレー」の語源は，具材を意味する南インドの言葉「カリ（ル）」をヨーロッパ人が料理名と誤解したなど諸説あるが，いずれにせよ「カレー」は南アジア料理の他称である。日本人が「毎日醤油料理を食べている」と認識していないように，南アジアの人びともまたしかりである。

　バターチキンとサンバルは，それぞれ肉食文化と菜食主義も代表する。歴史的にイスラーム世界や中央アジアの食文化の影響を受けた北西部やムスリム人口が多い地域では，ヤギやニワトリを使った各種カバーブや米料理のビリヤーニーなど肉料理が発達した。一方菜食主義者は豆が主な蛋白源であり，ムング（緑豆），アルハール（キマメ）などを使ったダールを毎日食べるし，チャナ（ひよこ豆）やラジマ（金時豆）を使った豆料理も定番だ。ただ同じ菜食主義でも，厳格な不殺生を貫くジャイナ教徒はニンニク，ショウガ，玉ねぎさえも口にしない「純菜食主義者」だが，ヒンドゥー教徒の場合，カシュミールでは卵を食べても，またベンガルでは魚を食べても，「菜食主義者」とみなされる。このように「カレー」は，南アジアの多様性を垣間見せてくれる。

第 1 章

地理

厳しい自然環境，急増する人口，変貌する都市

宇根義己

デリー首都圏郊外の商業施設。周辺には高層マンションが建ち並ぶ（2011年，グルガオンにて筆者撮影）

　南アジアは世界的にも類をみないほど多様な地形と気候を有している。それらは当地に豊穣の大地をもたらしてきた一方，ときに人びとに牙をむき，甚大な自然災害を発生させてきた。こうした環境のもとで人口は着実に増加し，また都市を中心に急速な経済発展を遂げてきた。しかし，各国内では地域間格差が拡大している。本章では，こうした自然環境と人文活動に関する基本的な情報を紹介し，南アジアを捉える視点を提供する。

1 過酷な自然環境

(1) 南アジアの多様な地形

約1億年前以降の白亜紀後期，インド大陸，オーストラリア大陸，アフリカ大陸，南アメリカ大陸，南極大陸からなるゴンドワナ大陸は分裂を始めた。インド大陸は北上し，約5000万年前（第三紀始新世）にユーラシア大陸に衝突した。最初に衝突したのはインド大陸の北西部（カラコルム山脈付近，viii頁「南アジアの地形図」参照）で，反時計回りに回転しながらユーラシア大陸にぶつかっていった（Klootwijk et al. 1992）。これによりインド大陸はインド亜大陸（Indian sub-continent）となった。インド亜大陸はユーラシア大陸の下へ潜り込んでいき，約2000万年前にその北側が急速に隆起してヒマラヤ山脈ができあがっていった。一方，インドからミャンマーにかけてはアラカン山脈やパトカイ山脈が，パキスタンからアフガニスタン方面にはスライマーン山脈が褶曲して伸びている。

ヒマラヤ山脈は最高峰エヴェレスト山（8848m）を頂点とし，北から南へかけて断層帯により3列の山地帯に区分される。標高3000m以上の区域は高ヒマラヤ帯（大ヒマラヤ帯）とよばれ，8000m級の山々が連なり，谷には氷河地形が発達している。高ヒマラヤの前面（南部）には活断層が走り，その南部に標高3000m以下の低ヒマラヤ帯（小ヒマラヤ帯）が展開する。低ヒマラヤ帯には何列にも連なった山地列とその間に形成された盆地が発達しており，ネパールの首都カトマンズやヒマラヤ観光の拠点ポカラといった都市は，そうした盆地に立地する。そこではインドやチベットからの人びとが古くから行き交い，さまざまな民族が独自の文化圏・経済圏を構築してきた。低ヒマラヤ帯の南側には標高1000m以下の亜ヒマラヤ帯（シワリク山地）があり，シワリク山地または外ヒマラヤとよばれる。亜ヒマラヤ帯は標高こそ高くないが，ヒマラヤの造山活動において最も若くて活動度も高く，巨大地震の発生や活断層の発達などがみられる。ヒマラヤ山脈は現在も隆起しており，年間5mmほど高くなっている（前杢 2013）。

ヒマラヤ山脈の南側に位置するのはヒンドゥスターン平原である。この平原はブラフマプトラ川，ガンジス川の水系により形成され，いずれの河川もその源流はヒマラヤ山脈あるいはチベット高原である。モンスーン期の降水は河川流域を潤し，豊かな耕作地域をもたらしてきた。南東方向へ向かって流れるガンジス川は，下流域でインド東部からバングラデシュを通って南進してきたブラフマプトラ川と合流する。両大河の堆積作用によって，バングラデシュの国土の大半を占めるベンガル低地が形成された。

　インド亜大陸中央部には，台地状のデカン高原がひろがる。その西側には，海岸と並行して西ガーツ山脈（1000〜2500m程度）が，高原の東側にはアーンドラ・プラデーシュ州東部からオディシャー州にかけて東ガーツ山脈（600m前後）がそれぞれ伸びており，デカン高原は両山脈に挟まれたかたちになっている。高原中央部は西の標高が高く，東へ向かって傾斜している。高原を横断するゴーダーヴァリー川やクリシュナー川は西ガーツ山脈を上流とし，東へ向かって流れる。

　南アジアの島嶼部といえば，セイロン島よりなるスリランカが思い浮かぶであろう。セイロン島は日本の東北地方よりもやや大きい規模であり，全体的には丘陵状のなだらかな地形である。インド洋に目を向けると，26の環礁と1000を超える島からなる島国モルディヴが，ベンガル湾には300以上の島からなるアンダマン諸島とニコバル諸島（ともにインドの連邦直轄地）がある。

(2)　モンスーンが生み出す気候特性

　アジア地域は広くモンスーンの影響を受けている。モンスーンとは，季節的に交替する卓越風系，すなわち季節風のことをいう。南アジアには，5〜9月にインド洋方向から吹く南西モンスーンと，12〜2月にインド亜大陸の北東側から吹く北東モンスーンの2つがある。前者が雨季（夏），後者が乾季（冬）といわれることがある。

　南西モンスーンは，夏季に海水温の高いアラビア海を通過した高温多湿の南西風で，大量の雨をインド亜大陸にもたらす。5月下旬から6月上旬の初期においては，比較的標高の高い西ガーツ山脈に南西モンスーンが吹き込ん

で雨を降らせる。一方，インド洋からインド亜大陸の南を通ってベンガル湾に流れ込んだモンスーンは，ベンガル湾を北上してベンガル低地からインド亜大陸に入り，北〜東方向のヒマラヤ山脈や，北西方向のパキスタン北部へ向かって吹き込んでいく。そのため，西ガーツ山脈周辺やベンガル低地からインド北東地域，ヒマラヤ山脈の一部は降水量が多くなるが，モンスーンの及ばないパキスタン中央部やタール砂漠，デカン高原などでは年間を通じて降水量が少なくなる。インドの北東州メガラヤのチェラプンジは，ベンガル低地から吹き込む南西モンスーンが収束して大量の雨を降らせることで著名であり，1年間の降水量が2万6461mm（1860年8月〜1861年7月）の世界記録を残している。

　南西モンスーンが収束する10〜11月（ポストモンスーン期）は全体的に少雨であるが，チェンナイなど南インドの海岸地域ではサイクロンの影響や北東モンスーンの部分的影響により，大量の降水がこの時期にもたらされる。その後の12〜2月に吹くのは，チベット高原からインド亜大陸へ向かって吹く冷たく乾いた北東モンスーンである。その一部は，上述のように南インドやスリランカにまとまった雨をもたらす一方，その他の地域ではほとんど雨が降らず気温も低い。3月になると，太陽高度が徐々に上昇することで気温が高くなり（プレモンスーン期），5月下旬からは南西モンスーンが再び卓越し始める。これが南アジアにおける年間の気候サイクルである。南アジアはこうしたモンスーンの影響を強く受けながら，熱帯気候から乾燥気候，湿潤気候，そしてヒマラヤの高山気候まで，実に多様な気候の地域的タイプを有しており，世界の気候の縮図といえる。

(3)　自然災害——洪水，干ばつ，地震

　多様な地形と気候は南アジア各地に豊穣の大地を育んできたが，自然環境はさまざまな要素が関連しあって絶妙なバランスの上に成り立っている。ひとたび大規模な災害が発生すればそのバランスは崩れ，甚大な被害が発生する。

　前杢（2013）によると，20世紀以降のインドにおける自然災害（疫病を含む）で最も多くの死者をもたらしたのは疫病（50％）で，次に多いのが干ば

つ（46%）である。一方，被災者の数をみると，干ばつ（53%）に次いで洪水（41%）が多く，被害総額をみても洪水と暴風雨などで全体の86%を占める。

　「川の国」とも称されるバングラデシュは水害常襲地域である。水害被害の心配がない地域は国土の半分以下であり，国土の3分の1が毎年冠水する。同国の水害は，雨季における河川の増水・氾濫による洪水被害とサイクロン接近による高潮被害に大別される。一度に大量の犠牲者を出してきたのは後者である。1970年に襲来したサイクロン・ボーラは猛烈な風雨と広範な高潮を起こし，少なくとも20万人が命を落とした。近年では，2007年11月に上陸したサイクロンが同国だけで死者4000人以上，被災者約900万人の被害を出した。洪水とはまったく対照的な干ばつ被害も重大である。モンスーンは不安定なため，雨季にまとまった雨が降らないと干ばつに陥る。

　地震被害や地滑りも深刻な被害を及ぼしている。最近では，2005年10月にカシュミール地方で発生したパキスタン地震（マグニチュード7.6）がインド，パキスタン両国で死者7万人以上の大被害をもたらした。2015年4月に発生した「2015年ネパール地震」（マグニチュード7.8）は震源が首都カトマンズの北西約80km だったこともあり，死者約9000人，被災者約800万人にのぼった。2004年のスマトラ島沖地震（マグニチュード9.1）は，インド洋沿岸にも津波を引き起こした。タミル・ナードゥ州では最大で5m程度，スリランカでは10m程度の津波が襲い，インドで約1万2000人，スリランカで約3万5000人が死亡するなどした。ヒマラヤ地域では土砂崩れや地滑りも相次いでいる。その被害は局所的ではあるものの，人的被害に加えて生態系も破壊するため当地では深刻な問題である。

2　人口構成と人口問題

(1)　インド・センサス──140年以上の歴史をもつ大規模調査

　インドではイギリス植民地時代の1872年に最初の国勢調査（センサス，人口調査，以下インド・センサス）が実施された。1881年には，全国を対象とした一斉調査が行われ，以降は10年ごとに調査されている。統一的な基準のもと

に実施・整備された世界最大の人口データベースとされている（鍬塚 2017）。

　中央省庁におけるインド・センサスの管轄部署は内務省の「人口登録およびセンサス局」であり，各州・連邦直轄地の実施組織が全戸を調査する。2011年に行われた調査では，約270万人もの国勢調査員およびその指導員が動員された。調査結果は整理・集計されたものが当局のウェブサイトにおいて順次公表されている。

(2)　インドの人口特性と地域的偏在

　国連によると，2019年のインドの人口推計値は13億6600万人である。中国の14億3400万人に次ぐ世界第2位の規模であるが，国連の試算では2024年ごろにインドの人口が中国のそれに追いつき，その後追い抜くとされている（United Nations 2019）。インドでは1921年ごろまで高い出生率と死亡率の「多産多死」段階であったが，その後死亡率が急速に低下し，「人口爆発」現象が生じた。1961年から2001年までの40年間，各10年間の人口増加率は20％以上の高い割合を維持した。2001年から2011年までの10年間でも17.8％の人口増加率を記録している。1910年以降の日本では，1920年から30年の間の15.2％が最高であり，いかに同国の人口増加率が高く，しかも持続してきたかが分かる。

　前節でみたように，インドではさまざまな災害が各地で発生し，人びとは厳しい環境下に晒されてきた。にもかかわらず，インド独立後に人口が持続的に増加してきたのは，農業・農村開発をはじめとする国家レベルでのさまざまな人的・物的施策や，医療保健・衛生環境の整備，さらには衛生観念の改善などが進められてきたことによる。

　以下では，2011年のインド・センサスの結果を州別にまとめた表1-1をもとに，インドの人口特性を概観しよう。まず，2011年のセンサス結果によるインドの人口は12億1018万人である。日本（1億2779万人，2011年）のおよそ10倍である。州別人口をみると，ウッタル・プラデーシュ州，マハーラーシュトラ州，ビハール州がそれぞれ1億人を超え，これらに西ベンガル州，マディヤ・プラデーシュ州，タミル・ナードゥ州が続く。上記6州で全

表1-1 インドの州・連邦直轄地別人口等一覧（2011年）

No.	州／連邦直轄地	人口 （万人）	人口密度 （人/km²）	性比
1	ウッタル・プラデーシュ州	19,981	828	912
2	マハーラーシュトラ州	11,237	365	929
3	ビハール州	10,410	1,102	918
4	西ベンガル州	9,128	1,029	950
5	マディヤ・プラデーシュ州	7,263	236	931
6	タミル・ナードゥ州	7,215	555	996
7	ラージャスターン州	6,855	201	928
8	カルナータカ州	6,110	319	973
9	グジャラート州	6,044	308	919
10	アーンドラ・プラデーシュ州	4,938	303	996
11	オディシャー州	4,197	269	979
12	テランガーナ州	3,519	307	988
13	ケーララ州	3,341	859	1,084
14	ジャールカンド州	3,299	414	948
15	アッサム州	3,121	397	958
16	パンジャーブ州	2,774	550	895
17	チャッティースガル州	2,555	189	991
18	ハリヤーナー州	2,535	573	879
19	デリー（直）	1,679	11,297	868
20	ジャンムー・カシュミール州	1,254	57	889
21	ウッタラーカンド州	1,009	189	963
22	ヒマーチャル・プラデーシュ州	686	123	972
23	トリプラ州	367	350	960
24	メガラヤ州	297	132	989
25	マニプル州	286	122	985
26	ナガランド州	198	119	931
27	ゴア州	146	394	973
28	アルナーチャル・プラデーシュ州	138	17	938
29	ポンディシェリー（直）	125	2,598	1,037
30	ミゾラム州	110	52	976
31	チャンディーガル（直）	106	9,252	818
32	シッキム州	61	86	890
33	アンダマン・ニコバル諸島（直）	38	46	876
34	ダドラ・ナガル・ハヴェーリー（直）	34	698	774
35	ダマン・ディーウ（直）	24	2,169	618
36	ラクシャドウィープ（直）	6	2,013	946

注：（直）は連邦直轄地を表す。2011年時点ではテランガーナ州はアーンドラ・プラデーシュ州から分離独立し
　　ていないが，両州を分けて記載した。それ以外は2011年当時の行政区分による。
出所：2011年インド・センサス。

インドの人口の半分を占める。一方，北東諸州や連邦直轄地などは面積，人口ともに小規模である。

インド全国の人口密度は382人/km²であるが，大きな地域的偏りがある。ヒンドゥスターン平原に位置する西ベンガル州からビハール州，ウッタル・プラデーシュ州にかけて，帯状に人口密度の高い地域が存在する。インドで最も多くの人口を抱えるとともに工業発展に乏しい貧困地域でもある。また，この地域はヒンディー語話者人口が多く，ヒンディー・ベルトとよばれる。このほか，ムンバイーなどの巨大都市周辺や沿海部の平原部を中心に人口密度の高い地域が分布する。一方，ヒマラヤ地域や北東諸州などの険しい山岳地域を含む州では人口密度が相対的に低く，200人/km²を下回っている。

つぎに男女比（性比）をみてみよう。インドでは，男性1000人に対する女性の数を性比として算出する。その数値は943であり，男性の割合が高い。インドに限らず，生物学的には男性よりも女性の平均寿命が長いことから性比は女性が高くなる。しかし，インド社会では男性を優遇する意識が伝統的に高い。男性は家を継承するが，女性は嫁ぎに出てゆき，さらに結婚持参金を用意しなければならない（ダウリー制度）。こうしたことを背景に，中絶などによる人為的なコントロールがなされている。性比の地域差も生じている。一般に北インドは伝統的な男性優位の価値観が強く，また出稼ぎ労働が活発であり，男性の割合が高い。たとえば，ハリヤーナー州の性比は879，パンジャーブ州は895ときわめて不均衡である。反対に，南インドや北東インドでは，ケーララ州1084や，タミル・ナードゥ州996など相対的に高い。このうちケーララ州は女子教育が熱心であるなど社会開発が進んでおり，「ケーララ・モデル」といわれてきた。

インドは若者の多い国である。図1−1により年齢別人口構成を5歳単位でみると，10〜14歳が最も多く（1億3270万人），全体の11.0％を占めている。このようにインドは若年層人口が多く，その人口ピラミッドは発展途上国の典型とされる富士山型（ピラミッド型）である。しかし，10〜14歳の世代よりも下の世代，つまり9歳以下の割合は小さくなっており，富士山型から釣り鐘型への移行がうかがえる。

宗教構成はヒンドゥー教の卓越と地域的差異がみられる。宗教別の人口割合は，ヒンドゥー教徒79.8％，ムスリム14.2％，キリスト教徒2.3％，シク教徒1.7％，仏教徒0.7％，ジャイナ教徒0.4％，その他・無宗教0.9％となっている。ヒンドゥー教徒以外の人口が少なく感じられるが，実数でみると２位のムスリムであっても１億7224万人を数える。この規模は，国別のムスリム人口としてはパキスタン，インドネシアに次いで世界で３番目である。

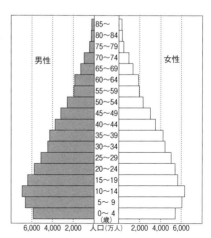

図1-1　インドの人口ピラミッド (2011年)
出所：2011年インド・センサスより筆者作成。

　ムスリムは北インド，とりわけジャンムー・カシュミール州（人口の68.3％）やウッタル・プラデーシュ州（19.3％）などで高い人口割合を示しているほか，イスラーム教国のバングラデシュに隣接するアッサム州（34.2％）と西ベンガル州（27.0％）でも高くなっている。キリスト教徒は北東諸州（ナガランド州（87.9％），ミゾラム州（87.2％），メガラヤ州（74.6％）など）で卓越している。ケーララ州（18.4％）やゴア州（25.1％），タミル・ナードゥ州（6.1％）など，南インドでも比較的高い。南インドでは，紀元後53年にイエス・キリストの使徒・聖トマスが布教したという伝承があるほか，17世紀には宣教師の布教活動によって多くのヒンドゥー教徒がキリスト教徒へ改宗した（松川 1999；杉本 2018）。19世紀後半には北東諸州でプロテスタントによる布教活動が展開され，少数民族の改宗が進んだ。シク教徒はパンジャーブ州アムリトサルに総本山があり，同州におけるシク教徒人口の割合は57.7％と突出した高さを示す。

3　急速な都市化と地域間格差の拡大

(1)　インドの都市規模

　まず，主要都市の人口とその推移を確認しておこう。図1-2はインドの上位15の都市の順位規模分布を1981年，1991年，2001年，2011年について示したものである。行政域を単位とした都市人口では周辺行政域にまで及ぶ郊外部分が含まれないため，ここでは都市圏（Urban Agglomeration）人口，すなわち中核となる市域を越えて市街地が連続する地域の人口（中核となる市と同一の州に限る）を取り上げる。同図をみると，2011年ではムンバイー，デリー，コルカタが1000万人を超えており，これにチェンナイ，バンガロール，ハイダラーバードが800万人前後で並び，これらにアフマダーバードが続いている。1981年と1991年はコルカタがムンバイーに次ぐ規模であったが，2011年では3位に後退した。反対に，デリーは人口増加が著しく，2011年に3位から2位となった。

　一般に，首位都市が2位以下の都市群に比べて突出して人口が多いパターン（首位都市型または卓越都市型）は発展途上国に多いとされ，首位都市から最下位の都市までの分布が両対数グラフ上で直線的になる形態（ランク・サイズルール型）は先進国に多いとされる。インドの場合，さきほどの図1-2を参照すると後者とみなされる（日野・宇根 2015）。

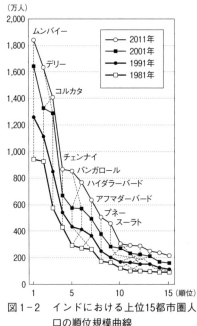

図1-2　インドにおける上位15都市圏人口の順位規模曲線

注：破線は同一都市を表す。破線のない都市は1981
　　〜2011年の間に上位16位以下となったことがあ
　　るものである。

出所：インド・センサス各年より筆者作成。

ただし，大規模な都市ほど人口がより増加する傾向にあり，巨大都市で短期間に人口が爆発的に増加する様子がうかがえる。

ところで，インドでは人口規模で上位6都市を六大都市とし，これにアフマダーバードとプネーを加えて八大都市とすることが多い。八大都市は2011年のインド・センサスにおいて500万人以上の都市に該当する。インドでは100万人以上の都市は53を数え（2011年時点），それらはインド北部から西部沿海部，南部にかけて多く，東部では少ない。なお，都市圏が州境をまたいだ場合，他の都市ないし都市圏とみなされる。デリーはグルガオンやノイダなどの郊外都市が周辺他州に位置するため，それらを含めた実際の都市圏人口は2100万人超となり，インド最大の都市となる。

⑵　大都市の発展と郊外地域

インドの大都市郊外地域では大規模な都市開発が急速に進められている。高層オフィスビルやコンドミニアム，巨大なショッピングセンターなど，大都市郊外はインドで最も経済発展と地域の変化を視覚的に捉えることができるだろう。これに対し，都心部の再開発は総じて不活発である。都市によっては，イスラーム王朝によって細く複雑な街路が張り巡らされたイスラーム都市がその中心部に形成されているほか（デリー，アフマダーバード，ハイダラーバードなど），イギリス植民地時代に建設された都市計画に基づく植民都市（ニューデリー，アーグラーなど）も存在する。そのため，新規の都市開発の舞台は専ら広大な土地が確保できる郊外地域となる。近年になって，ムンバイーなどでは都心部の紡績工場跡地などで民間資本によるショッピングモールなどの再開発が進んでいるほか，中央政府も都心再開発の支援に本腰を入れつつある。

郊外では，無秩序な開発やスラムの拡大などを防ぐため，行政が法規制やマスタープラン策定を行い，各都市や州の開発公社が工業用地（工業団地）や住宅の開発を行っている。インド資本の民間ディベロッパーによる開発も盛んである。注目されるのは民間ディベロッパーによる巨大な住宅団地開発である。団地の周囲は高い壁で囲まれ，大きな門が設置されている。敷地内

には高層マンションや戸建住宅だけでなく商店や学校，公園，ジム，さらには病院，寺院まで整備されている。こうしたゲーテッド・コミュニティが郊外地域に次々と建設されている。

　都市近郊の集落（ビレッジ）は，次第に都市の外延的拡大にのみ込まれるようにしてその周囲が開発されていく。その際，集落は都市開発区域から除外されて伝統的集落のまま残存する。これらはアーバン・ビレッジとよばれ，デリー首都圏では約7000を数える（由井 2015）。集落内の政治的権力や既得権は保護されているが，公的な開発が及ばないため，下水道施設や道路整備などはなされず，入り組んだ路地を牛が闊歩する伝統的景観が残存している。また，村落住民の所有する集落周辺の農地のみが開発対象地域として開発業者へ売却されるため村民の生業が脅かされ，土地買収をめぐる衝突が各地で発生している。さらに住民は土地収用の際の補償金などを元手にアパート経営などの不動産投資を進め，それに伴う集落への新住民増加が住民間の社会的関係の分断を招いている（澤他 2018）。

(3)　農村の変容と地域間格差の拡大

　前項でインドの大都市が急速に発展していることを確認したが，実は同国の都市化率，つまり都市人口比率は31％（2011年）と依然として低い。30年前の1981年（23％）と比べてもわずか8％しか上昇していない。インドに対し，中国は2008年の段階で46％に達している。また，日本の都市人口比率が30％前後であったのは1930年代である。インドでは人口の約7割が依然として農村に留まっているのだ。

　1991年と2001年のインド・センサスを比較すると，2時点における人口移動数の83％は州内移動であり，州をまたぐ移動は2割弱である。州内移動の6割が農村間移動で，その7割は女性の婚姻に伴うものである（Bhagat and Mohanty 2009）。ただし，これらの数値は短期的な出稼ぎ移動を反映しておらず，実際にはより多数で多様な形態の人口移動が生じている。インドでは，前節で触れたヒンディー・ベルトから他州の大都市や工業発達地域への男性による人口移動が活発であり，移動先の地域における重要な労働力と

なっている。都市へ流入した人びとのうち、フォーマル・セクターに従事することのできる者はわずかで、多くはインフォーマル・セクターもしくはフォーマル・セクターの非正規雇用者として就労している。

農業・農村の状況は一様ではなく、多様な展開をみせている。緑の革命にいち早く成功したパンジャーブ州では資本・労働集約的な農業が展開され、米・小麦の穀物生産や酪農・養鶏業が発展している。同州では、1970年代からビハール州などからの出稼ぎ労働者が増え続けている（宇佐美他 2015）。ビハール州は、パンジャーブ州のみならず全国・海外へと大量の男性労働者を供給している。藤田・押川（2014）によると、ビハール州では強固なカーストの階層性のもとに大地主層と小作人層との隷属的関係が展開されている。加えて、大地主層は農業への投資に熱心ではなく、こうしたことによって農業の近代化や緑の革命が当地ではあまり広く展開されなかったとされる。その結果、同州はインドの代表的な貧困州となり、多くの男性が雇用機会を求めて域外へ稼ぎに出かけるようになった。

南インドのタミル・ナードゥ州の場合、パンジャーブ州と同様に緑の革命による農業生産性の大幅な上昇がみられたが、その担い手となったのは上位カーストのバラモンなど少数の土地所有者ではなく、隷属的立場にあった下位カーストである。当地では19世紀前半の植民地下において、政府と土地耕作者（ライーヤト）との間で直接的に地税徴収契約が結ばれ（ライーヤトワーリー制）、地主層が解体された。バラモン土地所有者は領主的権益を喪失し、都市へ生活基盤を移して公務員上級職や企業管理職に就業して離農した。その結果、下位カーストが農業生産の担い手となっていった。1980年代以降は商業・工場雇用や自営業など非農業分野への就業を通じた農外所得の拡大が徐々に進んでいる。また、非農業部門のうちフォーマル部門などの安定的な就業を実現している者の多くは13年以上の教育を受けた者であり、農村住民・農民の高学歴化が垣間見える（宇佐美他 2015）。なお、近年は北インドからの移動労働者が大量に流入してきており、南インドにおいてもかれらに依存しなければならない状況が生じている。

これらが示唆する点は、インドにおける都市の急成長と農村の多様化、地

域間の格差拡大である。貧困層人口は着実に縮小しているが，経済成長の過程で所得配分には大きな差が開いてきており，その空間的投影である地域間格差が顕著になっている。所得分配の不平等の程度を測る指標としてジニ係数がある。1980年代以降のインドのジニ係数をみると，1990年代中頃まではほぼ停滞していたが，1994年ごろを境にその数値が上昇し，格差が拡大していった。地域間格差をみても，1990年代以降に拡大していることが州間ジニ係数から確認されている（インド政府計画委員会『第12次5カ年計画』）。

　連邦制をとるインドにおいて，地域間格差は社会的格差とともに重要な課題である。中央政府は1960年代から低開発地域への工業立地誘導などを通じて地域間格差の是正に力を入れてきた。しかし，1991年のインド経済自由化以降は，規制緩和と自由化のもとに工業分散化政策は一部を除いて後退している。2000年以降，インドの地域間格差は他のアジア諸国に比べて拡大しており，事態は深刻である（岡橋 2015a）。

4　行政区分と地域——南アジアをどう分けるか

(1)　インドの行政区分概要

　「多様性」という特徴をもつ南アジアあるいはインドを理解する際，その地域的な構成や特徴を捉えるには，どのように地域的まとまり，つまり地域区分を見出したらよいのだろうか。ここでは，基本的な地域的まとまりとしてインドの行政区分を紹介する。

　インドでは，中央政府のもとに29の州（State）と7の連邦直轄地（Union Territory）がある（図1-3）。連邦直轄地は国によって直接統治されており，政治的中心地（首都のデリー，パンジャーブ州およびハリヤーナー州の州都チャンディーガル）や海域の群島（アンダマン・ニコバル諸島など），フランスやポルトガルの旧植民地（ポンディシェリーなど）が該当する。

　州の下位には県（District）があり，県は都市部自治体（Municipality）と農村自治体（パンチャーヤット Panchayat）により構成される。後者はさらに県パンチャーヤット，郡パンチャーヤット，村落パンチャーヤットという階層

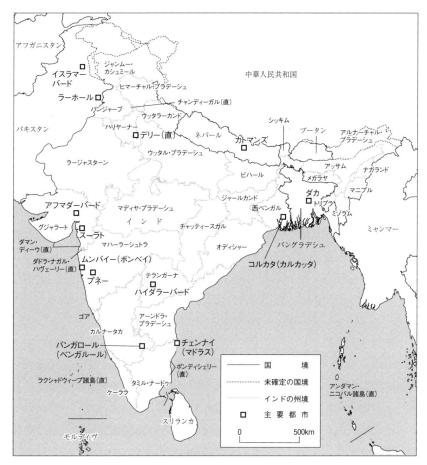

図1-3　インドの州・連邦直轄地と主要都市

注：2019年7月時点。ジャンムー・カシュミール州の連邦直轄地移行前にあたる。（直）は連邦直轄地を表す。
出所：筆者作成。

構造を有する。都市部自治体も都市規模により３つの区分が存在する。村落
パンチャーヤットは最も小さい行政単位であり，人口500人以上の複数の村
により構成される。

　ところで，独立時のインドはイギリスの直轄地や藩王国などに分かれてお
り，新国家としてこれらを再編成することが問題となった。1956年には地方

の主要言語に基づいて再編され，14の州と6つの連邦直轄地となった。これらは言語州とよばれる。その後も，言語的な統一をめざして言語州の設立が進められたほか，北東諸州ではインドからの独立運動を沈静化するために連邦直轄地から州へ昇格させる動きがみられた。近年は，地方政党の増加による州政治の重要性が高まるなどし，2000年以降に4つの新州が設立された。すなわち，2000年11月にジャールカンド州，チャッティースガル州，ウッタラーカンド州が，2014年6月にテランガーナ州が誕生した。

(2)　インドの地域区分

　広大なインドは，多様な民族構成や都市分布，さらには複雑な地形のもとに長期的な歴史が展開してきた。地域区分はそうした歴史的経緯の地理的表象でもある。上述の州や連邦直轄地もひとつの地域区分であり，中地域区分に位置付けられる（友澤 2013）。複数の州からなる大地域区分として代表的なのは南北の区分である。この場合，南はアーンドラ・プラデーシュ州，テランガーナ州，カルナータカ州，ゴア州，ケーララ州，タミル・ナードゥ州など，北はそれら以北を指す。この区分は，北がインド・ヨーロッパ語族，南がドラヴィダ語族という言語集団の分布や気候的特性などに対応しており，岡橋（2015a）は出生率の北高南低，識字率の南高北低を指摘したうえで，そうした点が人材育成や経済活動の地域的差異を生じさせているとしている。

　このほかにも，歴史文化や環境の差異に基づいて東西南北の4地域に分けることがある。この場合，それぞれに経済的中心としての大都市が位置付けられる。すなわち，東のコルカタ，西のムンバイー，南のチェンナイ，北のデリーである。さらに佐藤（1994）は，植民地期以降の社会経済史的側面から有効な区分として内陸と沿海の区分軸を提起している。植民地時代において，コルカタやムンバイー，チェンナイといった沿岸都市は，内陸の原料生産地を後背地として国外へ移出する拠点となっており，内陸と沿海には地域構造的な経済格差があった。ただし，独立以降はコルカタを中心とした東インドの停滞と，その他の地域の発展が顕著になっている。このような構造を牽引しているのが行政都市であったデリーの産業都市への転換である（岡橋

2015a）。1970年代以降，デリーは産業投資とともに周辺の人口を集めて急成長しており，その成長は周辺のラージャスターン州やウッタラーカンド州などへも部分的に拡がりつつある。

　グローバル経済のもとで，こうした広域的な経済発展は世界的にも注目されている。フロリダ（2008）は，大都市を核とした都市集積と産業集積の広域的な地域のまとまりが，グローバル競争時代において重要であると捉え，そうした地域的単位をメガ・リージョンと名付けた。全世界で40のメガ・リージョンが選定され，南アジアではデリー＝ラーホール，ムンバイー＝プネー，バンガロール＝チェンナイの 3 地域が抽出されている（フロリダ2008）。メガ・リージョンは，南アジアにおける新たな地域区分の方法を提示しているとともに，メガ・リージョンとその他との地域間格差の拡大をも示唆している（岡橋2015b）。次章以降では，南アジア各国における社会経済の地域的な差異や地域構造のあり方にも注目して読み進めていただきたい。

参考文献

宇佐美好文・柳澤悠・押川文子　2015「農村発展の類型論」水島司・柳澤悠編『現代インド 2　溶融する都市・農村』東京大学出版会，79-124頁。

岡橋秀典　2015a「空間構造の形成と変動」岡橋秀典・友澤和夫編『現代インド 4　台頭する新経済空間』東京大学出版会，29-51頁。

岡橋秀典　2015b「経済発展と新しい経済空間」岡橋秀典・友澤和夫編『現代インド 4　台頭する新経済空間』東京大学出版会，3-25頁。

鍬塚賢太郎　2017「インド国勢調査を用いた空間分析にむけて（1）　経済的属性に関する集計シリーズ（B Series）の特徴」『龍谷大学経営学論集』56（4）：39-53。

佐藤宏　1994『インド経済の地域分析』古今書院。

澤宗則・森日出樹・中條暁仁　2018「都市近郊農村からアーバンビレッジへの変容――インド・デリー首都圏の 1 農村を事例に」『広島大学現代インド研究――空間と社会』8： 1-25。

杉本良男　2018「インドのキリスト教」インド文化事典編集委員会編『インド文化事典』丸善出版，170-171頁。

友澤和夫　2013「総論――インドの歩みと地域特性」友澤和夫編『世界地誌シリーズ 5　インド』朝倉書店， 1-21頁。

日野正輝・宇根義己　2015「都市化と都市システムの再編」岡橋秀典・友澤和夫編『現代インド4　台頭する新経済空間』東京大学出版会，151-171頁。

藤田幸一・押川文子　2014「ビハール──農業停滞による貧困化」柳澤悠・水島司編『激動のインド4　農業と農村』日本経済評論社，233-271頁。

フロリダ，R　2009『クリエイティブ都市論──創造性は居心地のよい場所を求める』井口典夫訳，ダイヤモンド社。

前杢英明　2013「自然的基礎と自然災害」友澤和夫編『世界地誌シリーズ5　インド』朝倉書店，22-34頁。

松川恭子　1999「『ヒンドゥー教』への『改宗』──19世紀インドにおけるキリスト教宣教師とヒンドゥー改革運動，そしてヒンドゥー至上主義へ」『年報人間科学』（大阪大学）20(1)：211-228。

由井義通　2015「大都市の発展と郊外空間」岡橋秀典・友澤和夫編『現代インド4　台頭する新経済空間』東京大学出版会，223-247頁。

Bhagat, R. B. and S. Mohanty 2009. Emerging pattern of urbanization and the contribution of migration in urban growth in India. *Asian Population Studies* 5: 5-20.

Klootwijk, C.T., J. S. Gee, J. W. Peirce, G. M. Smith and P. L. McFadden 1992. An early India-Asia contact: Paleomagnetic constraints from Ninetyeast Ridge, ODP Leg 121. *Geology* 20: 395-398.

United Nations 2019. *World Population Prospects 2017 Highlights*. United Nations.

『地図で見るインドハンドブック』
　　　イザベル・サン＝メザール，太田佐絵子訳，原書房，2018年
　　　インドの歴史，国内政治と国土編成の推移，経済発展，地域間格差や環
　　境汚染などの問題，国際的対立などのトピックを，地図を多用して紹介
　　したもの。インドの社会経済地図集といった趣で，視覚的に楽しめる。

『世界地誌シリーズ5　インド』友澤和夫編，朝倉書店，2013年
　　　現代インドの自然環境，人口，農業・鉱工業・ICTサービス産業，交
　　通・観光，都市農村格差，都市発展などについて，地理学的・地誌学的
　　視点から論じた入門書。初学者が現代インドの経済社会を把握するには
　　最適。

『現代インドにおける地方の発展──ウッタラーカンド州の挑戦』
　　　岡橋秀典編，海青社，2014年
　　　インドの北部山岳州ウッタラーカンド州を事例に，周辺的性格の強い地
　　域における工業・ICTサービス産業や観光産業の展開と課題，そして山
　　岳地域の開発をめぐる問題と社会運動について論じた実証的研究。イン
　　ド周辺地域の社会経済的苦悩がうかがえる。

環境問題

持続可能な開発はいかにして可能か

石坂晋哉

南アジアでは1970年代に環境問題がクローズアップされるようになった。インドでは，「環境派」を自任したインディラ・ガーンディー首相が1972年ストックホルム国連人間環境会議に出席し，国内では野生トラ保護プロジェクトを開始した。同首相の肝いりで1980年に創設された環境庁は，1985年に環境森林「省」に格上げされた。また，1973年に北インドのヒマラヤ山麓で始まったチプコー（森林保護）運動は，南アジア初の本格的な環境運動である。「チプコー」はヒンディー語で「抱きつけ」を意味し，これは地元住民たちが伐採請負人の前で木に抱きついて森林保護を訴えたことに由来する。

南アジアの環境運動としては，ほかにも，ナルマダー・ダム反対運動が広く知られている。インド中西部のナルマダー川流域で1979年以来インド政府が進めてきた一連の大規模ダム建設事業に反対する運動で，特にサルダール・サローヴァル・ダムをめぐっては，当初日本も融資をしていた関係で，日本でも反対運動が盛り上がりをみせた（後に日本は融資凍結）。現在も，再定住政策や，ダムの水位をどこまで上げるかなどを争点として運動は継続している。

都市部を中心とした大気汚染や水質汚染も深刻さを増しており，対策が追いついていないのが現状である。微小粒子状物質（PM2.5）は，デリーをはじめ北インド平原部一帯でWHO基準の10倍を超えているほか，パキスタンのカラーチーやバングラデシュのダカなどでも5倍を超えている。デリーでは2002年までに公共交通機関をディーゼルから天然ガスに転換したが，自動車所有の急増と，発電所・工場の排煙などにより，汚染は悪化の一途をたどっている。

農村部では，土壌劣化や地下水枯渇もとりわけ深刻な問題である。1960年代後半以降展開した「緑の革命」（第7章参照）が農地の環境に及ぼした負の影響をめぐって，さまざまな議論が行われ，有機農業や自然農法など，持続可能な農業のあり方の模索も続けられている。

ガンジス川の源ゴームク周辺。ヒマラヤ氷河後退にも
温暖化の影響が指摘されている（2004年，インド・ウッ
タラーカンド州にて，筆者撮影）

　地球温暖化も重大テーマのひとつである。1997年の京都議定書に真っ先に署名・批
准したのは，温暖化による海面上昇の危機を強く訴えるモルディヴであった。インド
は，中国，米国に次ぎ世界第３位の温室効果ガス排出国である。インドの環境森林省
は2014年に環境森林気候変動省として生まれ変わったが，その背景には，従来のよう
に地球温暖化の責任を先進国に押し付けるだけでは済まなくなったという認識があ
る。

第 2 章

歴史

多様性社会の挑戦と葛藤の軌跡

小嶋常喜

ムガル帝国のアクバル帝と様々な宗教家との懇
談が行われた内謁殿（2005年，ファテプル・シー
クリーにて筆者撮影）

インド憲法の51条A項は，「われわれの複合文化の豊かな遺産の価値を尊重しかつ保
護すること」を国民の義務としている。「複合文化」とは民族・宗教・言語・カース
トなどでの文化的多様性を意味する。南アジアの多様性はしばしば「サラダ・ボウ
ル」に例えられ，ボウルのなかではそれぞれの食材が個性を保っている。多様性を表
現する別の言葉「坩堝」では個性が最終的には溶解していくが，南アジアの場合はそ
うならない。それは歴史のなかで，文化的多様性を「尊重しかつ保護する」努力がな
されてきたからに他ならない。

1　南アジアの歴史のダイナミクス

　地図で南アジアをながめると，北側を8000m 級の山々に遮られ，三方を海に囲まれたその地勢から，閉鎖的な空間という印象を受ける。しかし実際のところ，南アジアはかなり早い時期から外の世界と絶え間なく関わり，多くの人びとをその懐に受け入れてきた。時には軋轢や衝突を伴いながらも，外との接触は南アジアの多様性を豊かにし，その歴史の展開にも重要な意味をもった。一方で南アジア社会の内在的な動きや変化に目を向けると，南アジアの歴史には統合に向かう動きと，分化していく動きが常に存在する。この動きが多くのものを共有しながらも多様性のある南アジアを形作ってきたといえる。

　南アジアの歴史は，古代，中世，近現代の 3 区分，またはこれにムガル帝国時代の近世を加えた 4 区分が一般的だが，各時代の捉え方にはさまざまな見解が示されてきた。

　19世紀のヨーロッパ人は，アーリヤ人の南アジア進出以来発展したアーリヤ的／ヒンドゥー的文明がグプタ朝期に絶頂を迎える古代を「黄金時代」と捉え，それが政治的分裂やタントリズムなどにみられるヒンドゥー教の「堕落」，さらにはイスラームの「侵略」によって崩壊していく中世を「暗黒時代」，そしてイギリスの植民地支配をヨーロッパ近代によって南アジアが「文明化」される時代と捉えた。

　その後本格的な歴史研究が始まって政治体制や生産が分析の中心になると，古代はマウリヤ朝のような中央集権的な帝国の下で貨幣経済に基づく経済活動が盛んな時代，中世は封建的な政治体制が主流となって広域的な貨幣経済が停滞した時代，そして近代はイギリスの帝国主義的経済システムに包摂された南アジアが周縁化される時代とされた。

　現在の歴史研究は，考古学や文化人類学などの隣接分野の成果を取り入れ，従来の権力構造，土地制度，宗教／思想に加えて現実社会における人びとの実践やそれを取り巻く環境にも目が向けられ，各時代の捉え方も変わっ

てきた。この章では，古代を世界史のなかで文明が誕生した時代，中世を多様性が形成された時代，そして植民地期以降は「近代」がもたらされた時代と捉え，そのなかで人びとが異質なものや文化的多様性にどのように向きあってきたかをみていきたい。

2 古代——世界史のなかの南アジア文明

(1) インダスの文明からガンジスの文明へ

　南アジアでは前2600年頃からインダス川中・下流域で都市が形成された。前1800年以降これらの都市は衰退して1000年以上都市の営みは消え，前6世紀頃から今度はガンジス川中・下流域で都市が生まれた。前者の都市化は「インダス文明」，後者は「第二の都市化」とよばれ，その意味では南アジアでは2度「文明」が誕生したことになる。

　インダス文明は19世紀後半にハラッパーの遺跡が発見され，現在ではインダス川およびそれと並行してかつて存在したガッガル・ハークラー川の流域を中心に数千もの遺跡の発掘が進み，都市の形成・衰退過程が明らかになっている。ハラッパーやモヘンジョ・ダロをはじめとする都市は，河川や内湾に面している，周壁がある，公共施設が集中した城塞部と下水道を備えた市街地があるなどの共通点をもつ。

　一方でモヘンジョ・ダロの沐浴場，ロータルの船溜り，ドーラーヴィラーの大規模な貯水槽など，都市ごとの特徴も指摘されている。強大な権力者の存在を示すものはほとんどないが，活発な経済活動が都市とその社会を支えていたと考えられている。特に重要なのがメソポタミアとの海上交易である。メソポタミアの都市国家ウルの遺跡などからはインダスの都市で生産されたとされるカーネリアンの装飾品や未解読のインダス文字を記した印章が出土した。前2300年頃のアッカドの碑文に刻まれた木材・黒檀・貴石を運んでくる「メルッハの船」とはインダスの都市の交易船だったともいわれる。

　前1800年頃にインダス文明は衰退に向かった。衛星写真などを使った研究の進展により，モンスーンの一時的な後退や土地の隆起がガッガル・ハーク

ラー川の乾燥化や他の河川の流路の変更を引き起こしたことが指摘されている。これによって水上交易が大きな打撃をうけ，インダスの都市は衰退した。

　前1500年頃からおよそ1000年間は「ヴェーダ時代」とよばれる。この間にアーリヤ人が南アジアに定住し，口頭伝承によるバラモン教の神々の讃歌集『リグ・ヴェーダ』を含むヴェーダ群を成立させた。アーリヤ人はサンスクリット語の起源となる言葉を話した集団で，アーリヤとは「高貴な」という意味の自称である。

　イギリスのインド学者ウィリアム・ジョーンズはインドで判事を務める傍ら『マヌ法典』などのサンスクリット語文献を英訳するなかで，サンスクリット語とヨーロッパの諸言語の類似性に気づいた。たとえば英語の father はギリシア語とラテン語では pater で，サンスクリット語では pitar だった。mother はギリシア語では mater，ラテン語では matar，そしてサンスクリット語では matar だった。サンスクリット語で馬を意味する asva は数千マイル離れたリトアニア語でもまったく同じだった。1786年にカルカッタのベンガル・アジア協会で講演を行ったジョーンズは，サンスクリット語とヨーロッパの言語はすでに消滅した祖語から分化したはずだと主張した。この発言はインド・ヨーロッパ語族の研究に始まる比較言語学の発展を促した。後の考古学・言語学・人類学での研究の進展により，現在ではアーリヤ人は前2000年より以前に中央アジアで移動を開始し，前1500年頃から比較的少数の集団ごとにインド北西部に入ったと考えられている。

　『リグ・ヴェーダ』の内容から当時のアーリヤ人の社会を窺い知ることができる。スダース王率いるバラタ族と十王の連合軍との「十王戦争」は，牛の牧畜を生産の基礎とする部族社会でしばしば部族間の抗争が起きたことを想起させる。また「ダーサ」や「ダスユ」とよばれる人びとへの敵意や攻撃は，アーリヤ人が先住民を従属下におく過程と解され，インダス文明やそれを継承する北インドの地域文化の担い手である先住民との文化的断絶が強調されてきた。しかし近年の研究は，その後インダス川流域から東進したアーリヤ人が，先住民と接触・交流・混淆しながらガンジス川流域に鉄器の利用と農業生産を基盤とする社会を形成していったことを明らかにしている。

アーリヤ人がガンジス川流域まで進出したヴェーダ時代後期には部族王国が出現した。王やその一族（クシャトリヤ）は権力を正統化するために即位式や馬祀祭を行い，その複雑な祭祀を専門的に執り行うバラモンと協力して社会を支配した。またこの頃，農業が重要な生産活動となって非家族労働の導入が始まると，サービスを提供するヴァイシャと他人のために労働するシュードラも登場し，バラモンとクシャトリヤの支配に従属した。各集団は内婚規定に基づく身分（ヴァルナ）とされ，社会は部族制から身分制に移行した。前7～8世紀には，祭祀だけを重視する形式主義を批判し，各自の善悪の業を原動力として生きとし生けるものが再生と再死を繰り返す輪廻転生の道と，真実のアートマン（我）を体得して解脱する道を示したウパニシャッド文献が生まれた。

(2) 新思想の誕生と発展

前6世紀になると農業生産の増大を背景にガンジス川中・下流域に都市が形成された。都市の発達は王権の経済基盤となり，バラモンに依存しない王権の伸張と統治組織を備えた強大な国家の形成も進んだ。結果としてバラモン教やヴァルナから比較的自由な社会となり，独自の輪廻思想と解脱の道を示す仏教やジャイナ教が誕生した。ギリシアのソクラテスや中国の孔子も，社会秩序の再編を模索した同時代の思想家である。

仏教の開祖ガウタマ・シッダールタは，ヒマラヤ山麓を支配していたシャーキヤ（シャカ）族の有力家系に生まれ，29歳で出家してさまざまな修行を試みた後，35歳で悟りを開いてブッダ（仏陀）となった。その後45年間，彼は真理を認識し（四諦），煩悩を消して輪廻から解脱するための苦行と快楽の両極を排した中道に立つ実践（八正道）を説いた。ブッダは80歳でクシナガラの沙羅双樹の下で「入滅」し，輪廻転生の苦しみから解放された。

仏典で「六師外道」とよばれた同時代の新思想のひとつがジャイナ教である。マガダ国でクシャトリヤとして生まれたヴァルダマーナは，30歳で出家して12年の苦行ののちジナ（勝利者），またはマハーヴィーラ（大雄）となっ

て事実上のジャイナ教の開祖となった。ジャイナ教では輪廻からの解脱には霊魂の浄化が必要だとし，出家者は五大誓戒のアヒンサー（非暴力），サティヤ（真実を語る），アスティーヤ（盗まない），ブラフマチャリヤ（性的純潔），アパリグラハ（無所有）を実践する。

　仏教もジャイナ教も，王や有力者の支援を受けて教団を形成していった。たとえば『平家物語』の冒頭で詠われる「祇園精舎」はコーサラ国の王と富豪が寄進した仏教僧院である。多くの王は新思想を支援すると同時にバラモンにも支援を与えた。前4世紀に成立して南アジア最初の統一国家となったマウリヤ朝は，宗教思想を統治理念として利用した。第3代アショーカ王は征服活動によって統一を果たすが，東インドのカリンガ国の征服で多くの犠牲者が出たことを悔いた。以後彼は武力征服策を放棄して仏教に帰依し，「ダルマ」による統治を開始した。その内容は全国各地の石柱碑・磨崖碑に示され，殺生を伴う宮中行事の禁止，人畜のための療病院や街道の整備，諸宗教教団への援助などである。アショーカが仏典結集による教義の統一，サーンチーでの仏塔の建設，そして伝道師の派遣を行ったことにより，仏教は南アジアに広く普及した。ただしアショーカは他の宗教にも援助を与えて対等に扱うことで，「ダルマ」がどの宗教にも通ずる普遍的な法であることを強調した。

　マウリヤ朝が衰退した前2世紀から後2世紀は，バクトリアにいたギリシア人や中央アジアを故地とする遊牧民のサカ族など，南アジアへの人の移動が活発な時期だった。なかでも後1世紀に勢力を増して南アジアに進出したのがクシャーナ朝である。中国の『後漢書』西域伝は，大月氏の五諸侯のひとつだったクジューラ・カドフィセース（丘就卻）が他諸侯をしたがえて独立したのがクシャーナ朝（貴霜）だと伝えている。全盛期のカニシカ王はガンダーラ地方のプルシャプラ（現ペシャーワル）と北インドのマトゥラーを拠点として中央アジアからガンジス川中流域までを支配した。当時，東西交易路がパルティアとローマ帝国の抗争を避けてインド西部からアラビア海を横断する迂回路をとったため，その要地を占めたクシャーナ朝では国際的な商業が発展した。後1世紀のエジプトで書かれた『エリュトラー海案内記』

は，「ヒッパロスの風」（モンスーン）を利用した南アジアとの貿易に詳しい。インド西部や南部の外港からコショウ，シナモン，宝石などがローマへ輸出され，ローマからはワイン，ガラス製品，金貨，銀貨が輸入された。

　濃密な外の世界との接触は仏教に大きな変化を与えた。前1世紀頃，ブッダの遺骨（舎利）を収めた塔（ストゥーパ）を信仰する出家と在家の共同体のなかで大乗仏教が生まれた。その特徴は出家者のみならず在家信者（衆生）の救済をめざす在家主義と，在家信者が自己を犠牲にして衆生救済のために努力するボーディ・サットヴァ（菩薩）にすがる菩薩信仰である。大乗仏教誕生の背景として，サカ族の自分の功徳を他人に回すという回向の思想，エジプトなどの死後の楽園の思想，救済神としてのイランの最高神やメシアの思想などが南アジアに流入したことが指摘されている。クシャーナ朝の金貨に刻まれたギリシア，イラン，インドの神々やブッダはその状況を象徴的に表している。

　仏像が登場するのもこの頃である。西北インドに信仰対象を像にする文化が普及すると，後1世紀末頃からガンダーラ地方で，ストゥーパや僧院の仏伝図のなかにブッダ像が登場し，やがて単独の仏像が制作されるようになった。このガンダーラ美術の仏像の特徴である波状の髪や衣の襞にはヘレニズムの影響が，右手の手のひらを前に向けて肩付近にあげる施無畏印のポーズには西アジアの影響があるといわれる。

(3)　アジア各地に広がる南アジアの文明

　4世紀にガンジス川中流域にグプタ朝が興り，北インド一帯に支配を広げた時代，仏教やジャイナ教の影響を受けてバラモン教にも大きな変化が生じ，ヒンドゥー教の原型が成立した。祭祀は野外から常設の寺で執り行われるようになった。神々もインドラやアグニなどに代わって「最高神」のシヴァとヴィシュヌや女神が台頭した。神々は偶像として表現され，『ラーマーヤナ』や『マハーバーラタ』などの叙事詩がこの頃までには成立し，神々の個性が明確になった。ただし「ヒンドゥー教」という呼称は，多様な実践や複雑な哲学体系などに対して後世になって便宜的に使われるように

なったにすぎない。ヒンドゥー教はこれ以後も新しい要素を加えて多様性を豊かにしていく。グプタ朝は「最高のヴィシュヌ信者」を自称し，その紋章はヴィシュヌの乗物ガルダ鳥であった。

　グプタ朝の首都パータリプトラやヒンドゥー教の聖地ウッジャインでは宮廷文化が花開き，カーリダーサの戯曲『シャクンタラー姫』など多くの文芸作品がサンスクリット語で著された。グプタ朝は仏教も保護し，首都近郊のナーランダーは教学研究の拠点となり，マトゥラーやサールナートではインド化した仏像が多く作られた。また婚姻関係にあったデカンのヴァーカータカ朝のもとで，アジャンター石窟寺院の造営が最盛期を迎えた。この時代に発展したゼロの概念を含む数学や天文学はギリシアの影響が強い。

　インダスとガンジスで育まれた文明は，交易路を経てアジア各地に伝播した。インドと中国を結ぶ交易路にあった東南アジアでは，紀元前後からインド商人が来住した。インドシナ半島のメコン川下流域に1〜7世紀に興隆した港市国家の扶南には，来航したバラモンが現地の女王と結婚して建国されたという説話がある。これは先進的なインド文化をもたらした人びとが現地に定住し，混血した過程を表している。扶南のオケオ遺跡からは，ヴィシュヌやガネーシャの神像や仏像，ローマの金貨などが出土した。5世紀になるとグプタ朝の文化の摂取が顕著になり，王はインドからのバラモンを側近としておき，インド風の名を名乗った。このように交易で富を蓄えて台頭した東南アジアの諸勢力は，その強化のために南アジアの文明を選択的に受容した。

　仏教については，上座部仏教がアショーカ王の時代にスリランカへ，さらに11世紀以後はミャンマーやインドシナ半島に伝わった。大乗仏教は北方の山脈を越えて，チベットや中央アジアを経て中国・朝鮮・日本へと伝播した。

(4)　変わりゆく社会的結合——カーストはいかに形成されてきたか

　カーストという言葉は，ポルトガル語で血統や種族を意味する casta に由来する。15世紀末にポルトガル人がインドに到来してからしばらくは，同様の意味をもつ他の言葉も使用されていた。しかし彼らが目にしている生業と

内婚に基づく社会組織がインド固有のものと認識するにつれ，17世紀には casta がそれを指す固有名詞となり，19世紀には英語でも caste として定着した。

　カーストは古代から不変のものとして非歴史的に語られがちだが，実際には長い歴史のなかで変化を遂げて形成されてきた。古代のヴァルナでは，当初ヴァイシャはサービスを提供する身分で，先住民を多く含むシュードラは他人のために労働をする隷属民として社会の最下層に置かれた。しかし 5 世紀初めの来印僧法顕の『仏国記』では，屠殺などの「穢れた」生業に従事し，接触を避けるべき存在として「センダラ（チャンダーラ）」が登場し，彼らが次第に最下層の不可触民とされる。一方，ヴァイシャとシュードラは 7 世紀前半に来印した玄奘の『大唐西域記』ではそれぞれ商人と農民とされた。

　しかし，ヴァルナは次第に実態を欠く理念上の存在となった。グプタ朝以後，比較的狭い領域で経済活動が行われるようになると，生業と内婚に基づくジャーティが形成された。各ジャーティは互いにサービスや生産物を提供し，一定の領域内に分業社会が成立した。ジャーティにはそれぞれの規範や自治機能があり，背いたものは共同体を追放された。一方で現代でも結婚相手や職を探すうえでジャーティがその機能を果たすことは多い。

　ジャーティはヨコのつながりを重視するものだが，これにタテのつながりである理念上のヴァルナが結びつき，次第に階層秩序のある分業制度としてのカーストが成立した。カーストの序列は，ヒンドゥー教の「穢れ」の価値観に基づき，水や食物の授受が可能かどうか，汚物や動物の処理を伴う生業かどうかなどで決まるとされる。序列には地域差があり，政治・経済的状況によって歴史的にも変化してきた。しかし後にイギリスの植民地政府は国勢調査などによってカーストを詳細に調査し，カーストの序列を作成して公表し，それに基づく諸政策を実施した。この結果，最上位のバラモンが主張するヒンドゥー教の価値観が社会で強化されるとともに，不可触民差別を含む「カースト制度」が固定化した。

3 中世──社会・文化の多様性はどのように育まれたのか

(1) 南アジア各地にあらわれる豊かな地域性

　グプタ朝崩壊後，7世紀前半に一時的に北インドに登場したハルシャ王の帝国は，王がサーマンタと呼ばれる周辺の勢力に参軍や貢納の義務を課し，その代わりに自領の統治権を認めるという主従関係から構成されていた。その後，南アジアはムガル帝国の登場まで政治的分裂が続くが，各地に登場した地域国家でもサーマンタを介した統治がみられた。そして各サーマンタもその臣下との間に同様の主従関係を構築し，重層的なサーマンタ・システムが南アジアの中世前期を特徴づけるものとなった。

　政治的分裂は社会の停滞を招いたわけではなかった。むしろこの時代には，それまで文明の先進地域だったガンジス川流域に代わり，「周辺」とされてきた地域が地域国家の下で繁栄した。たとえばハルシャの帝国解体後に西部のラージャスターン地方から北インドの覇権を狙ったプラティハーラ朝とその従属諸勢力は，一説には外来の遊牧民であり，ラージプート（王の子）と称してクシャトリヤ出自を熱心に主張した。いまだ部族社会にあったこうした新興勢力は，ヒンドゥー教などの先進文化を取り入れるため，バラモンを招いて土地を寄進することでその権威を高めようとした。

　未開拓地を施与されて移り住んだバラモンは，農地の開墾とヒンドゥー教の普及に努めた。この結果多くの「未開」の人びとがヒンドゥー教を受容し，定住農耕社会に吸収された。また東部を中心に女性の性的エネルギーを重視して性的行為を含めた秘儀を実践するタントリズムや，南部からは神への愛を詩の形で歌い上げるバクティ信仰も登場し，これらは高度な哲学や苦行が要らないために，性別や身分の差を超えてヒンドゥー教を普及させた。

　普及の過程で，各家庭・村・地域で信仰されていた神々がヒンドゥー教の最高神と結びつけられた。シヴァ神の妻はヒマラヤの女神パールヴァティーであり，タントリズムに関わって東部で信仰されるドゥルガーやカーリーもその姿を変えたものとされた。西インドで特に信仰されていた象の頭をもつ

ガネーシャはシヴァ神の息子となり，南インドのミーナークシーとムルガン
も，妻と息子として理解された。ヴィシュヌ神は多くの化身をもち，さまざ
まなコミュニティの神や『ラーマーヤナ』のラーマ，そしてブッダもその化
身に含まれる。また東部のオリッサ地方で信仰されるジャガンナート神の容
貌は他の神々とはまったく異質であり，樹木神の部族信仰が起源とされる
が，現在ではヴィシュヌ神の化身のクリシュナ神と同一視される。こうして
ヒンドゥー教のパンテオンには多くの神々が加わった。

　地域国家はこれらの神々を祀る特徴ある寺院を建立した。8～10世紀にデ
カンを支配したラーシュトラクータ朝は，エローラ石窟寺院の最盛期の建設
を手掛け，ひとつの岩山からくり抜かれたシヴァ寺院のカイラーサナータ寺
院（第16窟）は比類がない。10～13世紀に中部インドのチャンデッラ朝が建
立した，タントリズムに基づく官能的な彫刻で知られるカジュラーホーの寺
院群は，代表的な中世の北方型寺院である。一方，そそり立つ本殿をもつ南
方型寺院としては，11世紀にチョーラ朝ラージャラージャ1世が建立したタ
ンジャーヴールのブリハディーシュワラ寺院がある（写真2-1）。現在の南
アジアの諸言語につながる地方語も登場し，それまで広く使用されていたブ

写真2-1　タンジャーヴールのブリハディーシュワラ寺院
（2005年，筆者撮影）

ラーフミー文字も分化して各言語に対応した文字が発達した。地域国家の繁栄の下で特色ある文化が生まれ，南アジアの多様性が顕著になったのがこの時代である。

⑵　スーフィーと聖者廟──イスラームの浸透

　7世紀にアラビア半島で誕生したイスラームは，8世紀前半のウマイヤ朝によるシンド侵攻によって南アジアへの進出が始まる。8世紀にアッバース朝が興ると，バグダードからペルシア湾，アラビア海，ベンガル湾，東南アジアを経て中国に至る交易路が確立し，インド洋交易は活況を迎えた。イランのシーラーフを拠点とするペルシア人やアラブ人商人がネットワークを広げ，南アジアではグジャラート，コンカン地方，そしてマラバール海岸にコミュニティを形成した。10世紀以降はアフガニスタン方面からトルコ系スンナ派勢力が侵攻を繰り返した。12世紀末に北インドに侵攻してラージプート勢力を破ったゴール朝の軍人奴隷アイバクは，1206年にデリー・スルターン朝最初の奴隷王朝を創始し，イスラーム政権が南アジアに根を下ろした。

　イスラーム政権は膨大な数の異教徒に対して概して寛容な政策をとり，強制改宗やヒンドゥー寺院の破壊は限定的だった。仏教徒やヒンドゥー教徒はズィンミーとして扱われ，ジズヤ（人頭税）を支払う限り信仰を許された。そのジズヤも女性・老人・子ども・障害者・貧者・バラモンは免除された。

　南アジアでのスンナ派イスラームの拡大に最も大きな役割を果たしたのはスーフィーとよばれる神秘主義者である。「羊毛（スーフ）の粗衣をまとう人」という意味の名をもつ彼らは，アフガニスタン，イラン，イラク，中央アジアの教団からはるばる派遣され，南アジア各地に修道場を開いた。ジクル（唱念）・隠遁・詩吟・歌謡・舞踊などを通じて神との合一をめざす彼らの周りには，宗教を問わず多くの人が集まった。特に崇敬を集めた者は死後聖者廟（ダルガー）に祀られ，その廟を訪問する人びとのなかにはイスラームに改宗する者もいた。南アジアで特に活発だったのはイランのヘラートからのチシュティー教団であった。この教団はセーマ（神の名の熱烈な朗唱）やカッワーリー（宗教的歌謡・楽器演奏）の実践を特徴とし，13〜14世紀に

デリーで活動したニザームッディーン・アウリヤーは700人の弟子を育成したといわれる。その1人のアミール・フスローは詩人・音楽家としても知られる。デリーの同じ場所に祀られる2人の聖者廟には現在も参詣者が絶えない。

(3) シンクレティズム——インド・イスラーム文化

南アジアでは16世紀以降ムガル帝国が興隆した。創始者バーブルはトルコ系のティムール帝国の王子として生まれたが，母親はチンギス・ハンの子孫であり，ムガルの名は「モンゴル」に由来する。1525年から翌年にかけて，アフガニスタンのカーブルから4度目の侵攻をしかけたバーブルは，デリー北方のパーニーパットでデリー・スルターン朝最後のローディー朝を破ってインド支配を開始した。第3代皇帝のアクバル以降，ムガル帝国は17世紀を通じて広く亜大陸を支配した。ムガル帝国は国庫地と官僚制に支えられた皇帝が支配する，同時代のオスマン帝国，イランのサファヴィー朝，中国の明と並ぶ中央集権的な近世国家であった。

アクバルは，ラージャスターン地方のラージプート諸勢力と婚姻を通じた同盟を結んで異教徒をその統治体制に組み込み，ジズヤやヒンドゥーに対する聖地巡礼税を廃止して融和政策を展開した。すでにこの時期，スーフィーによって寛容で大衆的なイスラームが広まり，ヒンドゥー教でも自由な信仰を特徴とするバクティ信仰が広まっていた。そしてサファヴィー朝の王権強化策によって多数の文化人がイランから亡命するなかで，シンクレティズムを特徴とするインド・イスラーム文化が生まれた。シンクレティズムとはまったく異なるものが調和して混ざりあうことであり，インド・イスラーム文化ではヒンドゥー文化とイスラーム文化がさまざまな分野で混淆・融合した。

カビールはシンクレティズムを代表する15世紀の思想家である。彼はヒンドゥー教の聖地ワーラーナシーでバラモンの寡婦の子として生まれ，ムスリムの織布工に育てられた。そしてバクティ信仰の宗教家でカーストを否定したラーマーナンダに師事し，どの宗教にも属さず，さまざまな名でよばれる

神はひとつで各人の心のなかに宿るという汎神論的立場を主張した。また聖職者という身分を否定し，彼自身職布工として生活したといわれる。

このカビールと同時代にシク教も生まれた。「シク」とは「弟子」を意味し，弟子である信者を指導するのがグルである。開祖グル・ナーナクはパンジャーブのヒンドゥー教徒の家庭に生まれた。スーフィーやヒンドゥー教のサードゥ（行者）と交流しながら各地を巡歴し，ワーラーナシーでカビールと出会って強い影響を受けたという。そして信仰やカーストの区別なく解脱可能だと説き，ヒンドゥー教とイスラームの融合をめざした。第2代グル以降に教団が形成され，アムリトサルのハルマンディル（黄金寺院）が拠点となった。やがて非寛容になったムガル帝国との抗争のなかで，武力使用を容認する教義や，名前に「シング（獅子）」をつけ，頭髪や髭を剃らずターバンを巻くなどの習俗も形成された。

建築でもヒンドゥー教とイスラームの様式が融合した。第5代皇帝シャー・ジャハーンが妃ムムターズ・マハルの墓廟として建設したタージ・マハルは，前面に人工水路を使った四分庭園（チャハールバーグ）を配し，廟本体にはアーチ形のくぼみ（イーワーン）や二重構造になった高いドームなど，中央アジアの建築様式を取り入れている。一方，大ドームを囲む四隅には，サンスクリット語由来のチャトリの名でよばれる傘を細い柱で支える構造物を据えている。

言語ではペルシア語が公用語や宮廷語として使用された結果，北インドの方言を基礎にペルシア語やアラビア語の語彙を取り込んだウルドゥー語が生まれた。食文化ではタンドゥーリー・チキンに欠かせない土窯のタンドゥールがもたらされ，イスラームの肉料理と乳製品を好む南アジアの食文化が融合したコルマなどの料理も生まれた。

しかし第6代皇帝アウラングゼーブはジズヤを復活させるなど融和政策から転換し，シク教団やデカンの諸勢力との戦争に明け暮れた。彼の死後，帝国は急速に衰え，各地の総督の自立化や，マラーター同盟の台頭によって解体に向かった。そして1739年，サファヴィー朝を倒したナーディル・シャーがアフガニスタンからデリーに侵攻し，皇帝の玉座に据えられていた世界最

大のダイヤモンド「コーヘヌール」を奪って略奪の限りを尽くすと，ムガル帝国の権威は地に落ちた。

4 近現代——植民地支配は南アジアに何をもたらしたか

(1) 「伝統」と「近代」

　ムガル帝国解体後，群雄割拠のなかでイギリス東インド会社が台頭した。彼らはキャラコ（綿布）を求めて17世紀に南アジアに進出し，マドラス，ボンベイ，カルカッタに拠点を築いた。18世紀にヨーロッパの軍事的優位が確かになると，イギリスとフランスの東インド会社はその利益を最大化するために地方政権の政治に介入し，カーナティック戦争やプラッシーの戦いが勃発した。この抗争を制したイギリス東インド会社は，1765年にベンガル・ビハール・オリッサの徴税・領事裁判権を獲得し，領土支配を開始した。

　約200年間のイギリスによる植民地支配は，半ば強制的なインドの近代化であった。東インド会社が武力によって南アジア全域に支配を確立していった時代には，ヨーロッパの制度や価値観のあからさまな強制がみられた。たとえば排他的な所有概念に基づく土地制度や，インドの「悪習」を禁ずる諸々の社会立法である。またインド人を「嗜好・判断・道義・知性においてイギリス人」にするために英語教育の必要性を説いたT・マコーリーのように，イギリス人はインドを「文明化」することに疑いをもたなかった。

　イギリスによる近代化に対して，南アジアの人びとはさまざまな反応を示した。たとえば一部のヒンドゥー教徒には，寡婦が貞淑を守るために夫の火葬とともに生きながら焼かれるサティーという慣習があった。しばしば「寡婦殉死」と訳されるが，実際には共同体の圧力でやむをえず火に飛び込んだ，もしくは強制的に行われた事例もある。これに西洋近代の立場から反対したのがラームモーハン・ローイであった。ローイは人びとを無知や迷信から救うことをめざし，ヒンドゥー教，イスラーム，キリスト教を統合して普遍的な宗教を創始し，その教団であるブラフマ・サマージをカルカッタで設立した。そしてヒンドゥー教の古典文献を論拠にサティーがヒンドゥーの

「伝統」に反するとしてその禁止を求め，これに応えて植民地政府は1829年に禁止法を制定した。しかし保守的な宗教団体からは，サティーはインドの「伝統」であるとしてこの法律に反対する主張が上がった。いずれの主張にせよ，「近代」に直面した南アジアの人びとは自らの「伝統」を顧み，改めて定義することを迫られたのである。

　イギリスの傲慢な近代化はプラッシーの戦いから100年目に起きたインド大反乱で重大な挑戦を受け，その後イギリスは宗教や社会慣習に配慮し，藩王や地主階層などの「協力者」を懐柔する巧みな統治を行った。しかし19世紀後半以後行われた膨大な情報の収集とそれを駆使した社会の管理はまさに近代的統治であった。特に国勢調査を通じた宗教ごとの統計の作成は，ムスリムの分離選挙をはじめとした「分割統治」への道を開いた。

(2) ナショナリズムの登場とその帰結

　植民地支配が南アジアにもたらした，もうひとつの「近代」がナショナリズムである。ナショナリズムとは，想像された国民（ネーション）を主体に，国民国家の形成をめざす思想・運動であり，フランス革命以降のヨーロッパに登場した。植民地支配下のアジアでは，植民地を単位に西洋的／近代的教育を受けたエリートからナショナリズムが形成され，反植民地ナショナリズムとして成長した。1885年に発足したインド国民会議派も，当初は親英的立場で穏健な主張をする組織だったが，1905年のベンガル分割反対運動以後は次第に植民地支配そのものに挑戦するようになった。

　20世紀前半の2度の世界大戦は，南アジアのナショナリズムが独立へと大きく前進する契機となった。第一次世界大戦では150万，第二次世界大戦では250万もの人びとが南アジアで動員され，その貢献は大英帝国の勝敗を決するほど重要だった。インド兵は第一次大戦において，西部戦線の塹壕でドイツ軍と対峙し，スエズ運河を死守し，そしてガリポリでアタチュルク指揮下のオスマン帝国軍と激戦を繰り広げた（写真2-2）。また第二次大戦では，シンガポール陥落時に日本軍の捕虜となり，北アフリカでロンメルの機甲部隊を敗北させ，そしてシチリアから北上してイタリアを降伏させた連合

軍の只中にいた。こうした貢献にイギリスが自治領の地位を与えて報いるのは当然だと人びとは考えたが，イギリスはインドの「民族自決」を頑なに認めず，自由を求める運動が激しく展開することになった。

　インド国民会議派はガーンディーの指導下に「サティヤーグラハ（真理の堅持・主張）」とよばれるさまざまな非暴力的抵抗運動を展開した。1919年からの「非協力運動」では，公立学校・法廷・選挙のボイコット，称号の返上，官吏の辞職，そして税の不払いなどイギリスへの非協力が行動で示された。また外国製の布の使用をやめ，手紡ぎ・手織り綿布が奨励され，手紡ぎ車（チャルカー）が運動のシンボルとなった。1930年からの「不服従運動」では，植民地政府がその製造を独占していた塩が重要な課題となった。ガーンディーは活動拠点であるグジャラートのサバルマティーから弟子や賛同者を加えながら400kmを踏破し，アラビア海の海岸で塩を採取した。この「塩の行進」をきっかけに全国でいっせいに製塩が始まった。ガーンディーが提起した抵抗運動は，女性を含めた誰もが参加可能なもので，ナショナリズム運動の大衆化に大きく貢献した。

　国民会議派のナショナリズムは世俗主義（セキュラリズム）を重視し，建

写真2-2　西部戦線の塹壕でドイツ軍の毒ガス攻撃に備えるインド兵（1915年，The Gindwood Collection, British Library）

前としては特定の宗教に偏重しない多様な「インド人」の国民国家建設をめざした。しかし実際にはムスリムを敵視する右翼団体に参加する国民会議派の政治家も少なくなかった。またこの頃，民族奉仕団（RSS）に代表される，ヒンドゥーの民族的団結を重視する「ヒンドゥー・ナショナリズム」も登場した。この傾向はマイノリティとしてのムスリムに危惧を抱かせ，対抗的なナショナリズムの形成を促した。

　1937年の選挙で大勝した国民会議派が多くの州で政権を担当すると，「ヒンドゥー支配」として危機感を抱いた全インド・ムスリム連盟のムハンマド・アリー・ジンナーは，連盟を大衆化して巻き返しをはかった。1940年のムスリム連盟ラーホール大会は，ムスリムはひとつの「国民」であり独立した政治体が必要だとする決議を採択した。この決議は分離独立を要求したと解釈されることが多いが，「パキスタン」という名称もそこに含まれるべき具体的地域名も明示されなかった。それでも1945〜46年の中央・州議会選挙でムスリムが多数派を占める州で大勝すると，連盟はムスリムの代表として国民会議派に対峙する存在となった。

　第二次世界大戦後にイギリス労働党政権は閣僚使節団を派遣し，高度な地方自治を認める統一国家への権力移譲を模索したが失敗に終わった。1947年6月に最後のインド総督ルイス・マウントバッテンは，ムスリム多数州が州議会の議決や住民投票でインドから分離独立すること，ムスリムと非ムスリムの人口が拮抗する州は分割すること，そして500を超える藩王国がどちらかの国に加わるか独立するかはそれぞれの意思に委ねることを最終決定した。同年8月14日にパキスタンが，翌15日にインドが独立し，結果的にすべての藩王国がいずれかの国に統合された。二つの新生国家の東西の国境線は，それまで南アジアに一切関わりを持たなかった法律家のシリル・ラドクリフによって，国勢調査・河川・交通網などを考慮してわずか5週間で画定された。1000〜1500万人もの住民交換を引き起こしたこの「ラドクリフ・ライン」は8月17日まで公表されず，混乱を拡大させた。

(3)　南アジアの「ポストコロニアル」

　現代の南アジアを「ポストコロニアルな社会」とみる歴史学の立場がある。「ポストコロニアル」という形容詞は決して文字通りの「植民地以後の」「植民地支配が終わった」という意味ではない。植民地支配の終焉は，それに由来する問題すべてを解決したわけではなかった。むしろ脱植民地化後に顕在化した植民地支配に由来する問題が多く存在する。したがって現代の南アジアを「ポストコロニアルな社会」とみることは，植民地支配後もそれに由来する諸状況・諸問題が存在することを指摘・強調することなのだ。2017年8月，インドの最高裁判所は，タラーク離婚（ムスリム男性がアラビア語で離婚を意味する「タラーク」を3回妻に唱えれば即時離婚ができる慣習）を法の下の平等を謳う憲法14条に抵触するとして違憲とした。南アジア諸国では宗教（宗派）ごとに属人法を制定していることが多いが，この多元主義は植民地期に定着した。インド・ムスリムのタラーク離婚は1937年に制定され独立後も運用されてきたムスリム属人法に規定されてきた。ムスリム女性の地位向上を求める強い声に押され，2019年にタラーク離婚を禁止する法律が制定されたが，その過程でマイノリティであるムスリムの慣習にヒンドゥー・ナショナリズムを掲げるインド人民党政権が介入することへの懸念も指摘された。

　またカシュミールの問題は，南アジアで最も深刻なポストコロニアルな問題の1つである。19世紀半ばにイギリスはムスリム多住地域のカシュミール渓谷などを手に入れ，ヒンドゥーの領主がそれを買い取って成立したのがカシュミール藩王国だった。20世紀に入り，カシュミールの人びとは藩王に対して自治要求運動を展開したが，1947年に混乱の中で藩王はインドへの帰属を決め，第一次印パ戦争を経て現在まで続くカシュミールの分断が固定化した。インド側では，憲法の大部分の適用を留保する特別な「自治」が認められてきた。しかし次第に中央政府の介入が強まり，カシュミールに展開する軍や国境警備隊には，パキスタン帰属や独立を目指す過激派との「テロとの戦い」を理由に特別な権限が与えられた。アムネスティによれば，その結果

令状なしの拘束や取り調べによる多数の行方不明者や人権侵害が起きている。2019年8月，中央政府は「自治」を廃止してカシュミールを連邦直轄地にするとともに，抗議するカシュミールの多くの政治家・活動家を拘束する事態となった。

　かつて南アジアの人びとは植民地支配の犠牲となり，それと闘い，そして政治的自由を勝ち取った。そして今も彼らは植民地主義の遺産とともに生きており，それをいかに克服して多様性社会を守っていくかが大きな課題となっている。

参考文献

Thapar, R. 2002. *Early India from the Origins to AD 1300*. London: Penguin.
Wood, M. 2008. *The Story of India*. London: Random House.

●読書案内●

『南アジア史』全4巻，山崎元一・小西正捷・小谷汪之・辛島昇・長崎暢子編，
　　山川出版社，2007年（1〜3巻），2019年（4巻）
　　日本語で読むことができる最も専門的で比較的新しい研究を反映した概説書。南インド史の記述を独立させた（第3巻）ユニークな構成になっている。

『南アジアの歴史──複合的社会の歴史と文化』
　　内藤雅雄・中村平治編，有斐閣，2006年
　　近現代史を中心に古代から現代までコンパクトにまとめた通史。補論として「南アジア地域協力連合（SAARC）」と「インド系移民」を扱う。

『インド現代史1947-2007』上・下巻，R・グハ，佐藤宏訳，明石書店，2012年
　　著名なインドの歴史家によるインド現代史の大著。インドの民主主義の歴史を通じて，さまざまな点で多様なインドがなぜひとつの国であることが可能なのかを分析している。

印パ分離独立の記憶

「負の歴史」を直視する

小嶋常喜

シク教徒の陸上短距離スター選手ミルカ・シンの半生を描いた映画『ミルカ』(2013)の大ヒットは，インドとパキスタンの分離独立に伴う痛ましい記憶がようやく広く共有されるべき「歴史」となった出来事だった。

1947年の分離独立は史上最大規模の人の移動を引き起こした。ヒンドゥー教徒やシク教徒がインドへ，ムスリムがパキスタンへと，それぞれ見知らぬ「祖国」へ向かい，その数は1000〜1500万人にのぼったとされる。インドの首都デリーは，難民のあまりの多さから「難民の国（refugee-stan）」とよばれた。また混乱が暴力の連鎖を生み，国境線が引かれたパンジャーブ地方は戦場と化した。自警団が村々をまわり，「外国人」になった元隣人を虐殺した。女性は性的暴行を受け，もしくはそれを恐れて井戸に飛び込んだ。難民を乗せた「祖国」へ向かう列車も襲撃され，死体を満載したまま走り続けた。都市では子どもを含めて誰もが略奪に加わり，宝石からバターまであらゆるものを持ち出した。こうした暴力で100万人以上が命を落としたともいわれる。

この惨劇は長い間個々の記憶の奥底に埋もれていた。自分が寺やモスクにいた人びとを焼き殺したことは，ただ密かに祈ることで許しを請うしかない，告白できない罪だった。女性は，レイプされたことや連れ去られて改宗・結婚させられたことを告白すれば，今の暮らしを失う恐れがあった。また1947年の独立は長い闘争の末に勝ちとった輝かしい歴史であり，個人の罪や惨劇の記憶が入り込む余地はなかった。

しかし近年，独立後もさまざまな矛盾が解消しないなかで，単純に独立や独立運動を美化する歴史観が疑問視され，弱者や「負の歴史」に目を向けることが人びとの共感を得ている。毎年8月がめぐってくると，1947年の一人ひとりの記憶を辿ることが，さまざまなメディアの恒例企画となった。またアムリトサルの「分離独立博物館」のように，暴力の記憶の蓄積・継承も始まった。これらの試みは耐えがたい出来事を直視する厳しいものだが，「ヒンドゥーの子どもを助けたムスリム」といった逸話の掘り起こしもあり，人びとに希望の光を与えるものともなっている。

第3章

宗教

さまざまな信仰が共存する南アジア

井田克征

ヒンドゥー寺院に参詣する人々（2019年，コルハープールのダッタ寺院にて筆者撮影）

南アジア社会を理解することの難しさのひとつは，その宗教との深い関わりにあるだろう。多数派であれ少数派であれ，人びとは自らの信仰に基づく自意識や行動規範に基づいてその社会に参画する。ゆえに宗教的なドグマが政治や経済に深い影を落とすのは当然であるし，場合によってはなんらかの利害関係の対立が宗教対立として顕在化することになる。そうした多宗教社会の現在を理解するには，まずはそれを構成するさまざまな信仰のあり方について，丹念に把握していくことが第一歩となるだろう。

13億を超えるインドの総人口のなかで80％近くがヒンドゥー教徒に分類される。続いてイスラームが14.2％，以下キリスト教徒2.3％，シク教徒1.7％，仏教徒0.7％，ジャイナ教徒0.4％と続いている（2011年インド・センサス，図3-1）。

　この数字だけをみればヒンドゥーが圧倒的だが，ムスリム人口も2億に迫らんとしているし，社会において独自の地位を占めるジャイナ教徒やパールシー（ゾロアスター教徒）などの少数派にも，注意を払う必要がある。

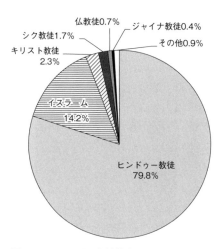

図3-1　インドの宗教比率

出所：2011年インド・センサス。

　インド以外の地域に目を向ければ，スリランカには上座部仏教の伝統が残っていたり，ネパールにはカトマンズを中心に独自のネワール仏教が展開していたりと，さまざまな宗教文化が見出される。パキスタンがイスラーム優越の宗教国家であることはいうまでもない。

　本章では南アジアの多宗教社会について考えていくことになるが，その手始めとしてまずはインド社会の多数派たるヒンドゥー教について概観する。

1　ヒンドゥー教

(1)　たくさんの神々の棲まう場所

　インドを訪れると街のいたるところに寺院や祠が見出され，また商店や食堂にも神々のポスターやブロマイドが飾られている。テレビをつければヒンドゥー神話のドラマや，さまざまな宗教のプログラムを見つけることになる

だろう。インドの人びとの生活は，信仰に彩られている。なかでもやはり色とりどりの，そしてユニークな姿をしたヒンドゥーの神々には目を引かれるだろう。三叉の矛を持ち全身が青黒いシヴァ神や，象頭のガネーシャ神，横笛を手にする牛飼いクリシュナ神などがよく知られている。

　多神教として知られるヒンドゥー教において，その神々は大きく2つに分けられる。それはインドラ神，アグニ神，ヴァルナ神などといった，紀元前に成立したヴェーダ聖典に由来する古い神々と，後に成立した叙事詩やプラーナ聖典のなかで活躍するシヴァ神やヴィシュヌ神，ドゥルガー女神などといった新しいヒンドゥーの神々である。古い神々はバラモン祭官によって行われるヴェーダ祭式などの儀式のなかで重要な役割を果たすが，実はこれらの神々を主神として祀った寺院や教団は，現在ではあまり存在しない。以下では，新しいヒンドゥーの神々に対する信仰についてみていこう。

　ヒンドゥー教は，ヴィシュヌ神およびその化身（クリシュナ神や，ラーマなど）を信仰対象とするヴィシュヌ派と，シヴァ神を信仰対象とするシヴァ派という2つの潮流に分けられる。さらにドゥルガーやカーリー，ラクシュミーなどの女神たちに対する信仰も盛んだが，これらの女神の多くはシヴァ神やヴィシュヌ神などの妃（シャクティ）として理解されている。また神話的にはシヴァの息子とされるガネーシャ神や，『ラーマーヤナ』においてラーマを助けた猿神ハヌマットなども人気のある神々である。たとえばラクシュミー神は吉祥と美の女神，ガネーシャ神は学問と商売の神，ハヌマットは曲芸とレスリングの神などというように，それぞれの神話とも深く関係する，はっきりした性格が認められている。

　こうしたヒンドゥーの神々の多くは，サンスクリット語で書かれた叙事詩『マハーバーラタ』『ラーマーヤナ』や諸々のプラーナ神話などに登場し，全インド的に信仰されているが，一方で局地的にしか信仰されていない神々も存在する。たとえばオリッサではジャガンナータ神，マハーラーシュトラではヴィッタル神，南インドではヴェンカテーシュワラ神などがそれぞれ熱心に崇拝されている。これらの神格はいずれも中世以降に特定の地域や社会集団のなかで信仰が盛んになり，ヴィシュヌ神ないしクリシュナ神のローカル

な化身などとして説明されることで，正統的なヒンドゥー教と結びつけられた神々である。また南インドで信仰されるムルガン神は，シヴァ神の息子スカンダと同一視される。その他にも極端にいえば村落レベルにおいて崇拝されるようなローカルな神々，女神たちは無数に存在し，その出自も地方の英雄や名士，もしくは貞女や，自然神，精霊，疫病神など多種多様である。

(2)　ヒンドゥー教徒の生活

　ヒンドゥー教徒たちの生活は，彼らの信仰に由来するさまざまな実践・慣習に彩られている。祭日に寺院を訪れて祭礼に参加したり，家内安全・学業成就などの願いをもって寺院の神に祈りを捧げるのは，日常的な風景である。

　寺院では，寺院の祭官が朝や晩など決まったタイミングでプージャー（規定に基づいて花や食物などを神に捧げ，マントラを唱えて神を満足させる儀礼）や，アールティー（神の名前を唱え，賛歌を歌いつつ灯明を回す儀礼）などを行う。寺院を訪れる一般の人びとは，そうした祭官たちの儀式に加わったり，各自が用意した供物を神に捧げたりする。

　神への祈りは寺院で行われるだけではない。多くのヒンドゥー教徒は，自宅にも神を祀る祭壇を設置している。家屋の一室や，清浄な場所とされる台所の一角に設えた祭壇に人びとは朝晩供物や花を捧げ，祈る。ヒンドゥー教徒は伝統的に個人の守り神や，家の神，村の神などをもっており，そうした神々や聖者たちの小さな像や肖像などを集めて祭壇を作る。寺院や巡礼地などの出店には，神々の像やブロマイド，リンガ（男性器の形状をしたシヴァ神の象徴）などが売られており，人びとは自分のお気に入りのイコンをそこで購入し，自宅の祭壇に祀るのである。

　またバラモンの家庭では，聖紐式（ヴェーダの学習期に入った男子に聖なる紐を授ける儀式）をはじめとするさまざまな通過儀礼が行われるし，女性たちを中心に願掛け儀礼なども盛んに行われている。

　インドでは，川の畔にしばしば聖地が存在する。世界的に有名なワーラーナシーは，ガンジス川沿いの聖地である。この地を訪れた者は，周囲をぐ

るっと回る巡礼路を徒歩で回った後にガンジス川で沐浴し，自らの罪を洗い流す。このワーラーナシーで火葬に付された死者は天界に赴くという信仰ゆえに，ガンジス川岸の火葬場では葬式や，死者の供養が執り行われる。

インドには「輝けるリンガの12の聖地」「神の座所である4聖地」など，さまざまな聖地のセットが存在する。そうした聖地への信仰は根強く，現代でも熱心な巡礼が行われている。

有名な聖地では，サドゥー，サンニャーシーなどとよばれる行者たちの姿をみることができるかもしれない。サドゥーとは宗教的な修行として瞑想やさまざまなヨーガ，苦行などを日常的に行う人びとで，乞食や宗教的サービスを行うことで生活している。

人生の重要な転機において，ヒンドゥーはしばしば占いを参考にする。人びとは出生時の星の配置を記したホロスコープを用意して，占術師から助言を受ける。特に重要になるのは，結婚のときである。異カースト間の結婚が忌避されるインド社会において，アレンジド・マリッジがいまだに一般的となっていることは広く知られているが，この際に婚姻を検討する男女両家はホロスコープを交換し，両者の相性や婚姻の吉凶を占うことになる。

また家や建物を建築するときには，土地や方位の吉凶が占われる。このときには地面にグリッドを引いて，そこに原人（プルシャ）が横たわるものと考え，その原人の身体部位と家屋の対応関係からその場所の性質を占うヴァーストゥ・プルシャ・マンダラが参照される。これはインド的な風水とでもいうべきもので，かつて人びとは占術師にそうした占いを熱心に依頼したが，今ではこうした占いは，インターネット上のサービスなどとしても数多く見出される。

インド人は必ず右手で握手をするし，右手だけを使って食事を取る。これは旅行ガイドブックなどでも言及される有名なインド的マナーであるが，それは古来よりヒンドゥー教においては身体の左側に罪が宿るとされており，それゆえに左が不浄視されることを理由とする。ヒンドゥーの慣習には，浄・不浄の観念が大きな位置を占めている。

そうした浄・不浄の観念は，彼らの食文化をも大きく規定する。たとえば

野菜や乳製品，穀物などは浄とされ，一方で肉・魚類，酒類は不浄とされる。それゆえに伝統的な高位カーストの人びとは，菜食主義・禁酒を貫くことが多い。インド社会において外食がさほど盛んでないことや，スプーン・フォークなどを用いず自分の右手で食事をとる習慣は，いずれも知らずして不浄に接触することを避けるという側面からも説明される。

　そしてこうした浄・不浄の観念の社会的な犠牲者が，ダリトや不可触民などと呼ばれる被差別民である。カーストの外部に位置付けられる彼らは，カーストヒンドゥーにとってはまさに触れるべきでない不浄な存在とされ，ひどい差別を受けてきた。同様に，夫に先立たれた寡婦もきわめて不吉な存在とされ，大きな制約が課されてきた。むろんこれらの差別的な慣習は時代遅れで，改善されつつもあるが，一方で差別に基づく社会問題や事件はいまだ絶えることがない。

(3)　牛をめぐる問題

　ヒンドゥー教徒が牛を神聖視し，食用としないことは広く知られている。一方で牛乳やヨーグルト，ギーなどの乳製品は，この地域の食文化のなかできわめて重要な位置を占めている。さらに役牛として用いられたり，糞が燃料として用いられたりするなど，牛は人びとの生活に欠かすことのできない存在であり続けてきた。

　南アジアの畜牛は一般にコブウシとよばれる種類のもので，首の下に垂れ下がった胸垂と，背中のコブを特徴とする。それは紀元前3000年より前にすでに家畜化されており，インダス文明においても一般的な家畜であったと思われる。

　最古のヴェーダ文献『リグ・ヴェーダ』（紀元前1200年頃）において，すでに牛の神聖視がはっきりと認められる。どうやら牛は，祭官たちが執行するヴェーダ祭式のなかでも重要な役割を担っていたと思われる。牝牛から搾られた乳やそれを加工した乳製品は，神々の滋養となる供物として献じられた。さらに牛は，山羊や羊などとともに動物供犠の犠牲獣として神々に捧げられていたことが分かっている。犠牲祭において牛は解体され，神々へ奉納

された後に，儀礼の参加者に分配されて食べられた。しかしこうした血なまぐさい犠牲祭はやがて忌避されるようになり，犠牲獣を祭餅などに置き換えた象徴的な儀礼へ転換していったと考えられている。

　動物供儀を行わなくなったヒンドゥー教において，牝牛は豊饒と生産性の象徴として称揚された。ヒンドゥー神話で人気のあるクリシュナ神は牛飼いであるし，シヴァ神が乗るのは白い聖牛ナンディンである。現代インドにおいて牛が神聖視されるのはこの文脈によるところが大きい。

　聖なる牛という観念は，近代に入るとヒンドゥーとムスリムの対立の焦点となる。19世紀後半，ナショナリズムの高揚とともに原理主義的傾向を強めたヒンドゥーのなかには，ムスリムが犠牲祭において牛や水牛を屠ることを問題視して過激な抗議運動を展開する者たちが現れる。牛の屠殺中止を求めたり老牛の保護施設を作ったりする動きは，対英独立運動においてヒンドゥーとムスリムの協調を阻むことにもなった。ガーンディーはムスリムとの対立を好まず，むしろ牝牛保護を不殺生という側面からみた英国文化への批判として強調したが，こうした考えは大衆に受け入れられなかった。その後もアヨーディヤー事件をはじめとして事あるごとにムスリム・バッシングの文脈で牝牛の保護が持ち出されている。

　そうした経緯を経て，近年のインド人民党（BJP）のモーディー政権は牛の屠殺禁止，牛肉の流通禁止の動きを強めている。これはインド社会においてそれまで屠殺や牛の皮革・肉の流通などに携わってきた，主にムスリムの人びとの生活を脅かしている。そして同時に，これまでインドから牛肉の輸入を受けていた近隣諸国の畜産・食肉産業に大きく影響を与えるとともに，インド国内における野良牛問題をも生じせしめている。

⑷　ヨーガ今昔

　日本においても，ヨーガ教室は，健康や美容などさまざまな効能を謳い，広く人気を集めている。そうしたヨーガの起源は，古代インドにある。一説には，ヨーガの起源はインダス文明にまで遡るといわれ，いくつかのウパニシャッドにもその古い形が説かれている。4〜5世紀に成立したヒンドゥー

①禁戒
②勧戒
③座法
④呼吸法
⑤感覚の抑制
⑥精神集中
⑦念想
⑧三昧

図3-2　ヨーガの八階梯
出所：筆者作成。

聖典『ヨーガ・スートラ』には，個人が身体内の感覚器官の働きを抑えて，理性や心作用を抑制するための実践が説かれている。聖仙パタンジャリに帰されるこの古典ヨーガは，8つの階梯から構成される（図3-2）。まずヨーガの実践者は不殺生など5つの禁止事項を遵守し（①），さらに身体の浄めなどの5つの規定に従う（②）。そして身体が安定するよう足を組んで座り（③），呼吸のリズムを一定に保つ（④）。ここまでの階梯が達成されたら，次には散乱しがちな感覚器官（視覚や聴覚など）を，外界の諸対象に惑わされないように抑え込む（⑤）。

　ここまでの階梯を達成した実践者は，本格的な瞑想へ突入する。まずは心を一所に集中し（⑥），そうした雑念のない状態を持続する（⑦）。そして最終的には，自分自身と対象との区別すらない三昧の状態に到達する（⑧）。この最終的な状態こそが，解脱にほかならない。

　このように瞑想を通じて解脱をめざす古典ヨーガから，中世になると特に座法（アーサナー）と呼吸法の部分が拡張されたハタ・ヨーガや，体内のエネルギーをコントロールすることを主眼とするクンダリニー・ヨーガ（ラージャ・ヨーガ，タントラ・ヨーガなどともよばれる）が発展することになる。これらの諸ヨーガの伝統を引き継ぎつつ，後に諸々の現代的ヨーガが誕生することになるが，そもそも本来のヨーガは精神的な宗教実践であったという点に留意する必要がある。

　インドのヨーガの伝統は，まず1960〜70年代にカウンターカルチャーの文脈で世界の注目を浴びる。その象徴ともいえる出来事は，ビートルズが聖地リシケーシュを訪れ，マハリシ・マヘーシュ・ヨーギ師の道場で教えを受けたことであろう（1968年）。このときに流行したヨーガは，やはり瞑想を主体とした精神修養であり，心の平安や絶対的な境地をめざすものであった。

　この後，80年代のエアロビクス・ブームなどを経て，近年はダイエットや健康増進，ストレス解消など，さまざまな目的をもったヨーガの世界的流行が認められる。こうしたヨーガは，インドよりむしろ欧米において，そして

またハリウッド界隈の有名人の間でブームとなり，それがグローバルに広まったとされている。肥満や生活習慣病に悩まされる現代人にとって，無理のないエクササイズとしてのヨーガはきわめて魅力的なものに映った。そして近年の急速な経済発展の最中にあるインド都市部においても，このグローバルなヨーガ・ブームが逆輸入されている。いまやインドの都市部においても，新興中産階層の人びとの間でそうした新しいヨーガが人気を集めている。

　その一方で，インドにおいては本来の古典ヨーガやラージャ・ヨーガの流れをくむ「伝統的な」ヨーガも行われ続け，それはモーディー政権における文化輸出の資源ともなっている。

2　南アジアのイスラーム

(1)　インドのイスラーム

　インドのムスリム人口は現在１億7000万人を超えており（2011年インド・センサス），さらに増加傾向にあるという。パキスタン，バングラデシュを加えれば，南アジア全体では５億人のムスリムが住んでいるということになるが，これは全世界のイスラームのなかでもかなり大きな勢力となる。

　イスラームは８世紀頃から，当初は海路の通商によってインド亜大陸へ流入してきた。やがてアフガニスタンにテュルク系のマルムーク（奴隷軍人）によるガズナ朝が興ると，11世紀初頭にはマフムード（971～1030）が北インドへの遠征を行う。このときにソームナート寺院をはじめとして数多くのヒンドゥー教寺院が破壊・略奪されたと伝えられている。現在のパンジャーブ地方にまで版図が及んだガズナ朝の最盛期には，北インドの言語にペルシア語の語彙が持ち込まれ，現在のウルドゥー語の基礎が作られた。中央アジアや西アジアからスーフィーが流入し始めるのも，この頃からである。

　13世紀に入ると奴隷王朝（1206～1290）が成立し，いわゆるデリー・スルターン朝の時代が始まる。しかしムスリム王朝による支配は在地のヒンドゥー教徒との協同関係のなかで進められ，さほど強権的ではなかったとい

われている。ゆえにインド社会におけるイスラームの普及・浸透は，村落社会に溶け込んだスーフィーたちの活動によるところが大きかった。初期のチシュティー教団，スフラワルディー教団や，後期のカーディリー教団，ナクシャバンディー教団などが知られている。チシュティー教団のニザームッディーン・アウリヤー（1238〜1325）はデリーで活躍し，今でも彼の廟には参拝者が絶えない。

　スーフィズム（イスラーム神秘主義）は神の名を唱えるジクルなどの実践や聖者廟の崇拝など，ヒンドゥー教のバクティズム（帰依主義）と共通する要素をもっている。カーストを否定するアンチ・バラモン的なバクティズムの系譜とスーフィズムの親和性はかなり高く，13世紀以降の北インドにおいて両者は相互に影響を与え合い，混淆していったと思われる。ワーラーナシーで活躍したカビール（1440〜1518？）は，アッラーであれラーマであれ，いかなる名でよばれていても神は唯一であるとして，ヒンドゥー教とイスラームを批判的に統合した教えを説いている。

　1526年以降のムガル帝国期には，後述するように細密画（ミニアチュール）やイスラーム建築などといったペルシア文化の導入が進められた。シャー・ジャハーンのデリー城（レッド・フォート）やタージ・マハルは，今では世界遺産として多くの観光客を集めている。またペルシア語文学の伝統は13世紀のアミール・フスローから始まり，16〜17世紀に大きく発展してウルフィー（生年不詳〜1590）らを生み出すことになる。

(2)　イスラームとインド文化

　インド社会にイスラームがもたらしたものは決して少なくない。13世紀以降のデリー・スルターン朝およびムガル朝は，インドの建築様式に新しい要素を付け加えた。ミナレット（尖塔）とドーム型の屋根を備えたマスジッドは現代でもインドの都市にみられるし，数多くの城塞や王侯貴族の宮殿も，イスラーム建築の影響下に作られた。そもそも墓地を作る習慣のないヒンドゥー社会に，王侯貴族の墓廟や聖者廟などの建造を持ち込んだのもイスラームであった。後にイギリス統治期においては，イスラームとヒンドゥー

の建築様式を取り入れたインド・サラセン様式が流行した。

　またその他にも近世以降の文化・芸術の発展は，イスラーム文化の影響抜きに語ることはできない。たとえば今では土産物としても有名な細密画は，それまでの宗教画の伝統が，13世紀以降のイスラーム王朝の時代に紙の使用が一般化した後に，イスラーム絵画の影響を受けて発展を遂げたものである。そして音楽についていえば，南方のカルナータカ音楽が比較的インドの古典的スタイルを保っているのに対して，北インドのヒンドゥスターニー音楽は，イスラーム音楽の影響下でムスリム宮廷において発展したものとして知られている。そこで用いられるタブラーやシタールなどの楽器も，ムスリムが持ち込んだものである。

　そして人びとの日常生活のなかにも，イスラームの影響は強く残っている。形式張らない上衣としてのクルターやゆったりしたパージャマー，そして独身女性が着用するサルワール・カミーズなど，多くの衣服がイスラーム文化から来たものである。

　そして北インドの料理のなかには，発酵した小麦粉を窯（タンドゥール）で焼いたナーンや，同じ窯で焼いたチキン（ムルグ・タンドゥーリー），そしてカバブと総称される諸々の串焼き肉など，特に肉料理を中心に強くペルシア・トルコ文化の影響が残っている。

　イスラームの祭日としては，これは決してインドに限った話ではないが，断食月ラマザーンが終わった後のイードゥル・フィトルと，巡礼月ズル・ヒッジャに行われるイードゥル・アズハーという2つの大祭（イード）が特に盛大に祝われる。そしてスーフィー聖者および聖者廟に対する信仰は特に盛んで，前述のニザームッディーン・アウリヤーをはじめとして，各地，各村々においてさまざまなスーフィー聖者が信仰されている。そうした聖者信仰においては，聖者の命日に行われるウルスとよばれる祭礼が特に重要視される。

⑶　パキスタンとバングラデシュのイスラーム

　1947年8月14日，パキスタンはインドより1日早くイギリスからの独立を

果たしたが，そのベンガル地域（東パキスタン）は後に1971年にバングラデシュとして分離独立することとなった。こうしてインドを挟んで東西に，イスラーム教徒を多数派とする2つの国家が誕生することとなった。

　独立時に多くのヒンドゥーはインド側へ移住したため，現在のパキスタンは全人口の97％がムスリムによって占められている。この国ではヒンドゥーおよびキリスト教徒はいずれも1％を超える程度の圧倒的少数派となっている。パキスタンはイスラーム国家を自称しないが，イスラームを国教として位置付けている。この世俗主義とイスラーム制との間の微妙なバランスがパキスタンの特徴であったが，近年は隣国インドにおけるヒンドゥー原理主義の台頭に呼応する形でイスラーム化が進んでおり，イスラーム国家論が強まっている。

　パキスタンのムスリムの大半は他の南アジア諸国と同様にスンナ派であるが，シーア派も20％を超えている。近年は国内におけるスンナ派とシーア派の対立も高まっており，そこにアフガニスタン難民の大量流入などもあって，情勢は複雑化している。

　パキスタンのムスリムもまたインド同様に，ある種のカースト・ヒエラルキーを保持していることがしばしば指摘される。また純粋なイスラーム法というよりはヒンドゥー的な慣習法が部分的に機能していることも知られている。これらの特徴は，南アジアのムスリム全般に見出される傾向といえるだろう。

　一方でバングラデシュは，ベンガル人としての民族意識の高揚がパキスタンからの独立へと帰着したという経緯上，独立当初は世俗国家としての政策を強く打ち出していた。サンスクリット語とヒンドゥー教の豊かな伝統を持つベンガルの地において，イスラームもまた強くヒンドゥー教の影響を受けてきた。ゆえにバングラデシュの人びとに関しては，ムスリムであるのかベンガル人であるのかというアイデンティティの二重性という問題が常に存在してきた。

　黄金のベンガルという言葉が表すように，ガンジス・デルタの稲作を中心とする農業は，バングラデシュの重要な産業である。そのムスリム農村社会

の特徴として，ヒンドゥー農民のように自らの土地に代々住み続けることにさほどこだわらず，都市への転出や農業の放棄を積極的に行うことが指摘されている。一般に農村部のムスリム社会では，女性が社会に出て経済活動に従事することが好まれず，現金収入の機会を限られたものとしてきた。その結果として農村の貧困がよりシビアなものとなったことがしばしば指摘されてきたが，近年のマイクロクレジットのような動きは，それを大きく変えるものとなった。

3　さまざまな信仰

(1)　ジャイナ教徒とパールシー

　紀元前5世紀頃，釈迦とほぼ同じ時代にジャイナ教の開祖マハーヴィーラが誕生したとされている。輪廻からの解脱をめざすマハーヴィーラの教えは，ある種の相対性，つまり真理とはさまざまなやり方で表現できるのであるから断定的な説き方は避けるべきとした点において特徴的であった。

　ジャイナ教は出家者が衣をまとうことを認める白衣派と，それが無所有の教えに反するとして衣の着用を認めない裸行派とに分けられる。おおむね裸行派の方が戒律を厳格にとらえる傾向はあるにせよ，教理自体の解釈などにおいて大きな違いは存在しない。現在では白衣派はグジャラートやラージャスターンに多く，そして裸行派は主に南インドにみられる。

　ジャイナ教徒は不殺生の戒を厳格に守り，菜食主義を貫く。土地を耕して地中の虫を殺したり，樹木を傷つけたりすることも許されなかったために，伝統的に彼らの多くは商業に携わってきた。一部のジャイナ教徒たちは近代以降の経済発展のなかで成功し，大きな富を築くことに成功した。教育にも熱心で，識字率や女子の教育水準などはかなり高い。

　イランのゾロアスター教徒を祖先とし，中世のある時期（8～10世紀頃？）にインド西部へと移住してきた人びとの子孫とされるのが，パールシーである。ヒンドゥー的な制約や慣習から自由であった彼らは，比較的早い時期からヨーロッパ的な教育を受け，その生活様式を取り入れた。それゆえに英領

期にはムンバイーを中心として経済的上昇を遂げ，ターターに代表されるような大財閥も誕生した。現在ではインド国内に6万人弱のパールシーがいるといわれているが，彼らのなかにはナウジョーテーとよばれる通過儀礼など独自の慣習を守る者がいる一方で，ヒンドゥー化してしまった者も少なくない。また19世紀の神智学協会との密接な関係もよく知られている。

(2) シク教徒とターバン

　パンジャーブ州のアムリトサルに本拠地を置くシク教は，グル・ナーナク（1469〜1539）によって興された。シク教はヒンドゥー教とイスラームの教えを批判的に融合して，永遠かつ普遍的な一なる神への信仰を説いた。さまざまに呼ばれる神に対して儀礼は無意味で，ただ神への奉仕が求められる。そしてあらゆる人間は神の前で平等であるとして，カーストも否定された。こうした教理は当時のバクティ思想（第4章参照）の延長線上にある。

　やがてシク教の教団は，第6代皇帝アウラングゼーブの頃にムガル帝国との闘争に巻き込まれ，ナーナクから数えて10代目のグル・ゴービンド・シングは，軍事組織（カールサー）を設立した。このときにゴービンド・シングは5つの徴，つまり伸ばした髪，櫛，剣，鉄の腕輪，短いズボンを身につけるよう命じた。長く伸ばした髪をまとめるターバンとともに，これらは現在でもシク教徒のトレードマークとなっている。

　シク教徒はかつてシク王国があったパンジャーブ地方に今でも集中して存在する。独立時に多くのムスリムがパキスタンへと避難し，66年にヒンディー語使用地域がハリヤーナー州として独立した結果，現在ではパンジャーブ州人口の60％近くがシク教徒となっている。

　英領期は傭兵として，そしてインド独立以降は労働力として，多くのシク教徒が英国ないし英領へ渡り，そのまま定住した。インド人といえばターバンに髭というステロタイプなイメージは，このような事情により形成されたと考えられている。

(3) 南アジアの仏教

　紀元前4〜5世紀にゴータマ・ブッダによって開かれた仏教は，多くの部派へと分裂した後，紀元前後に大乗仏教へと展開する。さらに4世紀頃には密教を生み出す。仏教はそのさまざまな発展段階において，アジア各地へと伝播した。しかしインド亜大陸においては衰退し，有力な仏教教団は13世紀頃に姿を消す。

　スリランカには紀元前3世紀に，上座部仏教が伝播した。伝えられるところによれば，アショーカ王の王子マヒンダがこの地の王に戒を授け，仏法に帰依させたのだという。スリランカの人口の7割ほどを占めるシンハラ人はその多くが仏教徒であるが，植民地期に一部がキリスト教徒に改宗した。独立後は，仏教徒のシンハラ人とヒンドゥー教徒のタミル人との対立が激化し，内戦が続いた。

　一方，密教は現在のバングラデシュやネパール，チベットに伝えられ，さらなる発展を遂げた。カトマンズ盆地の先住民族のネワール族は，チベット密教の影響下で仏教とヒンドゥー教の独自の融合した文化を発展させた。

　近代インドにおいては，19世紀頃からスリランカのアナガーリカ・ダルマパーラらによって仏教復興の動きが生じた。そしてインド独立後は，ヒンドゥー社会のなかで不可触民と位置付けられた人びとが，カースト差別からの自由を求めて仏教へと改宗する動きが起こった。これを率いたのが自らもマハール・カーストの生まれであり，インド憲法の父ともされるB・R・アンベードカルであった。800万人を超える現代の仏教徒の多くはマハールをはじめとする指定カーストからの改宗者である。

4　現代社会と信仰

(1) 宗教と政治

　セキュラリズム（世俗主義）とは一般的に，近代の民主主義国家において公的領域から宗教が切り離されるべきであるという理念として理解されてい

る。そうした考え方の具体的な表現として，政教分離がある。インドもまた民主主義，セキュラリズムを国家の原理とするが，「インド的」セキュラリズムは，必ずしも公的領域から宗教が撤退することを意味しない。インドにおいて，セキュラリズムとは公的領域においてあらゆる宗教が尊重され，公平に扱われることとして理解されている。

　それゆえこの国では宗教者が政治や社会運動に積極的に関わり，また一方で政治家や社会活動家が強い宗教性を帯びることになる。たとえばM・K・ガーンディーをはじめとして多くの独立運動の活動家たちは，自らの運動を「母なる女神インド」に対する奉仕と考えた。ガーンディーが自らの運動を「真理の堅持・主張（サティヤーグラハ）」と呼んだのも，彼が政治活動と宗教活動を重ね合わせて考えていたことを示している。このように宗教と政治を同一の地平において見る傾向は，ヒンドゥー原理主義が勃興する要因のひとつとなったかもしれない。

　そもそもインド社会において人びとは日常的にさまざまな信仰やスピリチュアルな言説に親しんでいる。テレビでは宗教的なドラマやグルたちの説法，ヨーガやメディテーションの番組が流れている。そうした宗教性の担い手として世界的にも広く知られることになったのは，1926年に南インドのアーンドラ・プラデーシュ州に生まれたサティヤ・サイババであろう。特徴的な髪型と，手から聖なる灰を出すなどの奇跡で知られたこの聖者は，70年代の世界的なスピリチュアル・ブームのなかで注目を集め，各国に1000万人を超える支持者を得た。しかし後に彼の奇跡に対する疑いが囁かれ，また児童虐待などのスキャンダルがあばかれると，彼に対する人びとの注目は薄れていった。とはいえインド社会におけるサイババ教団の位置は現在でもきわめて大きなものでありつづけている。サイババ教団は，サティヤ・サーイ大学をはじめとするいくつもの有力な大学・カレッジや病院などを設立し，社会的に大きな影響力を保持している。彼が2011年に亡くなると，当時のマンモーハン・シン首相をはじめとする大物政治家たちがこぞって弔問に訪れた。

　伝統的なヨーガのグルであり，グローバルなヨーガ・ビジネスの成功者と

して強い影響力をもつラームデーヴは，2011年にインドを揺るがせた反汚職運動のなかで政治的なアピールを繰り返し，その後もたびたび政治的な活動を行っている。また近年では，ゴーラクナート僧院の院長であったヨーギ・アーディティヤナートがインド人民党（BJP）からの指名により2017年にウッタル・プラデーシュ州の州政府首相に就任している。

(2) 宗教原理主義

　近年のインド社会においては，コミュナリズムの問題が深刻化している。つまりヒンドゥー教徒やムスリムなどの宗教コミュニティが，他者に対して排他的，排除的に振る舞うことが，社会の安定を阻んでいる。

　ヒンドゥー教徒とムスリムの対立の問題は，1947年8月14，15日のインド・パキスタンの分離独立をひとつの大きなきっかけとして顕在化した。このとき1000〜1500万の人びとが国境を越えたといわれており，その大きな混乱のなか，各地で暴動や虐殺が行われた。その死者は100万ともいわれている。

　独立後のインドにおいては，1925年設立の民族奉仕団（RSS）が母体となって，インド人民党（BJP；1951年結党）や世界ヒンドゥー協会（VHP；1964年結党）が設立された。VHPはヒンドゥー社会の統合とヒンドゥー的価値観の普及をめざすとして，ヒンドゥー原理主義的な活動を開始した。81年には，南インドでイスラームに改宗した指定カーストに対して，ヒンドゥー教への再改宗運動を展開した。このような再改宗運動は90年代に至ってさらに大規模なものへと発展し，元指定カーストのイスラームやキリスト教への改宗者に対する再改宗キャンペーンが改宗者への攻撃へと転化することも多かった。

　またVHPは80年代頃からアヨーディヤーにおけるラーマ寺院の再建運動を熱心に牽引し，その後92年にムガル朝の初代君主バーブルが建立したと伝えられるモスクを破壊するに至った。彼らは，バーブルがラーマ寺院を打ち壊してこのモスクを建立したと信じており，それゆえかつてのラーマ寺院の再建がめざされたのである。この事件をきっかけとして，インド各地でヒン

ドゥー原理主義者によるムスリムへの攻撃が行われた。またこの後，VHP に対するムスリム側の攻撃や，それに対するヒンドゥーの反撃などといった 形で暴力の連鎖が続いている。

参考文献

Fuller, C. J. 2004. *The Camphor Flame: Popular Hinduism And Society In India.* Princeton: Princeton University Press.

Michaels, A. 2004. *Hinduism: Past and Present.* translated by B. Harshav, New Delhi: Orient Longman.

●読書案内●

『供犠世界の変貌──南アジアの歴史人類学』田中雅一，法蔵館，2002年
スリランカおよびインドをフィールドとして，1980年代以降のタミル人 社会が経験した紛争・差別を扱い，宗教と政治，暴力の問題を考察する。

『ヨーガの思想』山下博司，講談社，2009年
古代インドに生まれ，現在に至って全世界へ広まったヨーガの思想と歴 史をわかりやすく解説し，さらに現代的なヨーガの実践を自らの体験と ともに説明している。

『4億の少数派──南アジアのイスラーム』山根聡，山川出版社，2011年
これまで網羅的に語られることの少なかった南アジアのイスラームに関 して，特にその近代化と国家形成との関わりに焦点をあてて書き下ろし た概説書。

音楽
ヒンドゥスターニー音楽にみる創造性

井上春緒

　隣接する西アジアや中央アジアなどの文化的影響を受けてきた南アジアの音楽は，多様性に富んでおり，奥が深い。この地域の文化的中心に位置づけられてきたインドでは，民謡，映画音楽，宗教音楽，古典音楽などさまざまな音楽ジャンルが発展してきた。

　そのなかでも特に北インドの古典音楽であるヒンドゥスターニー音楽は，世界的にも愛好家の多い，南アジアを代表する音楽文化といえるだろう。ヒンドゥスターニー音楽は，いわゆる形式化された古典音楽ではなく，ジャズのように即興性に富むエキサイティングな音楽様式である。コンサートでは，メロディー奏者とリズム奏者がお互いの演奏に呼応しながら，一回限りの音楽を奏でていく。我々聴衆は，目の前で展開される美しいフレーズの応酬にただ釘づけになるのである。ただし，このような即興演奏が可能なのは，長い歴史のなかで体系化されてきた，基盤となる音楽理論があ

ヒンドゥスターニー音楽のアーティスト。左から，ラーム・クマール・ミシュラ（楽器はタブラー），新井孝弘（タンブーラー），シヴ・クマール・シャルマ（サントゥール），ラフール・シャルマ（サントゥール）（2015年，デリーにて筆者撮影）

るからだ。メロディー理論「ラーガ」とリズム理論「ターラ」である。

　ラーガとは簡単にいえば「メロディーの型」のことで，よく演奏されるものからマイナーなものまで含めると，数100種類もある。それぞれのラーガには，演奏される音や旋律の動きが定められており，メロディー奏者はそれらのルールのなかで，変幻自在に旋律を編み出していく。そのためメロディー奏者のインスピレーションで，同じラーガであってもまったく違う表情をみせる。

　一方，ターラとは16拍子，12拍子，10拍，7拍子などの拍子を含むリズム体系のことである。メロディー奏者とリズム奏者はターラに基づいて，さまざまな技巧的演奏を行う。たとえば，メロディー奏者が10拍子，リズム奏者が7拍子で演奏するような「ラヤカリ」とよばれるポリリズム技法は，高度な数学的演奏であり，究極の「リズム遊び」といえるだろう。そして，コンサートの終盤ではテンポが極端に速くなり，楽器同士の音が激しくぶつかり合い，混ざり合いながらクライマックスを迎える。1時間にも及ぶ即興演奏が終わった後，聴衆は，まるでひとつの物語の結末を見た後のように，安堵感や名残惜しさを感じながら日常世界に戻っていく。

　このように，ヒンドゥスターニー音楽は，緻密な理論体系に基づきながらも，奏者の技量やイマジネーションによって表現に大きな幅がある音楽様式といえるだろう。一人の音楽家が一生をかけてラーガやターラを研究し，研鑽を積み，独自の芸風を確立する。そして，その「型」は次世代に継承され，乗り越えられていく。このような世代を超えた継承と更新を繰り返すことで，南アジアの音楽文化は形作られて，洗練されたものになったのである。

第4章

哲学・思想

現代に息づく伝統思想の世界

井田克征

ガネーシャ神（左），シヴァ神（中央），パールヴァティ女神（右）（筆者所有，1990年代にマハーラーシュトラ州にて購入）

インドの思想の歴史は，常に人びとの信仰のあり方と深く関わりつつ展開してきた。ヴェーダや仏典，ヒンドゥー聖典にみられる古典思想は，個人の理想的終着点として解脱を追求した。近世になるとヒンドゥーの思想はイスラームやキリスト教と出会い，個人と超越的な神との間の関係性が模索されるようになる。その後近代化，グローバル化を経るなかで人々の関心もまた現代的なものへと変容したが，それでも彼らが自己と世界との関係性をめぐる思索を重ねるとき，この世界の背後にある超越性や，聖なる倫理に対する信頼は，揺らぐことがないように思われる。

1 古代の思想——インド思想の源流

　現代インドを理解するために，紀元前に書かれたサンスクリット語の宗教聖典を知るべきだといったら奇異に思われるかもしれないが，それは事実である。たとえばM・K・ガーンディーの非暴力主義は，古代インドのジャイナ教徒たちのアヒンサー（不殺生）の思想に喚起されたものであるし，ナレーンドラ・モーディー首相がヨーガの実践者であるという事実は，彼の政治家としてのあり方にも関わっている。別段南アジアに限った話ではないが，古代から綿々と続く思索の営みは，その社会固有の精神性として現代的な諸事象の基層をなしている。ゆえに思想史に顧慮することのない地域研究は，きわめて表面的な試みとならざるをえない。

(1) 輪廻と解脱の思想——ヴェーダからウパニシャッドへ

　人は死後天に昇り，やがて再び地上に生まれ変わるという輪廻の観念は，それを信じるかどうかは別として現代日本でも広く知られている。そしてインド映画を見ても，劇中で亡くなったヒロインやヒーローが前と異なる立場で再び生まれ変わってくるというストーリーにしばしば出くわす。アジアの仏教文化圏においてよくみられるこの輪廻という観念は，実は仏教よりさらに古いヴェーダの宗教にまで遡ることができる。

　神々の賛歌集『リグ・ヴェーダ』本集（サンヒター）が成立したのはおそらく紀元前1200年頃，アーリヤ人がインド北部へ入ってきた頃のことと思われる。彼らの祭官たちは神々を讃え，さまざまな祭式を執り行った。その後，祭式の詳細やそこで詠唱される詩句を分析するブラーフマナ文献（紀元前800年頃），そして哲学的な性格の強いアーラニヤカやウパニシャッド文献（紀元前600年以降）が順次生み出される。これらのヴェーダ聖典は特定の著者をもたず，天からもたらされたものとして理解されている。

　人間の霊魂が不滅であるという思想は，おそらく『リグ・ヴェーダ』まで遡ることができる。そして不滅の霊魂が死後，地上に再び生まれ変わるとい

う輪廻の観念は，遅くともブラーフマナには認められる。その後，輪廻とその原因としての業という思想が示されるのは，ウパニシャッドにおいてである。『ブリハッド・アーラニヤカ・ウパニシャッド』は，人が死ぬと身体から自らの本質たるアートマンが抜け出して天界に上り，やがてその者の為した行為（カルマン）の善悪に応じて，それに応じた再生を得ると述べている。この行為の原因は欲望であるとされ，それゆえに欲望をもたない者はブラフマンそのものになるとこのウパニシャッドは説いている。

　同じウパニシャッドに，有名な「私はブラフマンである」という言葉がある。これは宇宙の根本原理としてのブラフマンと個人の輪廻主体であるアートマンが本質的には同一であることを表現している（梵我一如）。この同一性を知り，回復することによって個人は苦に満ちた死と再生のサイクルから離脱することができると考えられた。これが解脱である。その後，仏教や正統バラモン哲学の思想家たちは，この解脱のあり方をめぐって議論を繰り広げることになる。

(2)　仏教とジャイナ教——バラモン教への反論

　紀元前5世紀頃，バラモンたちがウパニシャッドにおいて哲学的思索を深める一方で，仏陀やマハーヴィーラのような反主流派の思想家が誕生する。ゴータマ・ブッダは紀元前463年にシャカ族の王子として誕生し，長じて出家してボードガヤーの菩提樹の下で悟りを開いたとされている。仏陀の教説は，ブラフマンとアートマンの本質的同一性を説くウパニシャッド哲学に対して，そもそも輪廻の主体たるアートマンは，自分自身の本質ではないのだとする無我論を説いた。仏陀はこの世のすべては永遠ではないゆえに苦しみであるとして，あらゆる現象は因果関係のなかにあるから（縁起論），苦を滅するためには苦の原因たる無明を滅することが必要だと考えた。

　仏陀と同時代に，やはり王族（クシャトリヤ）としてヴァルダマーナが誕生する。のちにマハーヴィーラとよばれるようになるこの人物は，ジャイナ教の開祖となった。ウパニシャッドや仏教と同様に，ジャイナ教もまた個人がいかにして輪廻から逃れるのかという問題に専念して，正しい見解，正し

い知識，正しい行いによって解脱に至ると考えた。ジャイナ教において特徴的なのは，一切を知る者ではない人間にとって，あらゆる真理は「ある点からみると」という限定のもとにしか正しいとはいえないのだという，ある種の相対主義を示した点にある。さまざまな思想が並び立っていたこの時期にマハーヴィーラが示したこの相対主義は，もしかしたら後に社会的にはマイノリティでしかありえないジャイナ教徒が，ヒンドゥー社会の中に溶け込んで現代にまで生き残ることを可能としたのかもしれない。

そして正しい行いのなかに含まれるのが，仏教とも共通する5つの戒め，つまり殺さない，嘘をつかない，盗まない，姦淫しない，所有しないという規範である。ジャイナ教は特に殺さない（不殺生：アヒンサー）を厳格に墨守したため，ジャイナ教徒は土地を耕すことなどもできず，主に商業に携わることになった。彼らの不殺生の教えは，近代に入ってからM・K・ガーンディーによってインド独立運動の文脈における不服従非暴力の理念のなかに取り込まれた。

(3)　人は何のために生きるのか——ダルマの追究

古代インドの聖典は，人生には3つの目的，つまりダルマ（法）とアルタ（利）とカーマ（愛）があると述べている。そしてこれら3つのいわば日常的な目的を超えた地平に，解脱という第4の目的が位置づけられる。

カーマは男女間の愛，欲望を意味し，アルタは利益，財産を意味する。ヒンドゥー聖典は，これらの世俗的な欲望の充足を人生の目的として肯定的に捉えている。これはある種の聖典が禁欲を説くことと矛盾するようにも思えるが，禁欲はあくまでも世俗を離れて解脱をめざす者にとって重要な方法論にすぎず，日常生活を営む人間にとって愛や財を求めることは決して否定されない。

ダルマという概念は曖昧で理解しがたいところがあるが，まず古代のヒンドゥー聖典においてそれは人びとのあるべき姿，社会秩序を意味している。そのなかには当然，ヒンドゥーの宗教規範や慣習も含まれる。たとえばバラモンがヴェーダを学んで祭式を行い，シュードラがバラモンに奉仕すること

は正しい社会のあり方で，この秩序を守ることこそが人生の目的となる。

　こうしたダルマの内容を規定するのが『マヌ法典』（紀元前 2 世紀〜紀元 2 世紀頃）や『ヤージュニャヴァルキヤ法典』（2 世紀頃）などの法典（ダルマシャーストラ）である。そこではまず 4 つのヴァルナ（種姓）が説かれている。それはバラモン，クシャトリヤ，ヴァイシャ，シュードラという 4 つの身分秩序であり，それぞれの立場に応じて順守すべき義務や慣習が存在するという思想である。これは後にカースト制度を支える理念となっていく。

　4 つのアーシュラマ（四住期）は，人生を学生期・家住期・林住期・遊行期という 4 つに区分し，その各段階において，異なった義務や慣習を規定する。バラモンの男子は学生期にヴェーダを学び，家住期に家系を継ぐ男子を得て，林住期を経て人生の最後には遊行に出るべきとされた。

　こうした宗教的な義務に関する記述は，それを果たせなかった場合の贖罪や罰則規定をも含むことから，法としての性格も帯びていた。それゆえにイギリス統治下において，法典はヒンドゥー教徒たちを裁くために参照されるようにもなった。近代化以降のインド社会において，ダルマは宗教慣習という側面と，法としての側面，そしてより抽象的な観念としての，人としての義務，責務というようなニュアンスをすべて含む，きわめて多義的な言葉として現代に至っている。現代語のダルマは，「宗教」「法」「義務」などさまざまな近代的概念と対応づけられるが，端的にいえばそれは正しい人間のあるべき姿とでもいうべきものであろうか。

⑷　叙事詩の世界——『マハーバーラタ』と『ラーマーヤナ』

　古代インドで成立した 2 つのサンスクリット語の叙事詩『マハーバーラタ』と『ラーマーヤナ』は，現代に至るまで広く人びとに愛され続けている。

　全18巻，10万詩節（実際には 9 万）からなる長大な『マハーバーラタ』は，さらに付録として 1 万6000詩節からなる『ハリヴァンシャ』を伴い，伝説上の聖仙ヴィヤーサが地上に伝えたものとされている。この叙事詩はバーラタ族のパーンドゥ王の五王子と，彼らのいとこであるクルの百王子たちの間の

争いを描いている。両者はクルクシェートラの地において18日間にわたって戦闘を繰り広げ，最終的にパーンドゥの五王子が勝利を収めるが，彼らもまたのちに地上を去って天界へ赴く。北インドを舞台としたこの戦争の物語の合間に，さまざまな神話や物語，教説が挿入されて，4ないし5世紀頃におおむね現在の形をとったと考えられている。たとえばナラ王とダマヤンティー妃の別離と再会を描いた『ナラ王物語（ナラダマヤンティー）』は，そうした挿話のなかでも有名な物語のひとつである。そしてヒンドゥー聖典のなかで最も重要視されるためにヒンドゥーの聖書などともよばれる『バガヴァッド・ギーター』は，同族のいとこ同士で殺し合うことを憂うアルジュナ（五王子の一人）に対して，彼の戦車の御者クリシュナ（ヴィシュヌ神の化身）が自らの義務である戦いに専念するよう説く，哲学的挿話である。

　マハーバーラタはそのメインストーリーも，そしてそこに包括されたさまざまな挿話も，インドの文化史におけるアイディアの源泉として常に重要な位置を占めてきた。その人気は現代におけるも失われることはなく，たとえば1988〜90年にインド国営放送において全94話で放映されたドラマ版『マハーバーラタ』は，90％を超える視聴率をとったとされる。

　『ラーマーヤナ』は伝説上の詩聖ヴァールミーキによって書かれたとされる全7巻，2万4000詩節からなる物語である。コーサラ国の王子ラーマが国を追われ，さらに妃シーターを悪魔の王ラーヴァナに奪われるが，苦難の後にラーヴァナを倒してすべてを取り戻すこの物語は，勇敢なラーマ王と，彼を助ける弟ラクシュマナや，神猿ハヌマットらの活躍などが英雄物語として広く愛好され，さまざまなヴァージョンの『ラーマーヤナ』が作成された。なかでも有名なのは，トゥルシーダースによってアワーディー方言で書かれた『ラーム・チャリット・マーナス』（16世紀）である。さらにこの物語は東南アジアにも伝えられ，ジャワやマレー，カンボジアなどにおいても広く知られるに至った。

　このラーマ王はヴィシュヌ神の化身とみなされ，神格化されていく。「悪魔」ラーヴァナを倒すラーマが，理想的なヒンドゥーの王と考えられて，ラーマラージュ（ラーマの治世）は理想のヒンドゥー社会と考えられるよう

になる。こうした文脈において，しばしばラーマ神話は外敵からヒンドゥーの国を守ろうというヒンドゥー原理主義の文脈に拐取されることにもなった。

2　中世の思想──ヒンドゥー思想の発展

　グプタ朝が6世紀に崩壊した後，インドの思想的潮流は新しい局面に入る。それはひとつには，古代にウパニシャッドや叙事詩から展開した哲学的系譜，つまり六派哲学の隆盛であり，もうひとつはタントリズムやバクティズムなどの宗教思想であった。これらの中世的な思想展開は，一般にはバラモン教（ブランマニズム）からヒンドゥー教への発展として語られる。

(1)　解脱をめぐる思索──六派哲学がめざすもの

　紀元前に成立したウパニシャッド文献のなかで，ブラフマンとアートマン，輪廻と業などの諸概念に対する思索がすでに行われていたことは先に述べた。そうした思索は，六派哲学とよばれるバラモン的な系譜において継続されるとともに，仏教やジャイナ教のような非バラモン的な集団においても続けられた。

　六派哲学とは，サーンキヤ，ヨーガ，ニヤーヤ，ヴァイシェーシカ，ミーマーンサー，ヴェーダーンタと呼ばれる6つの思想的系譜で，それぞれが異なった思想的立場に立脚する。これに仏教やジャイナ教も加えて，それぞれの系譜は自派の思想の優越性を主張するために議論を続け，膨大な文献を生み出すに至った。しかし立場は違えど，ウパニシャッド以来の業と輪廻の世界からの解脱をめざすという救済論的立場はおおむね共通している。以下簡単に，六派哲学の概要を確認しよう。

　サーンキヤ学派において現存する最古の聖典『サーンキヤ・カーリカー』（4世紀？）によれば，この現象世界の創造は，まず自らは活動することのない永遠の純粋精神である①プルシャが，世界の物質原理である②プラクリティを「眺める」ことで開始される。プラクリティのなかには世界の万物が

潜在的に存在しているから，ここからまず③統覚機能が，そして統覚機能から④自我意識が，そして⑤〜⑮11の心身の諸器官（目・耳・鼻・舌・皮膚・口・手・足・排泄器官・生殖器官・胃），⑯〜⑳５種の微細元素（声・食・色・味・香），㉑〜㉕５種の粗大元素（空・風・火・水・地）が展開することで世界が成立する。

　サーンキヤ思想は世界をこのように精神原理プルシャと物質原理プラクリティの二元論的に理解する。これは個人存在に対しても同様で，個人は本来の純粋精神の存在を知らず，現象世界に展開した統覚機能や自我意識を自己の主体と誤認しており，それゆえに苦や輪廻に悩まされるのだと考える。

　ヴェーダーンタ学派は，「ヴェーダの最後（アンタ）」という名前が示す通り，ウパニシャッドに説かれるブラフマンを考究することをその中心とする。この学派の聖典『ブラフマ・スートラ』が成立したのはおそらく５世紀頃と思われる。この学派から多くの思想家が輩出し，さまざまな分派が存在するが，そのなかで最も有名な思想家は不二一元論（advaita）を唱えたシャンカラ（８世紀）であろう。彼は南インドに生まれ，『ブラフマ・スートラ』に対する注釈をはじめとして，いくつかのウパニシャッドや『バガヴァッド・ギーター』の注釈を著した。インドの思想史において彼の影響はきわめて強く，しばしばインド最大の学匠と呼ばれている。

　世界の根本原理であるブラフマンは，個人の本質であるアートマンと同一である。しかし我々はそのことを知らず，自らのアートマンを誤って認識しているから輪廻から抜け出すことができない。本来のアートマンとブラフマンの同一性を知ることこそが，解脱に至る唯一の方策ということになる。シャンカラは，私たちが経験するこの現象世界を自らの無明（avidyā）が生み出した幻影（māyā）にすぎないと主張する。ブラフマンとアートマンの同一性は，幻影によって覆い隠されている。だから個人は自らの本来のありようを知らず，輪廻に苦しめられていると考える。

(2)　タントリズム——人が神になる

　タントリズムとよばれる宗教潮流は，古くは５世紀頃からシヴァ神信仰の

系譜のなかで誕生し，やがて仏教やヴィシュヌ派にもみられるようになった。その後9世紀頃からは，王権の支持を受けた大僧院などを拠点に隆盛を極めることとなる。当初のタントリズムは，ヴェーダ聖典に基づく従来のバラモン教やその延長線上にある正統的なヒンドゥー教とは一線を画する，ある種異端的なものと考えられていた。しかしタントリズムはヒンドゥー教のなかで一定の位置を占め，現代でも多くのタントラ的な寺院や教団が一定の人気を集めている。さらにいえば，ひとつのヒンドゥー教寺院のなかにヴェーダ的もしくは正統ヒンドゥー教的な信仰とタントリズムが共存，混在する例も珍しくない。

　タントリズムは，その崇拝対象に応じて3つに大別される。まずヴィシュヌ神を最高神として崇拝するヴィシュヌ派のなかで，タントラ的系譜として最も有名なのがパーンチャラートラ派である。そしてシヴァ神を崇拝するシヴァ派のなかには，古い伝統をもつパーシュパタ派や，南インドにおいて発展したシャイヴァ・シッダーンタ派，そしてカシュミールにおいて勢力をもったカシュミール・シヴァ派などが存在する。最後にシャクティ派とよばれるのは，シヴァ神の妃（シャクティ）を信仰する女神崇拝の系譜である。それぞれの派は，神学的にも救済論的に異なる点も多いが，ある程度は共通する思想的傾向を共有している。

　まずタントリズムは，最高神が世界の一切と本来的な相同性をもち，ゆえに個人もまた究極的には神にほかならないと考える。こうした神性と個人の同一性に対する理解は，シャンカラの不二一元論やサーンキヤの世界開展説などの正統的バラモン思想と同じ土壌において形成されたものである。実際，シヴァ派においては世界の三十六原理が説かれるが，これはサーンキヤ派的な二十五原理にシヴァ派的な諸神性などの原理が付け加えられたものであるし，多くのシャクティ派の教理においては，世界原理たるシャクティはしばしばプラクリティともよばれ，物質世界の根源とみなされる。

　本来は神と等しい個人が，その神性を回復することこそが解脱である。タントリズムはこのように個人が神と合一することをめざすが，シャンカラ的な主知主義などとは異なって，複雑な儀礼体系を構築した。仏教に目を転じ

ると仏教タントリズムともよばれる密教において，修行者は曼荼羅を描いて瞑想を行い，自己と仏の一体化をめざす。同じように，ヒンドゥー・タントリズムはヤントラとよばれる象徴的な図形を描いて神の名などを象徴するマントラ（真言）を唱えつつ，高度に精神的な実践や諸々の瞑想儀礼などをとりおこなうことによって神と合一する。そのようにして神と自己の一体化を果たしたならば，それが解脱である。

　正統ヒンドゥー思想において，解脱とは輪廻からの解放であり，永遠性の獲得であるが，タントリズムにおいてはそうした伝統的な自己の解放に加えて，神のごとき超越的な力の獲得という側面が強調される。つまり神と一体となった個人は，もはや自己のみならず世界の一切を支配する力をもつことになる。タントリズムの実践の成就は，六作法とよばれる呪術的実践（治療や，他者の支配，場合によっては殺害など）を可能とする。そうしたタントリズムの呪術的側面は，さらに男女ペアでの儀礼的な性行為（それはシヴァとシャクティの合一からの世界創造を象徴する）や，死体を用いた儀礼などとも相まって，タントリズムが非正統的なものであるという見方を強めた。

(3)　バクティ──神への愛により救われる

　タントリズムが，性的な儀礼や呪術的な実践などを含むために異端視されつつも，基本的には正統ヒンドゥー思想やヴェーダから発展したエリート的な宗教思想であったのに対し，中世において大きく発展したバクティ思想は，『バガヴァッド・ギーター』のような正統的サンスクリット語聖典に端を発しつつ，次第に低カーストをも含む一般民衆のなかで大きな勢力を得るに至った。バクティとは，人格的な最高神に対して個人が自己の全存在を投げ出して帰依することで救済されようという思想である。

　『マハーバーラタ』の一エピソードとして紀元前後に成立したと思われる『バガヴァッド・ギーター』において，御者の姿をとったクリシュナ神がアルジュナに対して，神に帰依してなすべき務めに専念するべしと説いている。ヴェーダ祭式やタントラ的な瞑想実践，原始仏教の修道論など，インド古来の宗教思想の多くは，個人が正しいやり方で特定の実践を行うなら，必

然的に救済されるという自力救済の思想である。これに対し，人格神へ帰依することで神の恩寵としての救済がもたらされるというバクティの考え方は，まさに他力救済の思想である。

　こうしたバクティの思想は，その後南インドのタミル語圏においてアールワールとよばれるヴィシュヌ派の詩人たちの間で熱情的に歌い上げられた。また11世紀になるとラーマーヌジャが，ナーラーヤナ神（ヴィシュヌ神の人格神的形態）をヴェーダーンタ学派のブラフマンと同一視して，被限定者不二一元論を唱えた。神へのバクティによってアートマンを覆う闇は払われ，解脱がもたらされるという彼の主張は，ヴェーダーンタ思想にバクティという概念を導入する試みであった。

　しばしばバクティの対象となるヴィシュヌ神は本来とは異なる姿（化身）をとって地上に降臨し，自らに熱心に帰依する者たちを救済すると考えられた。この化身という観念は，バクティ思想と密接に関わりながら『ヴィシュヌ・プラーナ』『バーガヴァタ・プラーナ』などのプラーナ神話のなかで発展する。現在広く知られるヴィシュヌ神の10の化身とは，①猪，②人獅子（ナラシンハ），③小人（ヴァーマナ），④斧を持つラーマ，⑤ラーマ王，⑥クリシュナ，⑦魚（マツヤ），⑧亀（クールマ），⑨仏陀，⑩カルキである。これらのなかでも，特にラーマとクリシュナは熱心なバクティの対象となった。この化身という観念を媒介として，多くのローカルな神々もまたヴィシュヌ信仰の周縁部に位置づけられるに至った。

⑷　ヒンドゥー思想とイスラーム

　バクティの思想は12世紀頃から，各地の民衆たちに広く受け入れられるようになる。それまでのサンスクリット語ではないローカルな言語の聖典が成立し，低カーストや女性を巻き込んだ宗教運動が各地で展開する。

　こうしたバクティ思想の隆盛の背景には，同じ頃から北インドにおいて活動していたイスラーム神秘主義者（スーフィー）の影響も考えるべきだろう。一般的なイスラームが神（アッラー）を人間とは隔絶した存在と考えるのに対して，スーフィーはこの唯一なる実在が世界のなかに偏在していると

考える。彼らは世界に内在する神との合一を果たすために，禁欲的な生活を送り，神に献身的な愛を捧げる。

　こうしたスーフィーの思想は，やはり神への熱情的な愛を根本とするバクティ思想と共鳴する。実際，中世以降のバクティ的な教団はイスラームとヒンドゥー教の垣根を越えて自由にラーマやクリシュナなどのヒンドゥーの神をアッラーと結びつけるようになる。

　思想的にはラーマーヌジャの系譜に属していたとされるラーマーナンダ（14世紀？）は，最高神の化身としてのラーマに対する内面的な帰依を強調し，法典が述べるような宗教慣習やカースト秩序を問題としなかった。彼の有力12人の弟子のなかには，不可触民や女性，そしてムスリムまでも含まれていたが，彼のアンチ・カースト的態度にはイスラームの影響があったとされている。彼の教団ラーマーナンダ派はアヨーディヤーやワーラーナシーを中心に，北インドにおいて大きな影響力をもった。

　ラーマーナンダの12人の弟子の１人とされるカビール（15～16世紀）は，さらにイスラームからの影響を強く示す。彼はカーストの差異や偶像崇拝も強く否定し，一なる神を無属性の，偏在する神として考えた。この神はヒンドゥーからはラーマ，ヴィシュヌなどと呼ばれ，イスラームからはアッラーと呼ばれるが唯一で不変の同じ神であり，イスラームもヒンドゥーも同じ神を信じ，同じ父をもつ子どもたちであると主張した。

　こうした風潮のなかで，ナーナク（1469～1539）は，パンジャーブ地方においてやはり神への奉仕による救済を説いた。彼もまたカビール同様にイスラームとヒンドゥー教両方からの影響を強く示すが，神の愛を信じる一方で，神への恐れと絶対的服従をも信徒に要求した。そして信徒が神へのバクティを達成するためには，道を正しく導く師（グル）の存在が重要だと主張した。ナーナクの教えを信奉する者たちは，シク教を形成した。

3　近代・現代の思想――世界のなかのインド

　思想は常にその時代の変化とともに変容し，新しく生まれ変わる。特に近

代以降の世界の変化はめまぐるしく，それまでの思想史の流れを大きく加速させた。インドにおいても，まずはヨーロッパがもたらす近代化の波が，そして現代においては急速な経済発展とグローバル化が，新しい変化を生み出している。

(1) 西洋近代との出会い

1600年にカルカッタで設立されたイギリス東インド会社は，競合勢力を駆逐して次第に支配力を強め，やがてムガル帝国を滅亡させる。その結果，1858年にインドはイギリスの植民地となる。こうした過程のなかで，インド社会は西欧のキリスト教や，近代合理主義，啓蒙思想と対面し，自らの伝統の見直しを迫られる。きわめて多様な側面をもつヒンドゥーの宗教的慣習（ダルマ）が，キリスト教のような一神教を基準とした西洋の目線を受けて，ヒンドゥー教（hinduism）というひとつの「宗教」として意識されるようになったのは，この頃のことである。

1828年，ラーム・モーハン・ローイ（1772～1833）はカルカッタにブラフモ・サマージを設立する。これは当時のキリスト教宣教師たちが，ヒンドゥー教はサティーや幼児婚，一夫多妻などといった野蛮な習慣をもつ，偶像崇拝の宗教であると非難したことに対して，ヒンドゥー教の弁護と，改革をめざしたものであった。ローイは中世以降のヒンドゥー教が偶像崇拝と迷信に満ちているのに対して，古代の思弁的なウパニシャッドにはそれらに汚されていない純粋な一神教が説かれていると考えて，ウパニシャッドの説くブラフマンを崇拝するべきと主張した。ブラフモ・サマージはさらにサティー（寡婦殉死）の禁止を働きかけ，未亡人の再婚の奨励や一夫多妻制への反対など，さまざまな社会改革に乗り出した。これらの活動は，野蛮とされたヒンドゥー教を，キリスト教的な価値観に適合したものへと作り変える試みだったといえるだろう。

こうした動きに影響を受けて，1875年にはボンベイ（今のムンバイー）でダヤーナンダ・サラスヴァティー（1824～83）によってアーリヤ・サマージが設立された。彼は古代のヴェーダ聖典の4つのサンヒター（本集）のなか

に，完全な真理が宿っていると考えて，「ヴェーダに帰るべし」と主張した。ヴェーダが述べるさまざまな神の名は，すべてブラフマンの多様なるあらわれにすぎず，この唯一のブラフマンを精神的に崇拝することこそが重要であると主張した。アーリヤ・サマージもまたさまざまな差別や不平等を改善するための社会改革を進め，合理的，近代的なヒンドゥー教の構築をめざした。

(2) ネオ・ヒンドゥイズム

　19世紀後半頃から，西洋近代のキリスト教的・合理的精神の影響下に形成された新しいヒンドゥー思想の潮流を，ネオ・ヒンドゥイズムとよぶ。その代表とも目されるのが，ヴィヴェーカーナンダ（1863〜1920）である。

　彼はカルカッタの裕福な家庭に生まれ，西洋的な教育を受けて育った。学生時代にはブラフモ・サマージにも所属し，大きな影響を受けた。やがて彼はラーマクリシュナと出会い，1885年に彼の弟子となる。

　ラーマクリシュナは貧しく教養のないバラモンの出で，カーリー女神に帰依する行者であった。彼は，タントラ的な行法，観想法を通じて神との合一を達成したと伝えられている。ヴィヴェーカーナンダが弟子となった翌年に，彼は地上を去る。残されたヴィヴェーカーナンダもまた，出家者となり，後に1897年にラーマクリシュナ・ミッションを設立する。

　ヴィヴェーカーナンダの思想の特徴は，一神論的に再解釈された不二一元論である。究極的な世界の根本原理は，名前も属性も存在しない。そしてそれが形相をとってヴィシュヌ神やクリシュナ神，そしてさらにキリスト教やイスラームの神としてあらわれているのだという。それゆえに，あらゆる宗教は究極的にはこの一なる無属性の根本原理へと至るための異なった道にすぎない。このようにして彼はヒンドゥー教を普遍宗教として位置づけた。

　彼は偶像崇拝やカースト制度を必ずしも否定はしなかったが，ダリトたちへの差別などの社会問題に対しては積極的に批判を行った。そしてヴィヴェーカーナンダがその後のインド社会においてきわめて強い影響力をもつに至ったのは，彼が社会奉仕を宗教的な文脈において考えたという点にあ

る。つまり弱者に対する保護，医療や教育の重視を，あらゆるいきものに宿る一なる神性への帰依としてバクティの実践のなかに位置づけた。このように世俗的な社会活動を宗教実践として理解する方向性は，ヴィヴェーカーナンダ以降の多くの社会活動家たちにも共有されることとなった。有名なところでいえばM・K・ガーンディーの闘争は，サティヤーグラハ（真理の護持）と名づけられ，宗教的色合いを帯びている。イギリスに対する独立運動の闘士たちも，しばしば自らの活動を「インドという女神（バーラト・マーター／マザー・インディア）」への奉仕と位置づけた。

(3) 現代インドの思想——共生をめざして

　グローバル化した現代インドにおいて，もはやインド「固有の」思想というようなものは成立しないかもしれない。多くの知識人は国際的なネットワークのなかにあり，場合によっては活動拠点を欧米にもつ。しかしながら彼らの思考がインドの歴史，文化伝統からの豊かな遺産を引き継いでいる以上，それをインド思想の新しい局面と捉えることも可能だろう。

　1980年代初頭に，それまでのエリート史観的な歴史学に対する批判として，下層民や部族など歴史の本流から排除されてきた従属的な存在に光を当てた研究，いわゆるサバルタン・スタディーズが試みられた。このグループを牽引した歴史学者ラナジット・グハ（1923〜）は，植民地期の下層農民たちによる反乱を扱うなどして，同時代のエリートたちとは異なる従属的存在（サバルタン）側からの認識や，政治的実践を明らかにしようとした。初期のサバルタン・スタディーズにおいては，マルクス主義的なエリートとプロレタリアートの対立という視点では塗りつぶされてしまうような，従属的存在の多様性と，彼ら独自の価値体系，世界認識を明らかにすることがめざされた。彼らの試みは一定の成功を収めたと思われるが，一方でサバルタンたちの自律性を過度に強調することで，彼らのあり方を理想化しているというような批判も出るようになる。

　比較文学者ガヤトリ・スピヴァク（1942〜）は，70年代にジャック・デリダの『グラマトロジーについて』の英訳と，それに付した長い序論によって

注目された。彼女は1988年に『サバルタンは語ることができるか』などを出版し，それまでのサバルタン・スタディーズを批判した。スピヴァクによれば，そもそもサバルタンとはグハらが示すような自律性を留保できるような存在ではなく，ただ従属するという関係性によってのみ認識されるような者たちである。彼らは語ることができず，また語ったとしても誰もそれを聞いてはいない。そうしたサバルタンのあり方を，知識人たちは彼らに成り代わって語ることで，彼らの位置をさらに固定化してしまっているとスピヴァクは批判する。

　スピヴァクの議論はそれまで俎上に上げられなかった，従属的存在としての女性のあり方にも及び，それゆえに現代のジェンダー論において欠かすことのできない理論家となっている。またサバルタンは近代史だけではなく，現代的な問題でもあるという立場から，さまざまな活動を通じてサバルタンを市民社会に接続しようと試みている。

参考文献

早島鏡正・高崎直道・原實・前田専学　1982『インド思想史』東京大学出版会。

長尾雅人他編　1988『岩波講座　東洋思想インド思想』全3巻，岩波書店。

●読書案内●

『インド哲学10講』赤松明彦，岩波書店，2018年
　　　　輪廻と業，存在論，そして言語に関する思索など，古代インド哲学の精
　　　髄を丁寧に解説している。単にキーワードを並べたてた概説書では味わ
　　　えない，考えることの楽しさを感じることのできる書籍。

『インド神話』上村勝彦訳，筑摩書房，2003年
　　　　膨大なヒンドゥーの叙事詩，神話の世界をかいつまんで紹介する。これ
　　　一冊を読めば，ヒンドゥー神話の基本をおさえることができるだろう。
　　　神話に関する知識は，現代インド映画や文学，演劇などを理解する上で
　　　も必須である。

『近代ベンガルにおけるナショナリズムと聖性』
　　　臼田雅之，東海大学出版会，2013年
　　　ラーム・モーハン・ローイやタゴール家など，近代ベンガルの知識人，
　　　宗教者たちを紹介し，彼らのなかでの宗教性とナショナリズムのありよ
　　　うを考察する重要な書籍。

文学

近代インド社会とヒンディー文学

小松久恵

　ヒンディー語ならびにヒンディー文学の発展は，英国植民支配からの独立運動と密接に結びついていた。当時のインド出版業界は植民地政府の支配下にあり，ゆえに言論の自由には制限があった。当局は国民が政治的，社会的に覚醒することを警戒し，反体制的な新聞，雑誌に対して，発禁，押収，罰金を科し，また編集者を逮捕拘禁して弾圧した。しかしそれらの弾圧をよそに，現地諸語を中心媒介とする複数の新聞雑誌は，社会的また政治的な運動において国民の覚醒を促す重要な役割を果たしていた。

　同時期，ヒンディー文学の二大拠点都市であるワーラーナシーとアラーハーバードを中心にヒンディー語運動が始まった。この運動の目的は，公文書からウルドゥー文字を排除し，その代わりにデーヴァナーガリー文字を使用すること，そして社会にデーヴァナーガリー表記によるヒンディー語を普及させるところにあった。インド独立運動と結びついたこの運動により，北インドの主要都市でヒンディー語が飛躍的に普及し，その影響下で文学協会や出版業界が興隆した。また執筆者層ならびに読者層が拡大するなど，ヒンディー文学界は多面的な発展を始めた。

　近代ヒンディー文学を代表する文学者たちはみな，編集者あるいは主要執筆者として複数の新聞雑誌の発行に深く関わっていた。なかでもバーラテンドゥ・ハリシュチャンドラは1874年に女子教育の普及を目的として雑誌「Balabodhini」を発行した。これはヒンディー語による初めての「女性向け雑誌」を謳ったが，執筆者であるエリート男性による啓蒙的な雑誌であり女性の声が取り上げられることはなかった。

　20世紀に入るとヒンディー語圏では女性の編者や執筆者を擁する女性向け雑誌の創刊が相次ぎ，なかでも人気を博した「Chand」には多種多様なコンテンツ——国内外のニュース，社会問題，女性団体の活動報告，連載小説，料理レシピ等々——が含まれ，また読者投稿欄には毎号10通近く女性読者からのきわめて私的な相談事が寄せられた。女性向け雑誌は北インドのヒンディー語圏において，初めて一般の女性たちに文学活動の場を与え，また女性問題を語る声を与えた。

第5章

政治

多様な経路をたどる南アジアの民主主義

上田知亮

インド独立25周年記念の20パイサー切手（1972年発行）。インド政治の中心である国会議事堂（1927年完成）が背景に描かれている。議事堂の円形デザインの元となっている法輪（アショーカ・チャクラ）はインド国旗の中央にも配置されている。連邦レベルの公用語である英語とヒンディー語が併記されている点も特徴的である（出所：rook76 / stock.foto）

南アジア諸国の政治は多様である。9億人の有権者を擁するインドは世界最大の民主主義国家として有名である。他方でパキスタンやバングラデシュでは軍事クーデタが繰り返され、スリランカとネパールでは内戦が続いた。アメリカや中国との国際関係もさまざまである。南アジア諸国の政治は日本政治を相対化し幅広い視野から捉えるうえでの絶好の事例である。

1 　南アジア諸国の政治と民主主義

(1) 　軍事クーデタと不安定な民主政──パキスタンとバングラデシュ

　1947年8月に英領インドはインドとパキスタンに分かれて独立した。1971年12月にはバングラデシュがパキスタンから独立した。かつてひとつの国であった両国には，軍事クーデタが頻発して民主政と軍事政権が繰り返されてきたという共通点がある。

　パキスタンでは軍事政権の樹立につながるクーデタが1958年，1977年，1999年の3度発生しており，軍政期間は合計17年4ヶ月に及ぶ。これに軍が政治的実権を保持していた時期も含めると，合わせて31年もの長期にわたって軍が統治していたことになる。軍事政権が民主的正当性の調達と権力維持のため選挙と民政移管を自ら実施した場合でも，それは形式的なものにとどまり，実質的には民主化とは言い難いものであった。

　たとえば，2002年の総選挙では，元首相であるナワーズ・シャリーフとベーナジール・ブットーといった野党指導者の被選挙権が剥奪された。さらに2007年には，1999年クーデタで実権を握ったパルヴェーズ・ムシャラフが陸軍参謀総長の職位にとどまったまま大統領選挙に出馬したため，その合憲性が争われた。ムシャラフが陸軍参謀総長を辞職したのは，チョードリー最高裁長官の解任と非常事態宣言の発令，憲法の停止を経て合憲判決を勝ち取り，大統領当選が正式に確定した後であった。ムシャラフ政権による司法への政治介入は法曹界を中心に激しい反発を招き，その後のパキスタン政治において司法の独立が重要な争点となっていった。

　ムシャラフは大統領就任こそ成功したものの，求心力を維持することには失敗した。彼の率いる政党は2008年2月の下院総選挙で惨敗し，彼自身も8月には大統領辞任に追い込まれた。これによりパキスタンは再び名実ともに民主政に復帰した。さらにムシャラフ政権期の強権的支配への反省から2010年に憲法が改正され，パキスタンの執政制度は大統領制から議院内閣制に移行した。大統領は実権のない名誉職となり，首相に執政長官（行政長官）の

権限が与えられたのである。2013年には議会下院が5年の任期を終えて解散したが，文民政権が任期を全うするのはパキスタン史上これが初めてであった。2013年総選挙ではムスリム連盟シャリーフ派が勝利してパキスタン人民党から政権を奪取した。次の2018年総選挙では，国民的人気を誇るクリケット選手であったイムラン・カーンの率いるパキスタン正義運動が勝利を収め，再び政権が交代した。こうした政治動向をみる限り，パキスタンの民主政は順調に安定に向かっているように思われる。だが諜報機関である軍統合情報局（ISI）やイスラーム原理主義団体が暴力など非民主的手段で政治や司法への影響力を強めている面もあり，依然として予断を許さない。

　バングラデシュでは1971年の独立から間もない75年に軍事クーデタが起き，ジアウル・ラーマン陸軍参謀総長の率いる軍事政権が成立した。権力基盤の強化のため78年に実施した大統領選挙でラーマンは勝利し，彼の結成したバングラデシュ民族主義党（BNP）も翌79年の議会選挙で大勝した。こうして民政に移管したものの，81年にラーマン大統領が反乱軍に暗殺され，翌82年には再び軍事クーデタが起きて軍政に戻った。その後バングラデシュが民主政に復帰するには，国際的な選挙監視団が派遣された91年の議会選挙まで待たねばならなかった。

　1991年選挙で勝利したBNP政権のもと同年に憲法が改正され，バングラデシュの執政制度は大統領制から議院内閣制に変更された。この選挙を境にバングラデシュでは民主政が定着していき，BNPとアワミ連盟（AL）の二大政党が政権獲得をめざして争い続けている。1996年の総選挙ではALが，2001年の総選挙ではBNPが勝利した。その次の総選挙は2007年1月に予定されていたが，与野党間の暴力的な対立と政治混乱のため実施できず，2008年12月の総選挙まで選挙管理内閣が継続することとなった。2008年総選挙で勝利したAL政権は憲法を改正し，中立的な選挙管理内閣のもとで総選挙を実施するという規定を撤廃した。BNPを中心とするほぼすべての野党がこれに抗議して2014年総選挙をボイコットしたため，ALは無風選挙で大勝を収めた。BNPは2018年総選挙こそボイコットしなかったが，結局はAL率いる与党連合が再び圧勝して政権を維持した。

(2) 内戦と民主政——スリランカとネパール

　スリランカではシンハラ語を母語とする仏教徒のシンハラ系住民とタミル語話者であるヒンドゥー教徒のタミル系住民の間の対立が，政治に深刻な影響を及ぼしてきた。

　南インド出身のタミル人は英領期に紅茶とゴムのプランテーション農園の労働者としてスリランカに定住した。タミル系住民の人口比率は約1割にとどまったが（北部と東部に集住している），公務員や専門職に占めるその比率はかなり高かった。独立当初は英語が公用語であったため，英語教育を受けた層が相対的に多いタミル人が優位だったからである。南インドのタミル系勢力との連携にもシンハラ人は神経を尖らせた。両民族間の暴動は1950年代から断続的に起こり，83年の反タミル暴動では10万人近くの難民が発生する事態となった。さらに1972年憲法ではシンハラ語が公用語として明記されたほか，仏教に特別な地位が付与された（その後，1987年の憲法改正でタミル語も公用語に追加されている）。

　危機感を強めたタミル系勢力は武装闘争を繰り広げ，多くの地方都市が機能停止に陥った。そのため政府は1987年から90年までインド平和維持軍を受け入れざるをえなかった。90年にタミル・イーラム解放の虎（LTTE）が武装闘争を再開したことで，治安はいっそう悪化した。ゲリラ戦に加えて自爆テロを多用したLTTEは，93年にラーナシンハ・プレマダーサ大統領を暗殺したほか，幾人もの要人を殺害していった。さらに91年にはインドのラジーヴ・ガーンディー元首相も南インドでの選挙遊説中に爆殺された。治安が悪化するなか，欧米諸国や日本からスリランカへの投資は減少した。

　和平に向けた国際的な取り組みはノルウェーやイギリス，フランスなどを中心に進められた。その成果として2001年末から政府軍とLTTEが期限つきで停戦し，2002年2月には無期限の停戦が成立した。これを機に国連や世界銀行，NGO（非政府組織）が復興支援を活発に実施するとともに，和平交渉がタイやノルウェー，日本などで継続的に開催された。

　しかしLTTEとの和平交渉をめぐるスリランカ政界での対立は深刻で，

政権内も一枚岩ではなかった。1978年の憲法改正によりスリランカの執政制度が議院内閣制から半大統領制に変更され，国民による直接選挙で選出される大統領と，議会に責任を負う首相が行政権を分掌するようになっていたという制度的要因も，政府一丸となって和平をめざすことを妨げていた。シンハラ民族主義を掲げるマヒンダ・ラージャパクサが2005年の大統領選挙に勝利すると，和平の実現はいっそう困難となった。2004年12月のスマトラ沖地震による大津波がLTTEの活動拠点である東部海岸地帯に甚大な被害をもたらしていたことから，ラージャパクサ大統領はこれを好機として軍事的掃討作戦を拡大し，2009年にはLTTEに対する勝利と内戦の終結を宣言した。26年続いた内戦は，10万人以上の死者と30万人以上の国内避難民，10万人以上の国外避難民を生み出してようやく終結したのである。

　内戦中はLTTEがタミル系住民に選挙ボイコットを呼びかけていたこともあり，民意が選挙結果に反映されにくかった。しかし内戦終結以降の選挙は全土でおおむね平和的に実施され，要人暗殺事件も激減している。ただし議会選挙制度が比例代表制でありながらも，政党システムは事実上の二大政党制となっており，タミル系住民やイスラーム教徒，キリスト教徒といった少数派の意見を政治に反映させる仕組みの整備という課題が残されている。250名以上が犠牲となった2019年4月の同時多発爆破テロ事件ではイスラーム過激派組織がキリスト教会を襲撃し，宗教対立の深刻さを痛感させた。スリランカは内戦終結を経て民主政の定着に再び挑んでいる。

　ネパールでは1951年に始まった政党政治が早くも1960年には廃止された。1962年憲法の定めるパンチャーヤット体制では政治的自由が厳しく制限されて政党が非合法化され，王権が強化された。経済危機を契機として1990年に高まった反政府運動の結果，パンチャーヤット体制は瓦解し，政党政治の復活と新憲法制定が実現した。翌91年の総選挙ではネパール会議派が勝利したが，94年選挙ではネパール共産党（統一マルクス・レーニン主義派）［CPN（UML）］が第一党の座を確保した。だが少数与党政権であったため97年には再び政権が交代した。その後も政権は安定せず，経済も停滞を続けた。

　政府と政党政治への不満が高まるなか，1995年に結成された反体制武装組

織のネパール共産党（毛沢東主義派）［以下，共産党（毛派）］は闘争を拡大
し，1996年から2006年まで「人民戦争」を展開した。こうしてネパールは内
戦状態に突入することとなった。2001年に国王夫妻を含む王族９人が王宮内
で射殺される事件が起き，その黒幕と疑われる王弟ギャネンドラが新国王に
即位すると，共産党（毛派）は国王と君主制を批判し，王国軍への攻撃を開
始した。新国王は政治的実権の掌握を目論み，2002年にネパール会議派政権
の首相を解任し，2005年には非常事態宣言を発布した。多くの政党指導者が
拘束され，言論も厳しく統制された。ネパール政治は国王親政のパンチャー
ヤット体制に回帰したのである。

　こうした強権的支配は，立憲君主制を支持してきたネパール会議派など主
要政党を王制廃止へ向かわせた。2005年11月に主要７政党と共産党（毛派）
は王制打倒と民主化のため共闘することに合意し，2006年５月に国王特権を
剥奪，同年11月には共産党（毛派）と政府は包括和平協定に調印した。10年
間で１万3000人超の犠牲者を出した内戦がようやく終結したのである。さら
に2008年４月には新憲法制定のための制憲議会選挙が日本を含む国際的な選
挙監視のもと実施され，共産党（毛派）が第一党の座を獲得した。制憲議会
は初日に連邦民主共和制への移行を宣言し，王制は廃止された。

　だが新たに誕生したネパール連邦民主共和国は憲法制定から躓くことと
なった。制憲議会は２年の任期中に憲法を制定できず，任期が１年延長され
た。それでも憲法制定には至らず，2012年５月に議会は解散された。2013年
11月の第２回制憲議会選挙ではネパール会議派が第一党，CPN（UML）が
第二党となり，翌14年２月に両党の連立政権が発足した。その後も州の数や
境界などをめぐって交渉は難航したが，2015年４月の大地震を契機として与
野党協調が進み，７州制の連邦制を盛り込んだ新憲法が同年９月に制定され
た。新憲法のもとで初となる2017年12月の議会選挙の結果，共産党（毛派）
の後継政党とCPN（UML）の連立政権が樹立され，さらに両党は2018年５
月に合同してネパール共産党を結成している。内戦終結と王制廃止を経て，
連邦制と共和制という新たな国制のもとで民主政を維持するという課題にネ
パールは取り組んでいる。

⑶ 世界最大の自由民主主義国家——インド

　他の南アジア諸国とは対照的に，インドは独立以来ほぼ一貫して民主主義体制を維持している。民主政が停止されたのはインディラ・ガーンディー政権期の1975年6月から1977年3月までの約2年間のみである。民主政の定着に成功したインドの事例は旧植民地諸国のなかでは異例のものである。

　イギリスからの独立運動を主導したインド国民会議派（以下，会議派）は，1947年の独立から77年に下野するまで長期単独政権を維持した。この時期のインドの政党システムは，55年体制下の日本（1955〜93年）やスウェーデン（1932〜76年）と同じ一党優位政党制に分類される。会議派は1980〜89年，91〜96年，2004〜14年にも政権を握ったが，91年からの5年間は少数与党政権，2004年からの5年間は統一進歩連合（UPA）の連立政権であった。インド政治史は会議派の歴史，あるいはその長期低落傾向の歴史であるともいえる。州レベルでもかつては会議派政権が多数であったが，29州と議会をもつ2連邦直轄地（デリーとポンディシェリー）のうち，2019年11月時点で会議派が与党であるのはわずか6つ，会議派所属の州首相は5名のみである。

　退潮傾向にある会議派と対照的に着実に勢力を伸ばし，国政で会議派と並ぶ二大政党の一角となっているのがインド人民党（BJP）である。BJPはヒンドゥー・ナショナリズム政党であるが（第2章，第3章参照），会議派に対抗するため，イデオロギーの異なる政党とも選挙協力を行う柔軟な連立戦略をいち早く採用した。各州に地盤をもつ地域政党のなかにも，州政権獲得のためBJPと連立を組む政党が数多く現れた。そのなかにはイスラーム教徒を主な支持基盤とする政党すらある。こうした連立戦略が功を奏して，BJPを中心とする国民民主連合（NDA）は1998年3月から2004年5月まで政権を担った。04年と09年の総選挙には敗れたものの，14年総選挙に勝利して政権を奪還し，さらに19年総選挙でも快勝して政権維持に成功している。州レベルでも2019年12月時点でBJPが与党であるのは17州，BJP所属の州首相は11名にのぼる。総選挙に勝利して権力基盤を固めたモーディー首相は強権的な支配を進めている。

インドでは政治家や官僚による汚職に対して国民は強い不満を抱いており，政治家や政党，政府に対する信頼感は決して高いとはいえない。だが，それは選挙や政党政治という制度への不信にはつながっておらず，民主政への信頼は強固である。かつては大規模な宗教暴動を煽動したBJP指導層でさえ，たとえ敗北したときでも，選挙結果そのものを否定することはない。選挙にはきわめて高い政治的正統性が認められているのである。

　ただしインドの政治体制を民主政としてのみ捉えるのは一面的である。正確にはインドは自由民主主義の国であり，最高裁判所を頂点とする司法府が自由主義と立憲主義の担い手として重要な政治的役割を担っている。司法審査権（違憲審査権）をもつ最高裁と高等裁判所はさまざまな法令に違憲判決を下して政治に積極的に介入してきた（上田2017）。こうした司法府の政治的立場を司法積極主義とよぶ。インドの執政制度は議院内閣制であるため，議会下院（ローク・サバー）の多数派から首相が選出され，立法権と行政権が（少なくとも理論上は）融合する。したがって議会と政府の間に抑制と均衡は働きにくい。それに加えて選挙制度が小選挙区制であるため，強力な政治指導が実現しやすい反面，「多数派の専制」に陥る危険が大きい。それゆえ裁判所が権力分立の鍵を握っており，少数派の自由と権利を保障する防波堤の役割を期待されている。

　実際インドの司法府は幾度も違憲判決を下して行政府を牽制してきた。1950年代から60年代には農地改革に伴う財産権の制限をめぐって，70年代前半には議会の憲法改正権をめぐって政府と最高裁は対立した。80年前後からの司法積極主義は公益訴訟を活発化させた。公益訴訟とは，社会的・経済的な理由により提訴が困難な当事者に代わり，第三者が公益を理由に起こす訴訟である。80年代半ばに原告適格が大幅に緩和されるとともに，公益訴訟の対象となる範囲も徐々に拡大されていった。その結果，女性差別や児童労働，環境保護，汚職などさまざまな問題について公益訴訟が頻繁に行われるようになっている。

　統治行為論に基づき政治的判断を回避する消極主義的な日本の裁判所とは対照的に，積極主義的なインドの司法府は近年も政治的・社会的に影響の大

きい画期的な判決を出している。トランスジェンダーを第三の性と公式に認めた2014年4月の判決は，その代表例である。多数派を代表する行政府を牽制し，少数派の権利を保障して社会的包摂を推進することに，インドの司法府は重大な貢献を果たしてきた。積極主義的な司法府がなければ，インドの民主政はもっと脆弱ないし持続不可能であったと考えられる。

2　インド政党政治におけるカーストと親族

(1)　カーストと政党

　インドの政党には特定のカーストを支持基盤とするものが多い。もちろん各政党には地理的な地盤があり，BJPや会議派が主に北インドで強い一方で，地域政党の勢力は特定の州に集中している。そのうえで政党とカーストには強い支持関係がある。全国政党であるBJPと会議派に関していうと，BJPはバラモン（ブラーマン）など上位カースト，会議派はダリトなど下位カーストやムスリムの支持者が相対的に多い。

　政党とカーストの支持関係が最も明確な州はウッタル・プラデーシュ州である。同州ではBJPは上位カースト，大衆社会党はダリト（指定カースト[SC]），社会党は「その他の後進諸階級（OBC）」とムスリムが主要な支持基盤である。会議派はかつて上位カーストと指定カースト，ムスリムから支持を得ていたが，1980年代からこれら3政党が伸長するにつれて埋没していった。カースト間対立が深刻化するにしたがって，特定のカースト利害を代表する政党が勢力を増し，それがさらに対立を悪化させた。その結果，包括政党である会議派は支持を奪われていき，かつて金城湯池であった同州において1989年に政権を失って以降，州首相を輩出できていない。

　このように政党とカーストの支持関係を強固にしている最大の要因は留保制度である。留保制度では，公務員採用枠の一部がSCや指定部族（ST），OBCに割り当てられている。しかしあるカーストがこれらのカテゴリーに該当するかどうかについて明確な基準はなく，中央政府と州政府が認定の裁量権をもっている。そのため同じカーストがある州ではSC，その隣の州で

はST，また別の州ではOBCに分類されているという事例すらある。留保という優遇措置を享受するために有力なカーストが下位カーストとしての認定を求めて大規模デモなどを実行し，州政権に政治的圧力をかけるという事態も頻繁にみられる。特定のカーストを強力な支持基盤とするカースト政党がインド各地に存在する最大の理由は，定義がそもそも曖昧模糊としているカーストという集団的カテゴリー（第8章参照）を単位に，留保制度という積極的差別是正措置を継続していることにある。

(2) 親族と政党

　世襲議員の多さがしばしば批判される日本と同じく，南アジア諸国でも有力政治家の親族が政界に進出することは非常に多い。バングラデシュの歴代首相でいうと，現職のシェイク・ハシーナの父はバングラデシュ建国の父にして初代首相のムジブル・ラーマン，カレダ・ジア元首相の夫は1975年の軍事クーデタ実行後に大統領に就任したジアウル・ラーマンである。パキスタンの例を挙げれば，2007年に暗殺されたベーナジール・ブットー元首相の父は，パキスタン人民党（PPP）を結成し首相と大統領を務めたズルフィカール・アリー・ブットーであり，その夫のアーシフ・アリー・ザルダーリーは2008年から13年まで大統領の座にあった。ベーナジールの死後，PPP党首はその息子が継いでいる。

　インドでは「ネルー・ガーンディー王朝」という言葉が人口に膾炙するほど，血統や親族関係が政党と密接に絡まっている。独立以降の会議派はネルー・ガーンディー家に率いられてきた。名目上の総裁はさておき，会議派の事実上の指導者は1964年に死去するまではジャワーハルラール・ネルーであり，1966年から84年まではその娘のインディラ・ガーンディーが，その後は彼女の長男ラジーヴが受け継いだ。1991年にラジーヴが暗殺されたことで「王朝」は断絶するかに思われたが，彼の妻でイタリア生まれのソニアが1998年から2017年まで総裁の座を引き受けたことで「王朝」は存続した。さらにその後はラジーヴとソニアの息子ラーフルが継承しており，「王朝」は当分途絶えそうにない。会議派における「王朝」の重要性は，妹のプリヤン

カーとともに選挙活動に励む自身の姿をインスタグラムなどのSNSに投稿している（写真5-1）ことからも読みとれる。しかし「王朝」を継いだラーフルを次の首相に期待する世論は決して強くない。したがって2014年と19年の総選挙で会議派が大敗した主因は，こうした「王朝」への依存という政党組織構造にあるとすら考えられる。

　こうした「王朝」は会議派に限ったものではない。いずれの政党や地域，社会集団（カースト）でも，政治家を親族にもつ議員はかなりの比率にのぼる（Chandra 2016）。法律上のものを含めて父母や配偶者，兄弟姉妹，おじ，祖父，いとこといった親族が，選挙で選ばれる公職者か選挙の候補者，または政党の役職者となった後に，本人が連邦下院議員に当選した者の割合は，2004年総選挙では20.1％，09年総選挙で30.0％，14年総選挙で21.9％となっている。政党別にみると，会議派の当選者のうちこれに該当するのは順番に28.3％，39.6％，47.7％である。一方，BJPでは14.5％，19.1％，14.9％と，会議派よりもかなり低い。

総選挙惨敗の責任をとって2019年8月に辞職するまで会議派総裁の座にいたのが「王朝」の御曹司ラーフルである（しかもその後，母のソニアが暫定総裁に就任した）一方で，BJPの実質的な最高指導者（総裁はアミト・シャー）であるナレーンドラ・モーディーがチャイ売りの貧しい家庭に生まれて宰相にまで昇りつめた立志伝中の人物であることに，こうした違いは象徴されている。次に各総選挙における該当者の割合を社会集団別でみると，上位カーストは22.9％，

写真5-1　2017年12月にラーフル・ガーンディー（中央）が総裁に就任したのに続き，妹のプリヤンカー（右）も2019年1月に党要職で政界入りし，会議派は「王朝」のもとで政権奪還をめざして選挙戦を展開したが果たせなかった（2019年2月11日，出所：www.instagram.com/rahulgandhi）。

35.6％，27.2％，SC は15.7％，23.9％，8.2％，ST は12.7％，20.0％，16.7％，ムスリムは25.7％，35.5％，31.8％である。性別では，男性が16.7％，25.4％，19.2％，女性は57.9％，69.0％，42.9％となっている。留保枠をもつ SC と ST よりも，留保のない上位カーストやムスリム，女性の方が比率は高い。親族関係に基づく政界進出はムスリムや女性の過少代表を幾分か是正していると考えられる。

　だが多くの議員が政治家としての資質や能力ではなく血統や親族関係を理由に政党や有権者から選ばれているとすると，それはインドの議会制民主主義にとって重大な問題である。能力本位で人材を発掘・育成・登用する仕組みを整備していかねばならないという課題にインドの政党は（そして日本やアメリカなどの政党も）直面している。

3　選挙に頼らない政治運動

(1)　政治を動かす社会運動

　選挙での議席獲得を通じて政治権力の獲得と政策の実現をめざす政党の政治活動は，間接民主制（代表制民主主義，議会制民主主義）に基づいている。それに対して，デモやストライキといった議会外活動を通じて議会や政府に政治的圧力を加え，自らの要求の実現を図る社会運動は，直接民主制による活動であると整理できる。

　インドの民主主義体制の動態を理解するには，政党政治だけでなく社会運動にも着目する必要がある（石坂編 2015）。間接民主制の経路しか機能していない場合，既存エリートや多数派の利益に反する政策が実現する見込みは非常に低くなる。既存政党への信頼や期待が低下すると，既得権益の打破を主張するポピュリズム政治家が抬頭しやすくなる一方，議会外活動による政策実現を試みる社会運動への支持も広がりやすくなる。

　インドにおいて社会運動が法律と権利に結実した事例として有名なものに，知る権利法（RTI 法）がある。インド西部ラージャスターン州の農村部で貧しい農家や労働者の利益を保護するために1990年に設立された社会運動

団体「労働者・農民能力向上協会（MKSS）」は、パンチャーヤット（地方議会）による汚職と賃金未払い問題を追及するなかで、行政記録の開示を請求する活動を1994年から本格的に展開した。MKSS がストライキなどを通じて州政府に要求を突きつけ続けた結果、1997年にパンチャーヤットに関する規則が改正され、2000年にはラージャスターン州 RTI 法が制定された。同じ時期にタミル・ナードゥ州とゴア（1997年）、マハーラーシュトラ州とカルナータカ州（2000年）、デリー（2001年）などでも RTI 法が制定されたのも、社会運動の成果である。さらにこうした州レベルの動きに促されて、2005年には国レベルでも RTI 法が成立するに至った。

　汚職防止のため RTI 法には国民の情報公開請求権と公益通報（内部告発）権が盛り込まれた。だが汚職撲滅運動を展開する NGO からは、公益通報者に対する保護規定が不十分であると批判された。インドでは1947年の汚職防止法が1988年に改正され、さらに2013年汚職防止（改正）法が2018年6月に成立している。その間の2002年には資金洗浄防止法が制定され、それを改正した2011年資金洗浄防止（改正）法が2012年に成立している。しかし政治家など公職者による巨額汚職事件は止むことなく起き続けている。

　社会活動家のアンナー・ハザーレーを中心とする汚職撲滅運動がとりわけ問題視したのは、行政機関を監視・調査する独立的なオンブズマン制度が整備されていなかった点である。ハザーレーはロークパール（オンブズマン）の設置を求めて11年4月にハンガー・ストライキを行い、連邦政府の譲歩を引き出すことに成功した。連邦と州にオンブズマン機関を設置することを定めたロークパール法は2011年12月に連邦下院を、13年12月に連邦上院を通過して、14年1月から施行されている。これは汚職撲滅をめざした社会運動の重大な成果である。だがオンブズマンが一向に任命されないため、ハザーレーは18年3月に再び抗議の断食を行った。連邦政府は任命することを約束し、19年3月になってようやく1名の委員長（元最高裁判事）と8名の委員（4名が元高裁長官、残る4名が元行政官僚）からなるロークパール委員会が発足した。社会運動は着実に政治に影響を及ぼしているのである。ただしその政治的効果が限定的であることもまた確かである。その意味で、2012年に汚

職撲滅運動から庶民党という政党が生まれ，13年12月と15年2月にデリー議会選挙で勝利して政権を握ったことは，インドの社会運動にとって重大な意味をもっている。

(2) 反政府武装運動と国内安全保障

インドのなかでも特に貧しい東部や，複雑なエスニック問題を抱える北東部では，選挙やデモ，ストライキではなく武装闘争によって現状変更を試みる反体制運動が活発である。

反政府武装組織のなかで最も有力なのは，チャッティースガル州やビハール州を中心とする東部一帯で活動するインド共産党（毛沢東主義派）［以下，マオイスト］である。暴力革命路線をとる諸団体が2004年に合同して結成したマオイストの源流は，1967年に西ベンガル州ナクサルバーリーで開始された農業労働者による土地占拠闘争に見出される。こうした由来から，インドの極左武装闘争運動はナクサライト運動と呼ばれる。階級闘争と暴力革命を通じた貧困撲滅を掲げるマオイストは，最盛期の2009年には全国28州のうち20州，640県のうち223県で活動し，1999年から2014年11月15日までの期間に民間人7205人と治安部隊員2445人を殺害した（Sahni 2016: 286）。ナクサライト運動により重大な被害を受けている東部から中央部，南東部にかけての地域は「赤い回廊」と呼ばれる。

政府軍と州警察部隊は2009年後半から大規模なマオイスト掃討作戦を「赤い回廊」で開始した。この作戦が奏功したこともあり，マオイストの活動範囲は2013年までに20州182県に縮小し，同年にマオイストが暴力事件を起こしたのは76県のみであった。ナクサライトの暴力による犠牲者は2010年の1005人から翌11年が611人，12年は415人と急減し，18年には240人にまで減っている（Government of India, Ministry of Home Affair 2015-2019）。

政府による軍事掃討作戦や治安対策の強化に加えて，開発政策と経済発展に伴う生活水準の向上は武装闘争運動を着実に弱体化させている。同様の減少傾向は，北東部における反政府武装組織による事件数と民間犠牲者数にもみられる。事件数は2000年の1963件を頂点として2018年には252件まで減っ

ている。殺害された民間人も2007年の498人から2018年には23人にまで減少している。反体制武装運動はかつての影響力を喪失しつつある。

4 南アジア諸国の国際関係

(1) 南アジア域内の国際関係

　南アジアの地域協力機構には1985年結成の南アジア地域協力連合（SAARC）がある。加盟国は当初7ヶ国であったが，インドの反対する中国のオブザーバー加盟と引き換えに2005年にアフガニスタンの加盟が決まり，現在は8ヶ国である。SAARCの枠組みのもとで南アジア特恵貿易協定（SAPTA：93年調印，95年発効）と南アジア自由貿易協定（SAFTA：04年調印，06年発効）が実現しているが，域内貿易は低調である。域内共通市場の創出という点でSAARCはEU（欧州連合）やASEAN（東南アジア諸国連合）に遠く及んでいない。特にインドの貿易全体に占める域内諸国の比率はかなり小さい（Scott 2011b）。

　南アジア諸国のなかで突出して強大なインドと周辺諸国の関係は緊張と対立に満ちている。インドとパキスタンは1948年，65年，71年と3度にわたって交戦した。1950年代以降の冷戦の進展は南アジアの国際関係にも重大な影響を及ぼし，非同盟外交政策を展開する一方で社会主義的な計画経済体制をとったインドがソ連に接近したのに対して，パキスタンはアメリカや中国と緊密な関係を築いていった。1962年の中印国境紛争もこうした対立構図を成立させる一因となった。64年に中国が核実験に成功すると，インドも核開発を推進して74年に核実験を成功させ，それがさらにパキスタンの安全保障上の危機感を強めた。98年にパキスタンがミサイル実験を実施すると，即座にインドは核実験を行って対抗し，その直後にパキスタンも核実験に踏み切った。99年にはカールギル紛争が起き，印パ間の軍事的緊張が依然として緩和していないことを世界に示した。2019年8月にインドがジャンムー・カシミール州の自治権を停止し，同年10月末には2つの連邦直轄地にしたことで，印パ間の対立は再び深刻化している。

ただし，現在の印パ両国間における安全保障上の最重要争点は，国家間戦争というよりも，テロリズムである（Scott 2011a; Tankel 2016）。2019年2月にインド軍がカシュミール地方の実効支配線（事実上の国境線）を越えてパキスタン側を空爆した目的も，越境テロを繰り返す武装組織の掃討であった。上記の連邦直轄地化もその延長線上に位置づけられる。パキスタンのイスラーム原理主義団体の関心がインドとのカシュミール領有問題に集中することになった契機は，1979年にアフガニスタンに侵攻したソ連軍が89年に撤退したことである。有力なイスラーム系テロ組織はパキスタン軍統合情報局（ISI）の支援を受けており，2001年のインド国会襲撃事件と08年のムンバイー同時多発テロ事件が象徴するように，その活動はいまやカシュミールにとどまらない。2001年の同時多発テロ事件後に対テロ戦争を進めるアメリカがパキスタンにテロ対策強化を迫ったこともあり，テロ組織の拠点はネパールやバングラデシュにも広がっている。

　20世紀半ばまでネパールには英領インドが強い影響を及ぼしていた。だが1950年前後に中国がチベットを占領すると，戦略的重要性が高まったネパールは中印両国を天秤にかけた外交が可能になった。中国は1955年に国交を結んだネパールに経済支援を提供し，インドと離間させようとした。62年の中印国境紛争と75年のインドによるシッキム王国併合は中国とネパールをさらに接近させた。89年の通商協定失効に伴いインドがネパールへの輸出を停止するなど経済封鎖を断行したことも，ネパールにおける反インド感情を高めた。2008年にネパールでマオイスト政権が成立したことは，インドをさらに警戒させることとなった。チベットの治安を維持したい中国と，インドへの経済的依存から脱却したいネパールとの関係緊密化は，インドにとって外交上の懸念となっている（Kumar 2011）。

　1971年にパキスタンから独立したバングラデシュは，自国を三方から囲んでいるインドに対抗するため中国に接近し，2002年には防衛協力協定を締結している。バングラデシュが中国のSAARC加盟を支持しているほか，中国はチッタゴン港などバングラデシュのインフラ建設に投資している。こうした対中緊密化と並んで，バングラデシュがイスラーム原理主義の活動拠点

となっていることにも，インドは警戒心を強めている（Pant 2011a）。

　とりわけアッサム州では同国からの不法移民が政治争点となってきた。BNP がイスラーム系団体とのつながりが相対的に強いのに対して，2009年以降の AL 政権はイスラーム過激派団体への取り締まりを強めている。二大政党のいずれが政権を握るかはインドの国内安全保障にも関わっている。それに加えて，東南アジアへの経路上にあるバングラデシュとの関係は，インドのルック・イースト政策の成否にとっても重要である。

　インド洋に位置するスリランカは印米中にとって戦略上の要衝である。インドの貿易の大半は海運によるものであり，その多くがスリランカのコロンボ港を経由している（Orland 2011）。そのためスリランカの政治的安定とインド洋の安全保障はインドにとって無視できない問題である。だがタミル系勢力からの圧力もあり，スリランカ内戦へのインドの関与は中途半端なものであった。その間隙を縫うようにスリランカ政府軍に兵器を提供して影響力を強めたのが中国である。中国は「真珠の首飾り戦略」の一環としてパキスタンのグワーダル港やバングラデシュのチッタゴン港，ミャンマーのシトウェー港と並んでスリランカのハンバントタ港の開発にも投資している。内戦終結によりスリランカとの関係強化が政治的に可能となったインドも，トリンコマリー港の開発に取り組んでいる。両国の間では1998年に自由貿易協定が締結されており（01年発効），経済分野でのつながりが強い。そのためインドおよび中国との関係がスリランカ内政の重大な争点となっている。2019年11月のスリランカ大統領選挙に勝利したゴータバーヤー・ラージャパクサは，大統領任期中に対中接近を進めた兄のマヒンダを首相に任命する一方で，最初の外遊先にインドを選び，中印両国を天秤にかけた外交を進めている。

(2) アメリカ，ロシア（ソ連），中国との国際関係

　冷戦期にアメリカはパキスタンと，ソ連はインドと緊密であった。中印国境紛争で中立を保ったソ連に中国は不信を強め，紛争に敗れたインドは軍事力増強のためソ連に接近した。印ソ平和友好協力条約が締結された1971年に

第三次印パ戦争が勃発すると，アメリカはインドを牽制すべく第七艦隊をインド洋に派遣し，それに対抗してソ連も艦隊を派兵しインドへの支持を明確にした。79年にソ連がアフガニスタンに侵攻すると，隣国のパキスタンは反ソ連の立場を強め，アメリカから軍事的・経済的支援を引き出した。他方インドは対ソ関係を悪化させずに非同盟路線を堅持することに苦心した。

　1989年に冷戦が終結し91年にソ連が崩壊すると，米印両国は徐々に接近し始めた。だが98年にインドが核実験を断行すると，再び関係は悪化した。関係改善を模索する両国政府の動きを一気に加速させたのは，2001年の9.11アメリカ同時多発テロ事件とそれに続くアフガニスタン戦争である。アル・カーイダとターリバーン政権の掃討作戦を進めるアメリカ軍をインドは全面的に支援した。同じ2001年にはイスラーム過激派団体によるインド国会襲撃事件が起き，米印両国は「テロとの戦い」で共同戦線を張ることとなった。その後も両国は「戦略的パートナーシップ」の関係を深め，2007年には民生用原子力協力に関して協定を結ぶに至った。核拡散防止条約（NPT）および包括的核実験禁止条約（CTBT）に未加盟のインドをアメリカは核保有国として実質的に認めたのである。インドとの関係緊密化を進めるアメリカの戦略的な狙いには中国封じ込めがある（Scott 2011c）。

　他方ロシアも2000年にインドと戦略的パートナーシップ宣言に調印し，関係の再強化を図っている。だがロシアの兵器産業にとってインドが最大の輸出先であることを除けば経済関係は低調で，インド経済におけるロシアの重要性はソ連時代に比べると非常に低い。

　1950年の国交樹立から良好であった中印関係は62年の国境紛争で急速に悪化した。インドは中国を安全保障上の最大の脅威とみなし，中国と対立するソ連に接近した。72年の米中国交正常化は印ソ関係をさらに深めた。冷戦崩壊も中印関係を好転させることはなく，98年のインド核実験は両国関係をいっそう緊張させた。中印関係は2003年のヴァジペーイー首相訪中で転機を迎えた。中国はインドの脅威ではないと共同宣言で表明されたのである（Pant 2011b）。この共同宣言により，チベットに対する中国の主権をインドが承認し，シッキムがインド領であることを中国が認めた。ただしインドの

アルナーチャル・プラデーシュ州領有をめぐる対立は継続している。

　インドがより深刻な脅威を感じているのは中国のインド洋進出である。港湾開発などのインフラ整備や経済支援を通じて中国はミャンマーやスリランカ，パキスタンなどインド周辺諸国への影響力を拡大している。中国の「真珠の首飾り戦略」と「一帯一路」構想はインド外交最大の懸案事項である。

　他方で中国もインドの勢力拡大を阻止しようとしている。インドのアジア太平洋経済協力会議（APEC）加盟や国連安保理における常任理事国入りに中国は反対している。日本が支持するインドとオーストラリア，ニュージーランドのASEAN加盟にも中国は異議を唱えている。中国の抬頭に対抗するため日米両国はインドとの関係強化を図っている。ただしアメリカを中心とする中国包囲網にインドが公然と加わるとは考えにくい。植民地として辛酸を嘗めた歴史をもち，冷戦期には非同盟運動の盟主を自任していたインドは，アメリカの覇権にも強い脅威を感じているからである。インドにとって中国が最大の貿易相手国であるという経済的事情も無視できない。

参考文献

石坂晋哉編　2015『インドの社会運動と民主主義——変革を求める人びと』昭和堂。

上田知亮　2017「インドにおける政治の司法化と司法の独立——コレージアム体制と第99次憲法改正」玉田芳史編『政治の司法化と民主化』晃洋書房，161-188頁。

Chandra, K. 2016. Democratic Dynasties: State, Party, and Family in Contemporary Indian Politics. In K. Chandra (ed.), *Democratic Dynasties: State, Party, and Family in Contemporary Indian Politic*. Cambridge: Cambridge University Press, pp. 12-55.

Government of India, Ministry of Home Affair 2015-2019. *Annual Report*, https://mha.gov.in/documents/annual-reports（2019年11月30日閲覧）.

Kumar, S. 2011. India's Relations with the Himalayan States. In D. Scott (ed.), *Handbook of India's International Relations*. London and New York: Routledge, pp. 70-82.

Orland, B. 2011. India's Relations with Sri Lanka. In D. Scott (ed.), *Handbook of India's International Relations*. London and New York: Routledge, pp. 95-106.

Pant, H. V. 2011a. India's Relations with Bangladesh. In D. Scott (ed.), *Handbook of*

India's International Relations. London and New York: Routledge, pp. 83–94.

Pant, H. V. 2011b. India's Relations with China. In D. Scott (ed.), *Handbook of India's International Relations*. London and New York: Routledge, pp. 233–242.

Sahni, A. 2016. Bullet Holes in Village Walls: India's Naxalite Challenge. In H. V. Pant (ed.), *Handbook of Indian Defence Policy: Themes, Structures and Doctrines*. London and New York: Routledge, pp. 286–303.

Scott, D. 2011a. India's Relations with Pakistan. In D. Scott (ed.), *Handbook of India's International Relations*. London and New York: Routledge, pp. 59–69.

Scott, D. 2011b. India and Regional Integration. In D. Scott (ed.), *Handbook of India's International Relations*. London and New York: Routledge, pp. 118–127.

Scott, D. 2011c. India's Relations with the USA. In D. Scott (ed.), *Handbook of India's International Relations*. London and New York: Routledge, pp. 243–251.

Tankel, S. 2016. Islamist Terrorism in India: A Hybrid Threat. In H. V. Pant (ed.), *Handbook of Indian Defence Policy: Themes, Structures and Doctrines*. London and New York: Routledge, pp. 271–285.

●読書案内●

『現代南アジアの政治』堀本武功・三輪博樹編，放送大学教育振興会，2012年
　南アジア諸国の政治について，インドを中心にバランス良く解説した放送大学の教科書。専門的な内容が平易かつ丁寧に説明されており，南アジア政治に関する最も信頼できる入門書のひとつである。

『インド現代史──1947-2007』上・下巻，R・グハ，佐藤宏訳，明石書店，2012年
　世界的に名高いインド史研究者が1947年の独立から2000年代初頭までのインド政治を詳細に描いている。上下巻あわせて1300頁の浩瀚な作品であるが，臨場感あふれる描写で飽きさせない。

『現代インド政治──多様性の中の民主主義』近藤則夫，名古屋大学出版会，2015年
　インド民主主義が持続する要因を定性的分析と定量的分析の両面から解明した研究書。インド政治研究の最前線において何が重要な研究課題か，今後取り組むべきトピックは何かを教えてくれる。

インド憲法

多様で平等な社会を追求する国家の根幹

板倉和裕

　巨大な国土で，居住する人びともきわめて多様なインドを統一する制度的根幹となっているのが，インド憲法である。憲法を生み出したインド憲法制定議会は，1946月12月に初招集された。議会の多数を占めたのは，独立運動を主導したインド国民会議派の所属議員であった。インド憲法は，約3年間の審議の後，1949年11月26日に採択され，翌年1月26日に施行された。権力移譲過程の完了を意味する歴史的な日である憲法施行日を，インドは祝日（共和国記念日）とし，現在も同日には首都デリーや各州都で盛大な催しが行われている。

　インド憲法は，「最長の憲法」といわれるように，多岐にわたる詳細な内容で構成されている。その内容は，市民の基本的権利のほか，権力分立や連邦制の枠組みに加えて，新生独立国家ゆえに構想された条項を含むものになっている。たとえば，第4編「国家政策の指導原則」には「統一民法典」制定をうながす条文（第44条）があるが，これは憲法制定者たちが独自の法規をもつ宗教的マイノリティに配慮しつつ，統一民法典の制定を将来の課題として残しておくために生み出した条文である。

　インド憲法の特筆すべき内容のひとつは，社会の後進層を救済し，彼らの地位向上を実現するための積極的な枠組として，「留保制度」が構想されたことであろう。たとえば，歴史的被差別集団である不可触民（指定カースト，SC）に対して，インド憲法は第16編「特定階級に対する特別規定」のなかで，彼らへの議席留保について保障している。また，指定カーストおよび指定部族（ST）を除く「その他後進諸階級」（OBC）に対しても，インド憲法は公務員の採用枠や高等教育機関の入学枠などについて留保制度の適用を認めている。

　留保制度拡大の例にみられるように，インド憲法の施行から70年が過ぎ，その内容も変化している。すでに100を超す改正案が提出され，条文の追加や削除を通じて，インド憲法は上書きされてきた。民主主義の生み出す政治的ダイナミズムの下で大きく変容している現代インドの一断面を，インド憲法は表現しているといえよう。

第 6 章

経済

人びとの生活の質を問う

和田一哉

南インドの農村の子どもたち（2012年，アパデュライ村にて筆者撮影）

インドは独立後長きにわたり停滞に喘いできたが，1980年代から徐々に進められた経済改革が実を結び，近年の経済発展は世界の注目を集めるに至っている。一方でカーストにまつわる格差や根強く残るジェンダー問題，そして貧困など，無視できない課題が依然として残っていることも事実である。これらの課題に苦しみ続けるのはなぜなのか。近い将来，人々の生活は良くなるのだろうか。本章ではこのような問いについて検討するための材料を提供する。

1 　南アジアの経済動向

(1) 　人口と経済

　1990年代以降，かつて途上国とよばれた国々の経済成長には目をみはるものがある。東アジアでは韓国や台湾に続き中国が目覚ましい経済成長を遂げている。南アジアにおいてはインドが1980年代から徐々に経済改革を実施し，2000年代に入って以降その成果が顕著なものとなり，世界の耳目を集めるに至っている。このような変化はインドだけのものではなく，かつて深い貧困に苦しんだバングラデシュなどにおいても経済は著しく改善している。

　東アジアにおける中国と同じく，南アジアにおいて人口の多くを占めるインドの経済動向は世界のなかできわめて重要な位置を占める。2017年の世界人口は75億3000万人，そのうち南アジアが17億5000万人で，世界に占める割合は約23％である。インドの人口は13億3900万人で，インド単独でも世界人口に占める割合は実に約18％に上る。隣国パキスタンの人口は１億9700万人，バングラデシュの人口は１億6500万人である。ネパール，スリランカ，ブータンの人口はそれぞれ2900万人，2100万人，80万人となっている。

　人口の多寡によってその国の存在価値が決まるわけでは決してないが，世界のマクロ指標が大きく左右されることは明らかである。たとえば南アジアが大きな経済成長を達成し，一人あたり GDP が大きく増加すれば，それは世界経済に大きなプラスの効果をもたらすことを意味する。南アジアの購買力が高まれば，その他の地域で生産される財・サービスを吸収することが可能となり，また南アジアの生産力が高まれば，世界への安価で良質な財・サービスの供給地となり，これらの相乗効果によって世界経済に好ましい影響がもたらされることとなろう。そして，南アジアが経済成長によって貧困者比率を低下させることができれば，「開発」の世界的な動向にも大きく貢献する。世界において南アジアは，単純な人口規模からいってもきわめて重要な位置づけにある。

　しかし大規模な人口を抱えるがゆえに見落としがちな点があることに留意

が必要である。すなわち，経済成長率や一人あたり GDP といったマクロ経済指標に注目が集まる一方，一人ひとりの生活の質というミクロの問題が軽視されることがあるならば，それは看過できない状況であるといえよう。後に述べるように，「開発」とは一人ひとりの生活の質の改善を意味するものでなければならない。端的にいえば，経済成長は貧困削減に貢献し一人ひとりの生活の質を改善するものであることが求められるのである。それは南アジアの，そして世界の「開発」を大きく進展させることとなろう。

(2) 世界経済を担う南アジアの成長

すでに述べたとおり，近年の南アジアの経済成長は顕著である。同じく経済成長の目覚ましい中国のデータと併せて，図6-1で南アジア各国の実質経済成長率を時系列（3ヶ年移動平均）でみてみよう。中国は1990年代初頭から高い経済成長率を今日に至るまで維持し続けていることが分かる。

一方，南アジアでは1990年代初頭こそ経済成長率はそれほど高いものではないが，1995年を過ぎるとインドが7％を超える経済成長を達成する。インドの経済成長はその後いったん低下するものの，2002年以降は再度上昇傾向をみせ，2007年には9％を超える高成長を記録する。ブータンでは1990

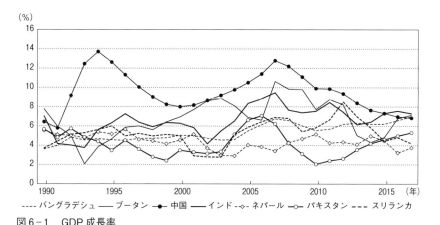

図6-1　GDP 成長率

出所：World Development Indicators 2018を用いて筆者作成。

年代前半から徐々に経済成長率を高め，2003年には9％，2007年には10％を超える高成長を達成している。その後落ち込みをみせるものの，2017年には再び7％と持ち直している。バングラデシュではインドやブータンのような高成長を示してはいないが，大きく落ち込むことなく堅調な経済成長を達成し，2016年には約7％の成長率を記録している。スリランカ経済は変動が大きいものの，平均成長率でバングラデシュに次ぐ水準にある。1990年代から2000年代初頭にかけての停滞期を脱した後，スリランカは2004年以降順調に成長し，2012年には8％を超える高成長を達成している。しかしその後は低下に転じ，2017年の成長率は約4％となっている。

　パキスタンとネパールは上記の国々に比して若干停滞しているようにみえる。パキスタンは2006年に7％の高成長を達成しているが対象期間を通じて変動が大きい傾向があり，2010年には2％へと落ち込んだ。ただし2010年以降は着実に回復し，2017年に5％を超える成長率を記録している。ネパールでは1990年代初頭こそ6％近い成長率を示していたが，その後はほぼ4％近辺で推移している。ただしパキスタンとネパールが，インド，ブータン，バングラデシュ，スリランカほどの力強い成長ではないにせよ，プラ

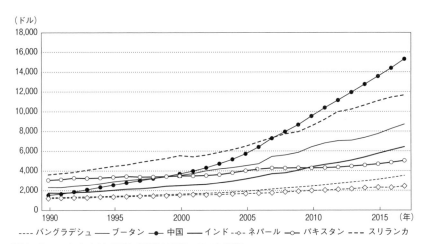

図6-2　一人あたり GDP（購買力平価，2011年基準）

出所：World Development Indicators 2018を用いて筆者作成。

ス成長を達成してきたという事実には注目すべきであろう。

　それは一人あたり GDP を示す図6-2からも指摘されよう。南アジアの国々のなかには経済成長の変動が大きい国もみられるものの，プラス成長を維持してきたおかげで，一人あたり GDP は一貫して増加傾向にある。ただし，国によってその上昇幅に大きな違いがある点にはなお注意が必要であろう。

　南アジア各国間の差異に加え，中国との比較にも留意すべきであろう。1990年代初頭，中国は南アジアと同等あるいは南アジアよりも低水準にあったが，堅実な経済成長のおかげで順調な伸びをみせ，2000年代半ばにはスリランカを抜き去った。今日では南アジアの経済は中国に大きく水をあけられていると見られる。ただし世界の工場とよばれた中国も，労働者の賃金の上昇に伴ってその経済動向には陰りが見え始めていると指摘されることもしばしばとなっている。その観点では，今後，南アジア各国の経済が改善する余地はきわめて大きいといえよう。

(3)　南アジア各国の経済政策

　以上にみてきたような各国の経済動向が，アジア通貨危機やリーマンショックなどの世界経済のトレンドに大きく左右されると同時に，それぞれの国の経済政策が大きく影響することはいうまでもない。インドの経済政策については後に詳述することとし，ここでは他の南アジア各国の経済政策について概観する。

　パキスタンは1947年にインドから分離する形で独立した。軍政期と民政期とが交互に現れ，経済的なパフォーマンスは軍政期に良好である傾向にあった。しかし，これはさまざまな他の要因に加え，国際的な経済環境がたまたま軍政期に良好であったためである可能性が高い（黒崎 2009；2011）。産業構造の変遷に目を向けると，パキスタンでは第一次産業から第二次，第三次へという産業発展のパターンは確認できず，1980年代末以降第二次産業が停滞し，一次から三次への転換が起こっているとみられる（黒崎 2011）。大規模製造業の停滞を反映し，2008/09年に1.8％という低成長を記録した（黒崎

2011)。近年では中国との結びつきを強め，中国パキスタン経済回廊を原動力として2016/17年に5.3％の経済成長を達成している（日本貿易振興機構2018）。

　バングラデシュは1971年，パキスタンより分離独立した。貧困率が推定72％という状況からの出発であったが，世界銀行などの指導のもと市場経済化が進められ，また輸出指向工業化も促進された（木曽 2009）。経済成長を牽引したのは製造業で，飛躍的に成長したのは衣類縫製産業である（木曽2009）。輸出額に占める衣類の割合は，2014/15年で82.4％に上る（日本貿易振興機構 2018）。世界銀行によると極度の貧困者の割合は2016年に13.8％にまで低下しているが，さらなる貧困削減のためには衣類縫製産業への偏りを是正し，低賃金のメリットを活かすべくより多様で高度な製造業の発展が求められよう（藤田 2011）。

　スリランカは1948年に独立した。1970年代半ば頃までの経済政策は保護主義的であったり自由化路線であったりしたが，1977年の第一次経済改革は自由化路線への方向性を鮮明にするものであった（絵所 2011）。当初その成果は顕著であったものの，1980年代に入ると成長は鈍化した。1989年の第二次経済自由化では貿易の自由化がさらに進められると同時に，公企業の民営化が実施された（絵所 2011）。バングラデシュと同じく衣類縫製産業が経済を牽引し，2017年には輸出額の44.3％を占めている（日本貿易振興機構 2018）。バングラデシュと異なるのは，輸送機器が23.4％を占めるなど産業構造が多角化していることであろう。

　ネパールでは長きにわたり王政が続いてきたが，1990年の政変以降は民主主義体制へと舵を切った。それと同時に経済の自由化や公企業の民営化を進めたが，これらの多くは不徹底なものであった（シャルマ 2011）。2008年に王政が廃止された後，新憲法の公布は2015年まで待たねばならなかった。内陸国ということもあり，貿易を行う際には多くの困難がある。産業構造に目を向けると，GDPに占める製造業の割合が2017年で13.5％と低く，地理的な要因もありこれを変えていくことは容易ではない。半分以上を占めるサービス産業が鍵だが，なかでも観光部門の発展に大きな期待が寄せられている

（シャルマ 2011）。

　ブータンは2008年，王政から立憲君主制へと移行した。国土面積が日本の九州とほぼ同じ（外務省 2019）で，人口が2017年で約81万人と小規模であることや，周辺国の影響を大きく受けるという地理的な要因もあり，経済環境としては厳しい状況にある。「これまでの5ヶ年計画に工業開発の文字は見当たらない」（宮下 2009：59）とのことである。豊かな自然資源や歴史的建造物などから観光産業の発展が期待されるが，交通網が未発達であることや，政府が外国人観光客増加によるマイナス面を慎重にコントロールしようとしている（宮下 2009）ことから，今後の動向が注目されるところである。

2　インドのマクロ経済動向と経済政策

(1)　停滞から成長へ

　独立後から長きにわたりインド経済は低成長に苦しんできた。プラスの経済成長率を示すケースがなかったわけではないが持続的でなく，マイナス成長を記録することもしばしばで，マクロ経済は1970年代末までは停滞にあえいでいたといってよいだろう。その大きな原因のひとつは，統制色の強い経済政策であると考えられている。当時植民地支配を脱したばかりの国々において，旧宗主国からの影響を逃れるべく政府主導の経済政策が採用されることが多かったが，インドもそのようなケースのひとつであるとみなされよう。

　独立直後から1950年代初頭までは比較的「自由」な経済政策が採用されていた（絵所 2008：18）ように，統制の度合いは一貫して強かったわけではない。しかし経済的自立と社会的厚生をめざして中央政府が主導する経済システムは，計画経済の色を強く帯びていた（島根 2006）。ネルー首相時代の1955年に始まる第2次5ヶ年計画では，政府部門に重きを置く経済政策が採用され，民間企業の新規参入を妨げるなどにより市場の活力は低下した（絵所 2008：18-25）。ネルー首相の死後インドは自由化路線を歩むかのように思われたが，1966年にインディラ・ガーンディーが首相に就任すると，主要商業銀行の国有化や外資に対する厳しい制限，産業許可制（ライセンス制）の

強化など，統制を強める路線が打ち出された（絵所 2008：35-42；島根 2006）。これら政府統制色の強い経済政策により，市場は大きく歪められ多くの非効率をもたらし，インド経済は長期にわたり低成長に苦しむこととなった。

(2)　1980年代以降の経済改革

1980年，首相の座を追われていたインディラ・ガーンディーが政権を再び奪うと，インドは経済自由化へと政策の舵を切り始める。たとえば外資の参入規制が緩和されると，日本の鈴木自動車（現スズキ）がインドに進出し1983年に現地に合弁でマールティ・ウドヨーグ社を，同じく本田技研が1984年にヒーロー・ホンダ社を設立したことなどが注目される（内川 2006；島根 2006；友澤 2007）。ただし1980年代半ばまでの経済自由化はかなり不完全で，たとえば自動車部門でインドに進出できたのはスズキのみであった（絵所 2008：56-57）。1984年，ラジーヴ・ガーンディー首相の時代にも自由化路線は継続されたが，海外企業の参入を嫌う抵抗勢力の影響は依然として残っていた（絵所 2008：63-64）。

しかし1990年の外貨危機により，経済自由化は加速する（絵所 2008：68；島根 2006）。外貨準備が底をつき，インドは国際通貨基金（IMF）と世界銀行からの構造調整融資を頼ることとなる。構造調整融資とは，IMF や世界銀行が求める政策実施を条件に受けることができる資金援助である。そこでは市場の働きを信認し，自由化や民営化，規律的な財政政策などを中心とする「ワシントン・コンセンサス」とよばれるアイディアに基づいて経済改革を実施することが融資の条件となる。この構造調整融資で求められる経済改革はきわめて急進的なものであり，それを採用した途上国は大きなダメージを被る国々が多かった（イースタリー 2006：249-252）。しかし，インドの経済改革はIMF と世界銀行が求める構造調整の筋書き通りに進められたわけではなく，インド政府の主体的対応によって実施された（絵所 2008：68-69）。構造調整融資を受けた多くの国がインフレの抑制に失敗するなか，インドは２年でうまく通貨価値の安定化という課題を克服した（絵所 2008：

69)。新規参入を妨げるライセンス制は徐々に撤廃され，貿易を妨げる関税も段階的に引き下げられていった。外資の規制も大幅に緩和された。その後の経済成長は図6-1ですでにみたとおりである。

(3) 経済自由化の陰と陽

　1980年代から徐々に進められた経済改革や近年の技術革新の結果，インドの社会経済にも大きな変革が生じ，現在も変貌の最中にある。すでにみたとおり一人あたり GDP も上昇しつつあり，人びとの生活も底上げが進んでいることが示唆される。近年の右肩上がりの状況から，将来の見通しは明るいとみられよう。しかしこれら経済改革の恩恵がインド社会の隅々にまで浸透しているかという点に関して，慎重に検討することが必要である。

　たとえば関税の引き下げによってより安価で良質な品物が入手可能となる一方で，国内産業でその生産供給を担っていた生産者は少なくとも短期的にダメージを被ることとなる（Edmonds et al. 2010）。新たな仕事がみつからなければそのダメージは長期化することとなり，インド社会に暗い影を落とすことになりかねない。外資系企業が増え，そこで雇用される人びとが増え生活を改善できるのは好ましいが，そのような情報をもたない弱者は取り残されてゆく。

　技術革新は経済成長の原動力となってくれるが，注意すべき点もある。近年，IT 技術の進歩により通信コストが大幅に低下したことから，多くの欧米向けのコールセンターがインド農村に設立されている。このため英語教育の重要性に対する認識が人びとの間で高まりつつあるが，一方でそのような認識を未だもたない人びとが少ないながらも存在する（Jensen 2010; Oster and Steinberg 2013）。教育の不足は貧困を後の世代にまで固定化させる可能性がある。

　明らかな負の側面もある。たとえば性別選択による産み分けの問題である。以前は染色体異常の有無の検査を名目上の目的として行われる羊水穿刺によって性別の判定が行われていたのだが，この検査は母体に危険が伴うことが難点であった。しかし技術革新はこの点を打開した。1990年代以降，超

音波技術の進歩によって胎児検査——性別の判定——がより安全かつ安価に実施できるようになった。2011年のセンサスによると，パンジャーブ州など一部の地域において0歳児の男女比率に大きく歪みがみられる（男児数に対して女児数が著しく少ない）など，看過できない問題が生じつつある。この点は次節であらためて検討する。

3 開発の進展

(1) 開発とは

ここまで南アジアのなかでも特にインドに注目し，その近年の経済動向について概観した。その経済成長が世界の注目を集めているのは間違いないが，成長の恩恵がインドのすべての人びとに浸透しているかどうかは疑問の余地がある。経済成長が目標とされるのは，それによって多くのことが可能となるがゆえだが，換言すれば，経済成長は唯一無二の目的ではない。真にめざすべきは，人びとがより良い生を送ることができるようになることにほかならない。経済成長はその一手段にすぎないのである。

現在世界の途上国にみられるさまざまな問題を考えるにあたり広く採用されているのが，アマルティア・センによる「開発」概念である。たとえば，途上国では先進国にくらべて平均寿命が大幅に低い，罹病率が高い，栄養状態が悪いなど，健康面で著しい不自由がみられる。このような不自由さのなかでは，人びとは「こうなりたい」といった願望や「これがしたい」という希望をもつことさえままならない。このような不自由さを取り除き，人びとがより良い生を送ることができるようにすることこそが「開発」なのである。このような意味で，経済開発（economic development）は経済成長（economic growth）とは似て非なるものである。

このような「開発」の概念の展開を受けて，2000年に策定された「ミレニアム開発目標（MDGs）」や，MDGsを引き継ぐ形で2015年に定められた「持続可能な開発目標（SDGs）」では，所得面や経済面にとどまらないさまざまな項目が目標として掲げられている。たとえば保健関連の目標がMDGsで

は複数の目標に挙げられ，そしてSDGsでは第3の目標として設定されている。またMDGsでは第2の目標に，SDGsでは第4の目標として「教育」がとりあげられている。「ジェンダー」もまた重要な世界的課題であり，MDGsの第3の目標，SDGsの第5の目標に採用されている。いずれも所得等の経済的項目とは一線を画す項目だが，世界が一丸となって改善すべき喫緊の課題として認識されている。

(2) 健康状態の改善

　上に述べたように，途上国開発では人びとがより良い生を送ることができるよう，所得など経済的側面以外のさまざまな側面に焦点が当てられている。ここでは人びとの健康面の動向について概観してみよう。まず人びとの健康状態が端的に現れると考えられるものとして，平均寿命があげられよう。図6-3はアジア各国の平均寿命の推移を示したものだが，各国ともに着実に改善がみられる。

　平均寿命と密接に関連するのが幼年期における死亡率である。国ごとに差異はあるものの，乳幼児死亡率（5歳未満児の死亡率，図6-4）は着実に低

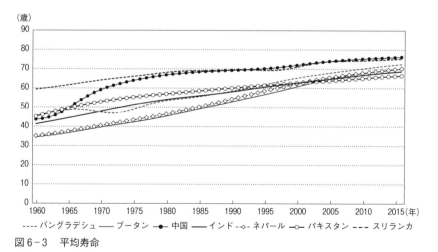

図6-3　平均寿命

出所：World Development Indicators 2018を用いて筆者作成。

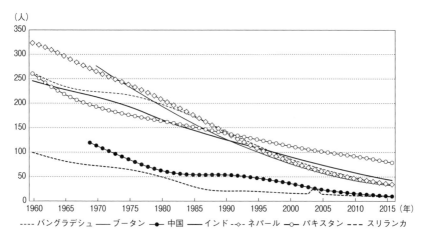

図 6-4　乳幼児死亡率（1000人あたり）

出所：World Development Indicators 2018を用いて筆者作成。

下の傾向にある。これらのことから，南アジア社会の将来展望は明るいとみられるかもしれない。ただし先進国では10‰（1000人あたり10人）に満たない水準であることを鑑みれば，依然として改善の余地は大きく，今後の継続的な取り組みが重要であることはいうまでもない。

　表6-1は身長に対して低体重である5歳未満児の割合を各国別に示したものである。死亡率は着実に低下し改善傾向がみられるものの，インドで低体重の5歳未満児割合が21％であることからわかるように，生存している人びとの栄養状態は十分とは言い難い。この点でも，南アジア社会には依然として取り組むべき課題は多く残されていることが明らかである。

(3)　教育水準の向上

　健康面に加え，人びとがより良い生を送るための重要な要素として教育にも注目する価値があるだろう。表6-2は，最も基礎的な指標と考えられる識字率の動向について示したものである。その改善傾向に若干の差異はあるものの，南アジアのいずれの国においても人びとの教育は着実に促進されてきていることが読み取れる。

表6-1　身長に対して低体重である5歳未満児の割合

	年	%
バングラデシュ	2014	14.3
ブータン	2010	5.9
中国	2013	1.9
インド	2015	21.0
ネパール	2016	9.7
パキスタン	2012	10.5
スリランカ	2016	15.1

出所：World Development Indicators 2018を用いて筆者作成。

表6-2　15歳以上人口の識字率（%）

	1981年	2011年
バングラデシュ	29.23	47.08
ブータン		57.03[2]
中国	65.51[1]	95.12[3]
インド	40.76	69.30
ネパール	20.57	59.63
パキスタン	25.73	54.74
スリランカ	86.78	91.18[3]

注1：1982年の数値。
注2：2012年の数値。
注3：2010年の数値。
出所：World Development Indicators 2018を用いて筆者作成。

表6-3　就学率（%）

	初等教育粗就学率		中等教育粗就学率	
	1990年	2016年	1990年	2016年
バングラデシュ	80.89	118.57	20.37	68.98
ブータン	51.16[1]	94.98	11.47[2]	83.98
中国	127.43	100.85	37.44	95.03[3]
インド	91.89	114.53	37.31	75.18
ネパール	111.99	135.38	33.27	69.50
パキスタン	58.63	97.71	21.98	46.11
スリランカ	109.88	101.90	71.96	97.70

注1：1991年の数値。
注2：1985年の数値。
注3：2013年の数値。
出所：World Development Indicators 2018を用いて筆者作成。

識字率は最もプリミティヴな指標であるため，初等教育と中等教育への就学率についても検討してみよう。表6−3は初等教育と中等教育の粗就学率を示したものである。粗就学率はいずれの教育水準も改善しており良い傾向にみえなくもないが，若干の注意を要する。たとえば初等教育ではいくつかの国において100％を超えているケースがあるが，これは就学年齢の子どもの入学が遅れるか，あるいは留年のために同学年を繰り返すがゆえに生じる現象である。たとえば2014年の教育統計報告書によると，インドでは初等教育においてさえドロップアウト率は19.8％に上る。途上国では公立学校の質がきわめて低いこと，特に教員の勤務態度——特に欠勤が多いこと——が大きな問題のひとつであると認識されている（Duflo et al. 2012; Mbiti 2016）。

　教育の促進は開発において本質的な価値を有するものであると考えられるが，人びとが経済的貧困から抜け出すための手段に，そして社会をより良いものとするために不可欠のものであるなどの点でもきわめて重要である。南アジア各国における教育の質の問題には，今後も引き続き注視していく必要があるといえるだろう。

(4)　男女格差の深淵

　インドの男女格差の問題は古くから認識され，近年まで悪化の一途を辿ってきた。インドにおける男女格差の問題が端的に現れるのが男女比率である。先進国の一般的傾向では，総人口でみた場合女性人口がわずかに男性を上回る。しかしインドはそれとはまったく逆の傾向を示し，20世紀初頭から近年までほぼ一貫して女性の人口比率は低下し続けている（和田 2007）。

　その最も大きな要因は5歳未満児にみられる死亡率の男女格差であると指摘されている。先進国にみられる一般的傾向では，男性の方が若年での死亡率が高いのだが，インドでは逆の傾向がみられるのである。上述のとおり，5歳未満児の死亡率はこの30年で大幅に低下しているが，依然として女児の死亡率の方が高いことには変わりはない（和田 2015）。

　加えて前節でみたように，近年では，生まれてくる以前にすでに女児は大きな差別を被っている可能性も指摘されている。大きな流れとしては，男女

格差は縮小傾向にあるといえるかもしれない。ただし性別選択による産み分けが疑われているように，男女差別の問題は根強く残る可能性もある。今後もこの問題を注意深く見守っていく必要があるだろう。

4 今後の開発の動向

(1) 経済成長と開発

　南アジア各国はインドに代表されるように近年目覚ましい経済成長を遂げつつあるが，その一方で「開発」を考える上で看過できない問題もまた依然として残っている。経済成長が直接的にあるいは間接的に一人ひとりの生活の底上げに貢献していることは間違いないが，成長の恩恵がすべての人びとに均等に浸透しているわけではないし，また所得の増加が「開発」を意味するわけではないことにも注意が必要であるのはすでに論じたとおりである。

　とはいえ，所得の増加はさまざまな財・サービスの購入を通じて人びとの生活の質の改善に貢献してくれることもまた確かである。最後に人びとがそれぞれ所得を増加させるのに重要な鍵となる教育について改めて注目し，本章を閉じたい。

(2) 期待形成の影響

　教育が将来の個々の所得に大きな影響を及ぼすことは，多くの人びとが認識していると思われる。先進国はもちろん，途上国の農村においてさえ，その認識は深く浸透している。2013年に筆者自身が南インドで実施した現地調査では，農村で人びとに問えばほとんどが口をそろえて「子どもには工学修士まで取らせてやりたい」と答えたものである。教育のリターンに対してそれだけの期待をしていることが窺われた。

　ただしすべての人びとが一様に教育に対する期待を抱いているわけではない。なかには「教育なんて関係ない，丈夫な身体ひとつでこれだけ稼げるので初等教育で十分だ」と答える人も同じ農村内に存在したのである。子どもの教育に対する親の期待形成は，実際の子どもの教育達成水準に大きな影響

を与える。親が教育の重要性を適切に認識していない場合，子どもの教育達成水準は著しく低くなり，それが将来の低所得をもたらし，貧困を長期にわたり固定化する可能性がある。

　親が教育の重要性を適切に認識しない事例は，彼ら自身の教育水準が低い場合に多い傾向があるが，要因はそればかりではない。さまざまな教育水準を有する多様な職業の人びとと交わる機会が多ければ，多くの情報を得ることによって教育の影響を適切に認識する可能性は高まるだろう。その一方で，交流の輪が小さい場合，たとえば高い教育水準を必要としない肉体労働従事者としか付き合いがない場合には，限られた情報しか入ってこず，教育の重要性を適切に認識する可能性は低下するだろう（Jensen 2010）。

　その経済成長が世界の注目を集めるインドではあるが，上述のように初等教育で留年やドロップアウトする児童が依然多く，改善の余地はなお大きい。家計の経済的な事情から子どもを学校に通わせられないケースも多いだろう。しかし親の認識の影響もまた看過できないのである。政策的な観点でいえば，家計の経済状況を改善するには多くのコストを要することが予想される一方，親の認識を変えるためにはそれほど多くのコストはかからないかもしれない。人びとの認識の影響に関する研究は行動経済学などさまざまな分野で深められつつあるが，「開発」の問題を考える上でも大きな可能性を秘めている。

参考文献

石上悦郎・佐藤隆広編　2011『現代インド・南アジア経済論』ミネルヴァ書房。

イースタリー，W　2006『傲慢な援助』小浜裕久・織井啓介・冨田陽子訳，東洋経済新報社。

内川秀二編　2006『躍動するインド経済──光と陰』アジア経済研究所。

絵所秀紀　2008『離陸したインド経済──開発の軌跡と展望』ミネルヴァ書房。

絵所秀紀　2011「スリランカ経済」石上悦郎・佐藤隆広編『現代インド・南アジア経済論』ミネルヴァ書房，291-314頁。

押川文子・宇佐美好文編　2015『激動のインド　第5巻　暮らしの変化と社会変動』

日本経済評論社。

外務省　2019「ブータン王国」https://www.mofa.go.jp/mofaj/area/bhutan/index.html（2019年4月8日閲覧）

木曽順子　2009「バングラデシュ」渡辺利夫編『アジア経済読本　第4版』東洋経済新報社，370-396頁。

黒崎卓　2009「パキスタン」渡辺利夫編『アジア経済読本　第4版』東洋経済新報社，345-369頁。

黒崎卓　2011「パキスタン経済」石上悦郎・佐藤隆広編『現代インド・南アジア経済論』ミネルヴァ書房，271-290頁。

島根良枝　2006「地場企業の基盤が注目されるインド自動車産業の発展」内川秀二編『躍動するインド経済──光と陰』アジア経済研究所，268-293頁。

シャルマ，S・R　2011「ネパール経済」石上悦郎・佐藤隆広編『現代インド・南アジア経済論』ミネルヴァ書房，339-360頁。

友澤和夫　2007「本田技研のインド二輪車事業にみる競争関係とデリー一極集中」『地理科学』62（1）：1-20。

日本貿易振興機構編　2018『ジェトロ世界貿易投資報告2018年版　デジタル化がつなぐ国際経済』日本貿易振興機構。

藤田幸一　2011「バングラデシュ経済」石上悦郎・佐藤隆広編『現代インド・南アジア経済論』ミネルヴァ書房，314-338頁。

宮下史明　2009「GNH（国民総幸福量）の概念とブータン王国の将来──GNP からGNH へ」『早稲田商学』420・421合併号：39-74。

和田一哉　2007「乳幼児死亡率でみたジェンダーバイアスと女性の教育，労働参加──インド・人口センサスデータの実証分析」『アジア経済』48（8）：24-44。

和田一哉　2015　「インドにおける性別選択による産み分けの動向──National Family Health Survey を用いた実証分析」押川文子・宇佐美好文編『激動のインド　第5巻　暮らしの変化と社会変動』日本経済評論社，171-191頁。

渡辺利夫編　2004『アジア経済読本　第4版』東洋経済新報社。

Duflo, E., R. Hanna, and S. P. Ryan 2012. Incentives Work: Getting Teachers to Come to School. *American Economic Review* 102（4）: 1241-1278.

Edmonds, E. V., N. Pavcnik, and P. Topalova 2010. Trade Adjustment and Human Capital Investments: Evidence from Indian Tariff Reform. *American Economic Journal: Applied Economics* 2: 42-75.

Jensen, R. 2010. The（Perceived）Returns to Education and the Demand for Schooling. *Quarterly Journal of Economics* 125（2）: 515-548.

Mbiti, I. M. 2016. The Need for Accountability in Education in Developing Countries. *Journal of Economic Perspectives* 30(3): 109–132.

Oster, E. and B. M. Steinberg 2013. Do IT Service Centers Promote School Enrollment? Evidence from India. *Journal of Development Economics* 104: 123–135.

●読書案内●

『テキストブック開発経済学　第3版』
　　黒岩郁雄・高橋和志・山形辰史編，有斐閣，2015年
　　経済学を分析ツールとし，途上国で観察されるさまざまな問題を理解しようと試みる。開発経済学の入門書。

『開発経済学——貧困削減へのアプローチ　増補改訂版』
　　黒崎卓・山形辰史，日本評論社，2017年
　　農村にみられる共同体から国境を越えた地球社会の問題まで，主にミクロ経済学の観点から途上国における社会経済問題を解明しようと試みる。

『自由と経済開発』（原題 *Development as Freedom*）
　　A・セン，石塚雅彦訳，日本経済新聞社，2000年
　　途上国のみならず先進国を含むすべての国や地域の社会がめざすべき目標とは何か。「開発」について学びたい初学者に最適。

土地
希望と陥穽

和田一哉

　かつて農耕社会であった時代，土地は人びとの生活の基盤をなすという意味できわめて重要な位置づけにあった。しかし産業革命を経て社会は大きく転換する。農業から工業中心の社会へ，そしてさらにはサービス産業中心の社会へと変化してきた。このような社会の変化を受け，土地を所有することの意味もまた大きく変わってきた。経済的な富を得るために土地はかつて欠くべからざるものであったが，今日では必ずしもそうではない。

　しかし未だ貧困にあえぐ人びとの多い途上国農村において，土地は依然として重要である。自らの肉体以外に経済的資源を一切もたない人びとにとって，土地の所有は直接間接の経路を通じ，経済的な安定をもたらしてくれる。また下位カーストの人びとにとって土地所有は社会的な地位の向上を意味することもあり，彼らにとって土地

写真1　農業に従事する人々（2019年，アビニマンガラム村にて筆者撮影）

写真2　農村にも工業化の波（2019年，ラジャムパラヤム村近郊にて筆者撮影）

所有はなお魅力的なのである。一方上位カーストの人びとにとってもはや土地所有の
意義は大きく低下し，彼らは速やかに都市部へ移住した。

　他方で，農地を非農業用途に変更し転売することによって富を得ようとする人びと
もいる。筆者がタミル・ナードゥ州で調査する際，必ず訪れる上位カーストの家庭が
ある。家長は農地を住宅地に用途変更し転売するビジネスで羽振りが良く，運転手つ
きの車をもち，4階建ての自宅を所有していた。2016年2月に訪問した際，彼のビジ
ネスは順調だった。

　しかし2017年に転機が訪れる。州政府が農地の用途変更の制限を強めたため，彼の
転売ビジネスは続行不可能となったのである。転売を見込んで購入した大量の農地に
買い手がつく見込みはなくなり，彼はたちまち窮地に追い込まれた。結局ほとんどの
資産を手放さざるをえなくなり，4階建ての自宅も売却し，住み慣れた街を去った。
わずかな政策変更が人びとの生活を激変させるケースがありうることを目の当たりに
した瞬間であった。

　だが2019年，彼はまた立ち上がろうとしている。先祖伝来の農村とは別の農村に20
エーカーの農地を購入し，かつての豪華な自宅とは比ぶべくもない粗末な家屋に住
み，再度農業から這い上がろうと意気込んでいる。なおも土地にこだわり続ける彼ら
一家の行く末に若干の危うさを感じつつも，南インドの過酷な環境を生き抜いてきた
タミルの人びとのたくましさを垣間見たのであった。

第 7 章

産業

サービス産業の発展と工業の停滞

古田　学

インドの自動車部品工場で働く女性（2014年，チェンナイにて筆者撮影）

この章では南アジア諸国の発展のパターンを，農業，工業，サービス産業という3つの産業間の関係を考察することで明らかにする。具体的には，サービス産業は発展を続けているが工業が伸び悩むために，総生産におけるシェアが低下し続ける農業に労働者が留まり続けている現状を，主要な国・産業にフォーカスして検討する。

1　南アジアにおける産業構造の変化

(1)　GDP シェアにみる産業構造の変化

　国内総生産（Gross Domestic Product: GDP）とは，ある国である期間中に新たに生み出された付加価値の合計のことをいう。日本を例に別の言い方をすれば，1 年間に日本国内で働く人が生み出した国の「儲け」の合計といえる。この額の大小で景気の良し悪しが判断される。GDP は，農業・工業・サービス産業に分けることができる。このうち工業には，モノづくりである製造業と鉱業，建設業が含まれる。

　南アジア諸国の GDP シェアを農業・工業・サービス産業に分けてみてみよう。図 7-1（a）にはインドの産業別 GDP シェアが描かれている。これを見ると，1950年の GDP シェアは農業，工業，サービス産業の順に，52％，18％，30％であった。当時の GDP の半分は農業が生み出していたのであるが，この状況は時間とともに変化していく。具体的には工業とサービス産業のシェアが大きくなっていく。しかし，工業の伸びに関しては，1980年前後ですでに頭打ちとなり，以降20％台後半のシェアに落ち着いてしまっている。対して，サービス産業の GDP シェアは一貫して伸び続け，2014年では GDP の60％はサービス産業が生み出している。農業の GDP シェアは一貫して下がり続け，2014年では14％まで低下している。

　その他の南アジア諸国の産業別 GDP シェアを描いているのが図 7-1 の（b）〜（e）である。順に，バングラデシュ，ネパール，スリランカ，パキスタンである。どの国もインドと同様にサービス産業が成長する半面，工業は停滞し，農業のシェアが低下していく傾向を示している。

　東アジアや東南アジアの多くの国では，農業，工業，サービス産業の順に成長するという世界の経験則であるペティー・クラークの法則に沿って成長をしてきた。しかし，南アジア各国は工業の停滞と早い段階でのサービス産業への移行がみられ，ペティー・クラークの法則から逸脱しているようだ。

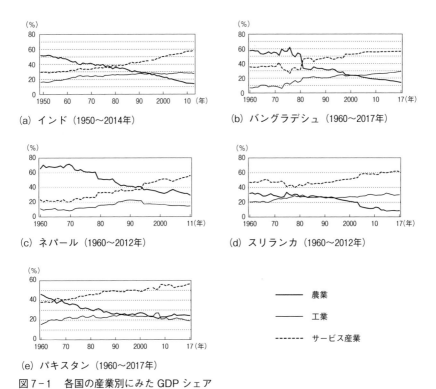

(a) インド（1950〜2014年）

(b) バングラデシュ（1960〜2017年）

(c) ネパール（1960〜2012年）

(d) スリランカ（1960〜2012年）

(e) パキスタン（1960〜2017年）

―――― 農業

―――― 工業

------- サービス産業

図7-1　各国の産業別にみた GDP シェア

出所：（インド）Central Statistical Organization，（その他）世界銀行 World Development Indicator をもとに
筆者作成。

(2) 労働力の産業間移動

　次に産業ごとの労働者割合をみてみよう。表7-1はインドの労働者全体
における農業，工業，サービス産業の割合を表している。1977年時点では農
業，工業，サービス産業の順に，71.2％，12.6％，16.2％の割合で労働者が
従事していた。その後，2011年時点では同順に47.5％，24.6％，27.8％と
なっている。

　農業から工業，サービス産業への労働力の移動は他の途上国でも生じてい
ることである。多くの国で農業から工業へ移動し，最終的にサービス産業に

表 7-1　インドの産業別にみた労働者の割合（%）

	1977	1983	1987	1993	1999	2004	2009	2011
農業	71.2	68.6	65.1	64.1	60.4	56.5	51.4	47.5
工業	12.6	13.8	15.9	14.9	16.2	18.7	22.0	24.6
サービス産業	16.2	17.6	19.0	21.0	23.4	24.8	26.6	27.8

出所：佐藤（2016）より筆者作成。

集まる経験をしている。たとえば中国では，労働力が最も集まっているのは工業である。日本でも，まず工業に労働者が集中したのち，サービス産業に集まるという経験をしている。しかしインドの場合は，1970年代においても工業よりもサービス産業の方が大きかった。その差が逆転することはなく，今なお工業よりもサービス産業の方が農業からの労働力を受け入れている。ここで産業ごとの GDP シェアを思い出してほしい。インドでは2014年時にサービス産業が GDP の6割を占めているが，上でみたように労働者割合は3割弱にすぎないのである。一方で GDP の1割にすぎない農業に労働者の約半数が留まっているのだ。

　じつは，このような傾向は他の南アジア諸国においても見受けられる。世界銀行のデータによると，2017年における農業，工業，サービス産業の労働者割合は，バングラデシュでそれぞれ39%，21%，40%，パキスタンで42%，24%，34%，ネパールで72%，8%，20%，スリランカで27%，25%，48%となっている。このように多くの労働者が農業に留まり，ゆっくりとしたペースではあるが，工業よりもサービス産業へ農業から労働者が移っている点が南アジア諸国における産業間での労働者移動の特徴といえよう。

　次節以降においては，南アジア各国の特徴的な産業に焦点を当て，サービス産業，工業，農業の特徴を詳しくみていく。

2　南アジアにおけるサービス産業の進展

(1)　インドの IT 産業

　インドというと IT 産業，というイメージはごく近年のものであるが，そ

の成長は著しく，インドの成長を支えるサービス産業のなかでも中心的な役割を担っている。IT産業のなかには，スマートフォンのアプリや，パソコンを動かしているソフトなどの開発が含まれる。

インドのIT産業成長のきっかけは「2000年問題」にある。西暦2000年を迎えるとパソコンに不具合が生じるという世界的な問題を解決するために，多くのインド人技術者が登用されたのだ。IT産業のメッカといえば，グーグル社やアップル社が本社を置く米国のシリコンバレーであるが，ここでは多数のインド人技術者が働いている。たとえば，グーグル社のスンダー・ピチャイ氏などシリコンバレーに立地するIT企業のCEOの約3割はインド人系といわれる。

インドのIT産業が発展した要因には以下の3つの点があげられる。①独立以後の理系高等教育機関の整備，②1980年代の自由化政策，③カースト制の不適用，である。以下ではそれぞれの背景をみていく。

まず，インド初代首相ジャワーハルラール・ネルーは，インドの発展にとって鉄鋼業や化学工業といった重工業の発展が重要であるとし，その発展に貢献する理系人材の育成に力を入れた。繊維業や鉄鋼業などで成功を収めたインドの巨大財閥ターター主導で1909年に設立したインド科学大学をモデルに，国立のインド工科大学（Indian Institutes of Technology: IIT）が各地で開校し（現在23校），優秀な人材を多く輩出している。

次いで1980年代には，当時の首相ラジーヴ・ガーンディーが，IT産業の自由化を促進した。その当時，工場を新設するにも材料を輸入するにも，政府の許可が必要であった（それぞれ産業ライセンス制，輸入ライセンス制）。また外国企業がインドに進出するのにも厳しい要件があった。これらの規制は1991年の経済自由化時に他の産業でも大幅に緩和されたが，IT産業では，それより早い時期に緩和されたのである。

3つ目の発展要因はカースト制である。カースト制は身分だけでなく，人びとの職業も決定する。たとえば壺つくりや清掃，羊飼いのカーストに生まれるとそれらの職業につくことが通例である。しかし，IT産業はごく最近できた産業なので職業区分が存在せず，カーストに関係なく就職できるのである。

このようにインドIT産業が発展した背景をみてきたが，業務の高度化や，先進国における人件費の高騰を受けて業務委託が増加したことなどにより，現在も毎年20％という急速な成長をしている。IT産業がインド経済にとって重要な産業であることは間違いなく，今後も成長していくことが期待されている。

(2)　スリランカの観光業

　スリランカ経済でもサービス産業が経済を牽引している。そのなかでも観光業が大きな役割を果たしている。スリランカは，シーギリヤ・ロックやダンブッラ石窟寺院などの8つの世界遺産や，四方を囲む海など，観光資源に富んでいる。また，スリランカの教育水準は南アジアでは群を抜いて高く，英語の通用度も高い。しかし，外国人観光客が増えたのは2009年以降である。なぜなら，スリランカでは2009年に終結するまで26年間も内戦が続き，その間，一般市民を巻き込むテロ事件が相次ぎ，外国人観光客の立ち入りは困難だったからである。内戦終結直後の2009年には約50万人であった観光客数が2017年では200万人以上に増加している。それに伴い，観光業の収益も2009年の3.5億米ドルから2017年には39.2億米ドルと10年間で10倍以上に拡大している（スリランカ観光省 2017）。

　観光業が発達すると，付随する産業も発展する。その顕著な例がホテル産業である。スリランカ最大の都市コロンボを中心に，ヒルトンやシャングリ・ラ，ハイアットといった世界的なホテルチェーンが進出している。さらに地元のホテルチェーンも，急増する観光客を取り込むために急ピッチでホテル建設を進めている。

　スリランカ政府も外国人観光客を呼び込むことにより経済を活性化させることが重要だと認識しており，2016年には空港や港，高速道路，鉄道を整備する大規模な政策「西部メガポリスマスタープラン」を発表している。国土が小さく天然資源の少ないこの国において観光業は今後も注目を浴びるだろう。

(3) インフォーマル・セクターの影

南アジアにおいてサービス産業が経済成長の源泉となっているのは確かであるが，サービス産業と一言でいっても IT 産業や観光，金融，ホテルなどの大規模で収益の出る産業ばかりではない。たとえば，露天商や廃品回収，自転車タクシーなどの小規模で収益の少ない職種もサービス産業に含まれる。これらの職種は都市部において増加している。そして，それらの職種の多くはインフォーマル・セクターとよばれる不安定で低所得な雑業に分類される。

国際労働財団レポートによると，すべての労働者のうちインドでは94.0％，バングラデシュで87.3％，パキスタンで74.0％，スリランカで67.5％の労働者がインフォーマル・セクターで働いている。これらの数字には農業・工業で働く人びとも含まれるが，サービス産業でも多くの労働者がインフォーマル・セクターで働いていることを示唆している。

農村から都市に出てきた労働者が，すぐに安定した仕事を見つけられるとは限らない。そのような場合，途上国の労働者には失業する余裕がないため，低所得であっても都市インフォーマル・セクターで職を得ようとする。インフォーマル・セクターと経済成長の関係をみた研究では，経済成長とともにこのセクターは縮小していくと結論づけている（La Porta and Shleifer 2014）。しかしながら，経済成長著しいインドをはじめ南アジア諸国では，インフォーマル・セクターの割合はきわめて高く，そこに多くの労働者が従事しており貧しい生活を送っていることは，見逃してはならない現実である。

3 南アジアにおける製造業の停滞

(1) メイク・イン・インディア

メイク・イン・インディアとは，ナレーンドラ・モーディー現首相が2014年に発表した，国内外の投資を促進することでインド製造業を育成し，高い

経済成長率と仕事の創出をめざす政策である。具体的には，海外からの投資が行いやすいように規制緩和するとともに，①事業開始手続きの簡素化と，②産業や生活の基盤構築があげられる。インド政府は，この政策によってGDPにおける製造業のシェアを60％に拡大することを目標としている。

これら2つの政策の1つ目に事業開始手続きの簡素化があげられているのは，従来インドでは事業を興すことに多大な事務作業が必要であったからである。たとえば，法人登録には，政府に8枚の申請書の提出が必要であったが，1枚に簡素化された。またいくつかの手続きは電子化された。

政策の2つ目である産業や生活の基盤構築の具体的な施策としては，スマートシティや産業大動脈，鉄道の敷設があげられる。スマートシティとは，ITや最新技術を用いて生活基盤を整備し環境にまで配慮をした都市のことである。産業大動脈とは，民間資金を活用しながら大都市間の地域の産業発展を進めていくことである。デリー＝ムンバイー間がその一例である。鉄道の敷設においてはムンバイー＝アフマダーバード間に日本の新幹線方式を導入した高速鉄道を開通させる予定である。

これらの取り組みを行い，製造業が発展する基礎を築くというのがメイク・イン・インディアの目標である。ただし，100都市のスマートシティを形成するという大きな目標を掲げているが，その資金はどのように調達するのか，また，複雑な土地所有権の状況下で生じる土地買収問題にどう対応するのかなど，課題は山積みであり，目立った成果は出ていない。しかし，インド政府が製造業の発展に目を向けていることは評価に値し，今後の動向を注視していかなければならない。

(2) インドの自動車産業

上述のようにインド製造業の成長はゆるやかである。しかし，インド自動車産業は例外である。インドの自動車販売数は，2017年をみると，中国，米国，日本に次いで世界第4位で401万台，生産台数でも世界第5位であり，ともに増加し続けている。本項では，急速に発展するインド自動車産業の歴史的な背景と現状について概観する。

インド自動車産業が大きな転機を迎えたのは1981年である。この年に，インド国営企業のマールティ・ウドヨーグと日本のスズキ自動車の合弁でマールティ・スズキが設立された。それ以前のインド国産乗用車といえば，アンバサダーやミニパドという英国車やイタリア車を元にして20年以上モデルチェンジをしていない車種ぐらいであったが，マールティ・スズキの発足以降，インド国産で多様な乗用車が続々と作られていく。マールティ・スズキは2016年にはインドの市場シェアの47％を占めている。インドで走っている乗用車の2台に1台がスズキの車ということになる。

読者のなかには，世界有数の生産規模を有するトヨタやホンダではなく，なぜスズキ？と疑問に思う人も多いだろうが，これには理由がある。インドの国民車を作りたいというのは，サンジャイ・ガーンディーという人物の夢であった。この人物はマールティ・スズキ創設時のインド首相インディラ・ガーンディーの息子であり，将来を嘱望された政治家であった。しかし，彼は自らが操縦する航空機の事故により亡くなってしまった。この事件にひどく悲しんだインディラは息子の夢を叶えようと外国企業に技術的・金銭的な支援を募った。しかし，技術も市場も未熟な当時のインドへ進出して現地生産することが困難であることは明らかであり，大きな自動車会社には軒並み断られた。そのなかでスズキ自動車の現会長・鈴木修氏が手を挙げたのである。

上述のようにインド自動車産業においてはマールティ・スズキの存在が大きいが，その他の企業も熾烈な競争の下で成長を続けている。2016年の乗用車の市場シェアをみると，マールティ・スズキ，現代（ヒュンダイ，韓国），マヒンドラ・マヒンドラ，ホンダ，ターター，トヨタと続く。マヒンドラ・マヒンドラとターターはインドの地場企業である。これら地場企業がインドの市場シェアの第3位と第5位に入っていることから，自動車産業に関しては，外国企業との合弁や技術支援を受けながらインド地場企業が着実に成長してきた軌跡が読み取れる。

(3) バングラデシュのアパレル産業

　もうひとつの製造業の成功例としては，バングラデシュのアパレル産業があげられる。バングラデシュというと貧しい農業国というイメージをもたれることが多いが，その様相は大きく変貌しようとしている。衣料品店で服のタグをみると，何着かに1着は「Made in Bangladesh」という刺繍が入っている服が見つかるだろう。ZARA，H&M，GAP やユニクロといった世界的に有名なファストファッションブランドがバングラデシュで生産を行っている（委託生産を含む）。そして，バングラデシュの輸出の約8割を衣料品が占めている。その規模（金額）は，中国に次ぐ世界第2位を誇る。

　これほどまでにバングラデシュにとってアパレル産業が重要な産業となり，外国企業が多く立地するようになったのは，なぜだろうか。その答えの鍵となるのは1974年に発効された多国間繊維協定（Multi Fibre Arrangement: MFA）である。この協定は，欧米に途上国の安い衣料品が集中的に流入するのを防ぐために，主要輸出国が欧米に輸出できる量を制限したものである。当時の主要輸出国であった韓国は，輸出量が制限されたため，新たな輸出拠点として輸出量が規制されていないバングラデシュを選んだ。そして，韓国企業はバングラデシュ企業との間で合弁や技術支援などを行い，以後のバングラデシュ企業の成長に寄与した。

　MFA は1985年にバングラデシュにも課されるようになり，輸出額が低下することが懸念されたが，むしろその額は増加した。そして2005年に MFA が撤廃された際，バングラデシュはアパレル産業が急成長していた中国との競争に負けるのではないかと心配されたものの，それも杞憂に終わった。確かに中国のアパレル輸出は急増したが，同時にバングラデシュも順調に輸出を伸ばし，世界の主要アパレル輸出国としての地位を確保したのである。

　賃金の上昇や，5つの縫製工場が入っていたラナ・プラザというビルが崩壊してしまうといった事故（2013年）に象徴されるような労働者の安全面への危惧など，バングラデシュのアパレル産業がさらに成長を続けていくには課題も多いが，同国の主要産業として成長していくことが期待されている。

4　農業国としての南アジア諸国

(1)　南アジアにおける農業の特徴

　南アジアの農業にとって重要なのはモ
ンスーンという季節風である。一般に海
から湿った風が吹く夏は雨季となり，風
向きが変わる冬は乾季となる。南アジア
では，一部を除いて雨季に年間降水量の
大半が集中するため，作物を植え付ける
タイミングが重要となってくる。モンスー
ンの到来時期がずれて雨の量が少なかっ
たりすると干ばつが発生し，農業生産に
大きなダメージが生じる。南アジアの農
業は干ばつとの戦いであった。たとえば
インドでは，1965年から66年にかけて干
ばつによる凶作によって食料不足に陥り，

写真7-1　綿糸の原料となる木綿
（2018年，グジャラートにて筆者撮影）

飢饉が発生している。その被害は150万人が亡くなるという甚大なものであった。
　食料生産を安定化させるために，南アジア諸国では1960年代後半に「緑の
革命」とよばれる農業技術の革新が行われた。具体的には，高収量品種，灌
漑，化学肥料がパッケージとして導入された。高収量品種とは，フィリピン
の国際稲作研究所やメキシコの国際トウモロコシ小麦改良センターで開発さ
れた，既存の稲や小麦よりも収穫量が多い品種のことである。ただし，高収
量品種を植えただけでは収穫量は増えず，既存品種よりも安定的な水の供給
を要求し，多くの肥料を必要とする。そのため，地下水や川からの水を田畑
に引き入れる灌漑施設が同時に整備され，家畜の糞などから作る有機肥料で
はなく，より安価な化学肥料が広く用いられるようになった。
　このような農業技術の革新により南アジア諸国における食料生産は飛躍的
に増加した。それを表しているのが図7-2である。図のように南アジア諸

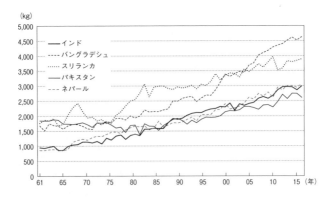

(kg)

図7-2 南アジア諸国の1haあたり穀物収穫量

出所：世界銀行 World Development Indicator をもとに筆者作成。

国の農業生産は「緑の革命」により着実に増加し，食料自給率が上昇した。

(2) 脱農を図る

「緑の革命」以降，南アジア諸国の農業生産は大幅に増加した。だが，他の産業で働く労働者と比べて農民の生活が豊かになったかというと，そうはいえないであろう。

南アジアの農地の相続は基本的に男子均等割である。たとえば，3兄弟の父親が亡くなると，3人の息子が父親のもつ農地を3等分して相続するのである。インドの国土は世界で7番目の面積であり，その約半分が農用地である。農用地面積はアメリカに次いで世界第2位である。農民は広大な土地を耕作していると想像するかもしれないが，世代が変わるごとに各農民が耕す土地は小さくなっていく。インド農業省の農業センサスによると，土地をもっている農民の土地の広さは全国平均で1.3haでしかない（2000年）。国土の小さな日本でさえ全国平均で2haである。このような小さな土地ではアメリカのような大型農業機械や航空機を用いる大規模農業は難しく，「緑の革命」により収穫量が増加したとはいえ限界があり，農民の生活は貧しい。とりわけ，土地を所有しない農業労働者の生活は貧しい。

そのような事情から，農家では子どもを中東や欧米へ出稼ぎや留学に行か

せるケースが多い。また，都市部で農業以外の職種をめざす農家の子どもも多い。インド農村部で目にする大豪邸の多くは，出稼ぎに出た子どもが親にプレゼントしたものである。

農村部で農業以外の産業が勃興すれば出稼ぎに出る必要はないかもしれない。中国では郷鎮企業という国営工場が農村の労働力を受け入れていった経緯がある。しかしながら，南アジア諸国ではそのような傾向は一部を除いてほとんどみられず，農村では農業しか働き口がないのが現状である。

5　今後の発展のために

(1)　南アジアの課題

南アジアにおける産業の特徴は，製造業を中心とする工業の成長が緩慢であるなか，サービス産業が成長を続ける一方で，最も多くの労働者を抱えているのは GDP シェアが低下し続けている農業であるという点である。日本や中国では，農業に留まっていた労働者が工場に働きに出て行くことで，労働力が農業から工業へと移動していった。しかし南アジア諸国では，工業よりサービス産業の方が農業からの労働者を多く受け入れている。ただ，サービス産業において労働者に安定的な仕事が十分に与えられているかというと，現実はそうなっていない。それは，IT 産業などの近代的なサービス業で働くには，英語が話せる，パソコンの技術がある，といった技能が必要とされるからである。工場で単純作業をこなせばよい状況とは異なるのである。そのような技能を今まで田畑を耕していた農民がもつことは難しい。

上記のような現状のもとで持続可能な成長ができるのかは疑問である。インドでは「雇用なき成長」という言葉がよく使われる。その言葉を受け，インド政府はメイク・イン・インディアという製造業の成長を促進する政策をとったのである。まだ顕著な成果はみえないが，この政策はインドの今後の経済を決定づける可能性がある。ただし工場では，労働力の柔軟性の確保や労働組合の組織回避といった企業側の観点から非正規雇用（雇用のインフォーマル化）が進んでおり，工場労働であっても不安定で低所得な雇用状況に押

しとどめられる。こうした課題も多いため，長期的な視点でその成果を見守る必要がある。そして，長い経済停滞から抜け出し急成長をするさまが「眠りから覚めた巨象」といわれるインドの経験が，他の周辺国に影響を与えることは十分考えられる。

(2) グローバル・バリューチェーン

　南アジアの特徴的な産業を紹介してきたが，これらの産業の特色は世界経済との結びつきが強いことである。インドIT産業では，売上の6割近くを輸出が占めている。インド自動車産業は生産量の大半が国内向けであるが，約半分の市場シェアを占めているのはスズキ自動車である。スリランカの観光業に関しては，収益の源泉は海外からの旅行者であり，バングラデシュのアパレル産業では完成品の行き先は海外である。

　ひとつの製品やサービスを企画・製造・販売する業務を国内外に分散化していく国際的な分業体制のことをグローバル・バリューチェーンという。これからの南アジアの発展にとって重要なのは，どのようにその輪に加わっていくかであろう。グローバル化による輸送費の低下，そしてIT革命による通信費の低下によって，工業品・サービス生産における国際分業が今まで以上に進展している。インドIT産業では，企画や販売は欧米の企業が行うが，それらの企業の委託を受けて生産し輸出している。また，バングラデシュのアパレル製品も同様に，先進国の企業がデザインや販売を行うが，製造はバングラデシュの企業が請け負っている。

　インド製造業を考えてみると，インドで手に入らないものはないといわれるほど一通りのものが現地企業によって生産されている。しかし，その品質は世界基準に達しておらず，製薬産業のような一部の業種しかグローバル・バリューチェーンに加わっていない（上池 2019）。グローバル・バリューチェーンに参入していくためには，外国資本の力も借りながら技術水準を国際的に通用するレベルまで高めていくことが必要であり，そのためには一企業の努力だけでなく，教育水準の向上という国レベルでの長期的な努力も求められるであろう。

参考文献

上池あつ子　2019『模倣と革新のインド製薬産業史──後発国のグローバル・バリューチェーン戦略』ミネルヴァ書房。

佐藤隆広　2016「インド産業発展の軌跡と展望」RIEB Discussion Paper Series, DP 2016-J03, 46頁。

スリランカ観光省　2017. Tourism Growth Trends 1970 to 2017, http://www.sltda. gov.lk/sites/default/files/tourism-growth-and-trends-1970-2017.pdf（2018年9月20日閲覧）

La Porta, R. and A. Shleifer 2014. Informality and Development. *Journal of Economic Perspectives* 28(3): 109–126.

●読書案内●

『なぜ貧しい国はなくならないのか──正しい開発戦略を考える』
　　大塚啓二郎，日本経済新聞出版社，2014年
　　貧困が発生する要因および経済成長の過程が，数学を極力使わずに，ていねいに解説されている。そして産業構造の変化とそれに伴う就業構造の変化が失業者を吸収し，一人あたりの所得が増加することが確認できる開発経済学入門の良書である。

『離陸したインド経済──開発の軌跡と展望』絵所秀紀，ミネルヴァ書房，2008年
　　独立以降のインド経済の状況を詳細なデータに基づき経済学的に解説している。インド経済が成長していく過程と，そのなかで産業構造が変化していく様子が鮮明に分かる一冊である。

『990円のジーンズがつくられるのはなぜ？──ファストファッションの工場で起こっていること』長田華子，合同出版，2016年
　　バングラデシュの縫製工場の実態が平易な文章で描かれており，ファストファッションのアパレル製品がなぜ成立するのかが分かる一冊である。グローバル・バリューチェーンのイメージを掴むためにも一読をお勧めする。

エネルギー問題
石炭に依存する巨大市場

福味 敦

　経済発展とともに，インドの一次エネルギー消費量は急増し，世界5.4％のシェア を占めるに至っている。これは中国（23％），米国（17％）に次ぐ世界第3位の大きさ であり，消費の成長率は主要国のなかで最も高い。内訳は，石炭（57％），石油 （30％），天然ガス（6％），水力（4％），再生可能エネルギー（2％），原子力（1％） であり，エネルギーの大黒柱が石炭や石油などの在来型エネルギーであること，そし て特に石炭への依存度が高いことが特徴である。石炭はほぼすべてが火力発電に用い られており，人口12億の巨大市場の成長を石炭火力発電が支える構図である。現モー ディー政権は，再生可能エネルギーや原子力による発電容量の大幅な増設をめざす が，一方で長期計画では，2040年の未来においてもなお，石炭火力発電をエネルギー の柱と位置づけている。その背景として，インドが埋蔵量で世界第5位の石炭大国で あることがあげられよう。必要なエネルギーを可能な限り国内で賄いながらの経済発 展をめざしているといえる。

　しかしながらその道は必ずしも平坦ではない。課題のひとつは，石炭火力発電によ る大気汚染の問題である。WHOによると大気汚染（PM2.5）の世界ワースト15都市 のうち14をインドの都市が占めているが，原因のひとつは石炭火力発電所にあるとさ れる。近年は発電効率を高めた「超々臨界圧発電」をはじめ，環境負荷を削減する技 術も進んでいる。そうした先進技術の積極的導入は不可欠であろう。いまひとつは， 石炭採掘事業における課題である。インドの石炭部門は，市場を独占するインド石炭 公社の経営の非効率性と腐敗，マフィアが取り仕切る闇市場の存在，それを黙認し， ときに結託する警察と政治家など，不名誉なニュースによって特徴づけられてきた。 豊富な埋蔵量を誇りつつもこうした問題によって採掘・供給量が限られ，発電所の稼 働率が落ちるという事態も生じている。現モーディー政権は石炭の商業採掘を民間に 開放する方針を示しているが，こうした取り組みを通じた石炭部門の健全化は，今後 のエネルギー政策，さらには経済発展の鍵を握るものといえよう。

第 8 章

社会

多様な人びとが織りなす暮らし

舟橋健太

婚姻に際して，アンベードカル像に敬意を表する仏教徒の新郎（2018年，ウッタル・プラデーシュ州にて筆者撮影）

南アジア社会を表す重要なキーワードのひとつとして，自然環境から人びとの社会的属性，文化的背景まで，「多様性」をあげることができる。また，南アジア社会に生きる人びとの特徴のひとつとして，「集団性」をあげることができよう。本章では，そうした多様な人びとが，集団（ひいては社会）との深い関わりにおいて織りなす暮らしの様相について，紹介していきたい。

1 生まれる——多様なカテゴリー／アイデンティティのもとに

(1) 多様なカテゴリー／アイデンティティ

"Unity in diversity（多様性のなかの統一）"。グローバル時代の共生の理念的な社会のあり方のひとつとして，しばしば使用されるスローガンである。そしてまた，インド，ひいては南アジア地域社会の特徴として言及されることも少なくない。自然環境から人びとの文化的背景までを指し示すものであるが，特に社会的属性を指して使用されることが多い。

そうした多様な社会的属性のひとつとして，「カースト」をあげることができる。カーストは，インド社会を特色付ける重要な要素のひとつとして捉えられており，基本的にヒンドゥー教に根ざす概念であるが，南アジア地域において，インドのみに留まる事象でもない。同じくヒンドゥー教徒が多数を占めるネパール，さらには仏教徒とヒンドゥー教徒が社会内の重要な位置を占めるスリランカにおいても，当然，それぞれの社会文脈における独自性はあるが，カーストの社会における影響の大きさを認めることができる。またカーストの主な特徴を，人びとを集団として捉える，あるいは人びとに集団としてのあり方を要請する枠組みと考えた場合，その重要性は，イスラーム国家である他の南アジア諸社会（パキスタン，バングラデシュ，モルディヴ）においても適応しうる視角となる。換言すれば，南アジア地域社会を理解するにあたってのひとつの重要な視角として，人びとの「集団性」を考えることができるのである。

インドをはじめとする南アジア地域社会において，この「集団性」が，その社会的・文化的・宗教的背景からきわめて多様なかたちで多数ありうることが，さらに大きな特徴としてあげられる（第3章「宗教」，第11章「文化」も参照のこと）。すなわち人びとは，さまざまな集合的関係性のもとに生まれくるのである。人びとは，多様な社会的属性を，自身のアイデンティティとして意識し，また，他者のカテゴリーとして認識するのである。以下では，特に代表的に考えられる属性であるカーストについて取り上げていく。

⑵　ヴァルナ，ジャーティ，カースト

　そもそも，「カースト」とは何であろうか。カーストという言葉自体は，日本においても耳目にすることが少なくないだろう。また，インドから連想するもののひとつとしてあげられることも多い。それゆえに，かえって一面的で茫漠としたイメージだけでもって捉えられているきらいもあると思われる（この点については，本節において改めて後述する）。

　端的にいえば，カーストは，婚姻，職業，食事といった生活のさまざまな側面において，人びとの関係性のあり方に強い規定力・影響力をもつ，集団性を表す概念である。人はある特定のカーストのもとに生まれ，基本的に属するカーストは終生変わることがない。ゆえに，人びとにとって，自己意識（アイデンティティ）とも他者認識の枠組み（カテゴリー）ともなりうるものである。また，カーストに基づく関係性として，特に職業の面においてみられる相互依存性と，宗教的な側面からみられる位階制とを特徴としてもつ。

　カーストは，インド古来より綿々と保持され続けている概念だと思われがちであるが，「カースト」という用語自体が南アジア地域に登場したのは，西欧列強諸国がインド亜大陸に進出してきた大航海時代以降，すなわち，端緒となった15世紀末のポルトガルの来航以降である（第2章「歴史」も参照のこと）。しかしこれは，事象を表す用語としてというだけであり，先行する概念・用語として，ヴァルナとジャーティという2つがある。つまり，カーストおよび社会のあり方としてのカースト制度に関わる概念・用語として，ヴァルナ，ジャーティ，カーストの3つをあげることができる（藤井2003）。ヴァルナ，ジャーティ，カーストは，それぞれ，登場順に沿うものであり，大きな違いとして，前二者が現地語，後者が外国語起源の言葉となる。

　「ヴァルナ（varna）」は，もともと「色」を意味する語であり，紀元前1500～1200年頃にインド亜大陸に進出してきたアーリヤ人が，自己の集団を他集団から区別するための言葉として使用したことが始まりであるとされている。すなわち，インド最古の文献『リグ・ヴェーダ』内にみられる，「アーリヤ（高貴な）・ヴァルナ」／「ダーサ（敵の）・ヴァルナ」という二区分で

ある。時代が下り，紀元前1000～600年頃に，二区分から細分化されたものとして，四姓に基づく「ヴァルナ制度」が成立したとみられている。四姓とは，職と深く結びついた区分としてあり，バラモン（司祭者），クシャトリヤ（王侯，軍人），ヴァイシャ（農民，商人），シュードラ（隷属民）である。このヴァルナ制度が，当時のバラモン教における社会制度とされるが，実体的な制度というよりもむしろ，支配者としてのバラモンが描き出した，かれらにとってあるべき社会の姿を表現する理念的社会像と考えられる（藤井2007；小谷 1996）。

　次いで，「生まれ」の意をもつ「ジャーティ（jati）」である。語義通り，出自を同じくする集団，換言すれば，血縁的結合関係に基づく社会集団を表す用語となる。その大きな特徴として，世襲制に基づく伝統的職能集団であることと，婚姻に関して，同一ジャーティ内での結婚を規範とする内婚制をあげることができる。基本的には，ジャーティが，次に取り上げる「カースト」と同義であると捉えられる。先のヴァルナが4つ（ないし「不可触民」（第3節にて詳述）を加えて5つ）であるのに対して，ジャーティは，インド全土で2000～3000あるとされる。また，ヴァルナが理念的概念であったのに対して，ジャーティはより実体的な枠組みと捉えられる（小谷 1996）。

　最後に登場したのが「カースト（caste）」である。1498年，先陣を切ってインド亜大陸に進出したポルトガルの人びとは，当地の職業や婚姻と深く関わる慣習について，ポルトガル語で「家柄，血統」を意味する「カスタ（casta）」という概念での認識を試みた。そののちに，覇権を握ってインド亜大陸の大部分を支配下においたイギリスにより，「カースト」として把握されるに至った。

　ここで，人びとの生活と深く関係するジャーティ概念がカーストと認識される一方，イギリス植民地政府が重用したバラモンにより，バラモン的ヴァルナ観がカースト認識に色濃く反映される事態も起こった。つまり，インド社会を基礎付けるものは，ジャーティのように細分化された姿ではなく，4つのヴァルナに基盤を置いて構成されるものとしてあり，それをこそ「カースト」と捉えるべきだという，バラモンを軸とした社会構造の主張である。

ここに，カースト理解における，ヴァルナとジャーティとの錯綜が生じることになった。

さらに重要なこととして，カースト（ここでは，バラモン的理解によるヴァルナではなく，ジャーティ）の枠組みが，植民地政策に多大に利用されたということがある。すなわち，イギリスの植民地支配の要諦である「分割統治」での利用をはじめ，国勢調査（センサス）などの支配体系においてカーストが用いられたことによって，カーストがより明確化・固定化し，翻って，インドの人びとの自己意識としても内面化し，定着することとなった。つまり，イギリスの植民地支配下において，カーストが本質化した，いわば，インド社会がより「カースト化」したと考えられるのである（藤井 2003）。

⑶ 「カースト」の多面性

上述したように，カーストには，人びとの生活全般にわたって関連する多面性がある。ここでは，特に，政治と経済，そして宗教と関わる側面について紹介していく（金 2012）。

まず，カーストの政治と関連する側面として，伝統的には，その自治機能をあげることができる。多くのカースト共同体が，「カースト・パンチャーヤット」（カースト議会）とよばれる自治的な協議組織をもち，年長男性を中心として，共同体に関わる問題の解決を図るなど，独自の規範に基づく裁定機構としても機能していた。しかし，比較的限定された地域性を有するカースト・パンチャーヤットは，イギリス植民地下におけるカーストの実体化・政治化に伴い，地域を越えた同じカーストに属する者同士の結束へとつながり，帰属カーストを基盤とした政治的活動，すなわち「カースト政治（Caste Politics）」といわれる政治状況に至ることになった。具体的には，多くの「カースト政党」が結成され，自カースト共同体により有利な権益や政策を求めて，政治活動が行われるようになったのである。

次いで，経済的側面である。カーストが，根本的に，世襲制職業と深く関連することから，その分業に基づく相互依存性を指摘することができる。村落社会に伝統的にみられた「ジャジマーニー制度」を，その代表的なあり方

としてあげることができる。20世紀初頭に北インドで調査を行った，アメリカの人類学者であるW・H・ワイザーによって観察され，命名された，「顧客」の意をもつ「ジャジマーン」を原語とするこの制度は，相互のカーストが，自カーストの職業をベースに，生産品とサービスの授受関係を築いているというものである（Wiser 1936）。この互酬的分業制の基となるカースト間関係が，自カーストの職業同様，世襲的に継続されるという点も，重要なポイントとしてあげることができる。つまり，後述する位階的関係性はあるが，村落共同体の相互関係に位置している以上，失職する，あるいは関係性を失するという怖れや不安は，生じることがなかったのである。

　しかし，市場経済の普及や職業の多様化，そして都市化の進展に伴って，世襲制や職能集団としてのカーストといった側面は弱体化し，上述のジャジマーニー制度はすでに成り立ちえず，相互依存的な分業制は変化することになった。現在においても，カーストと職業の関連性が認められる部分は確かにある。特に色濃く存続しているのが，カースト位階の「両極」に位置する2つのカースト，すなわち最高位とされるバラモンの司祭職や，最低位に位置付けられる「不可触民」の不浄性と関連する職業であるという点は，十分な注意を要する。また儀礼の機会において，日常的には希薄化したカーストと職業の関係が再浮上するという点も，留意しておく必要があるだろう。しかし，大枠においては，カーストの経済的機能（職業との関連性）には，大きな変容がみられていると指摘できよう。

　最後に，宗教と関わる側面，すなわち位階制についてである。先に触れたように，カーストは，基本的にヒンドゥー教の世界観に根ざしている。なかでも，浄・不浄の観念と深い関連性を有しており，この観念に基づき，万物が浄性に従って階層化される。先に，経済的側面から相互依存性があると述べたが，宗教的観点からは，浄性に基づく上下の位階制を指摘することができる。つまり，アーリヤ人／非アーリヤ人という二区分から，バラモンなどの四区分に展開したヴァルナ，そしてより細分化されるジャーティ（カースト）と，いずれも，相互に序列を認めることができ，序列において，浄性の高さと上下の位階の正の相関関係をみることができるのである。本来，不可

視の観念的なものである浄性の差異は，飲食物の授受や共食，身体的接触，居住区域，婚姻関係などの規範や可否によって可視化され，カースト間関係の差異として明示されることになる。

　この「浄・不浄」理論は，フランスの社会人類学者であるルイ・デュモンによって強く（ある意味において過剰に）打ち出された（デュモン 2001）。デュモンは，「平等的人間」観を基盤とする西欧社会との比較を念頭に，インド社会は「階層的人間」観が通底していると述べ，その基軸に，最浄のバラモンと最不浄の「不可触民」を対置した「浄・不浄」観念があるとした。この間において，各カースト集団は，浄性に従ってランク付けされる。インドの社会構造の原理を明確に提示したデュモンの理論の貢献は大きいものの，一方，デュモンが主張した，宗教的原理（「浄・不浄」の原理）による政治・経済的領域の包含や，「浄・不浄」観念を過度に重要視することからくる王の権力や吉凶概念の等閑視には，数々の批判が出されている（関根 1995；田辺 2010など）。このように，「分かりやすすぎる」ゆえに，その理論の適用には精緻な検討を要するものである。また現代社会においては，浄性に関する規制が，村落部では依然厳格な姿をみることもあるものの，都市化の進行やいわゆる近代的人権意識の流布に伴って，特に都市部では希薄化してきていることも指摘できよう。

　ここで，デュモンの理論を批判的に継承・再検討したものとして，インドの社会学者であるM・N・シュリーニヴァースの理論を2つ，紹介して終えたい（Srinivas 1995）。ひとつは，地域社会（特に村落地域社会）においては，政治経済的権力を独占する特定カーストが存在するという「支配カースト（ドミナント・カースト）」理論である。土地保有や人口規模，カースト序列における地位，西洋教育や近代的職業などの要素により，必ずしも宗教的権威の高さだけによらない支配体系が，地域社会においてみられうるという主張である。いまひとつは，カースト集団の地位向上運動である「サンスクリット化（サンスクリタイゼーション）」である。インドの古典に使用されたサンスクリット語を応用して名付けられたこの動向は，たとえば肉食をやめて菜食主義に転ずるなど，古典的・正統的な，とりわけバラモンなどの上層

カーストの，浄性が高いと認められる生活慣習や規範を積極的に採用することにより，浄性上昇・社会的地位向上を図る運動である。

このように，社会構造全体の変革というよりもむしろ，現有の構造を利用した，すなわち，現在のカースト・カテゴリーとそれに基づく関係性を利用した（ゆえに，現有の社会構造の温存，時に強化へとつながる）運動は，現代においてもみられる顕著な動きのひとつとしてあげることができる。

(4) 汎用される「カースト」

最後に，もう一度「カースト」という言葉そのものに立ち返ってみたい。現在の日本において，カーストと聞くと，インドよりも「スクールカースト」や「ママ友カースト」がまず頭に浮かぶ人も少なくないかもしれない。実際に大きな社会問題としても論じられるこれらの言葉で表される事象であるが，ここで，「カースト」という語句が用いられていることに着目したい。

上で述べてきたように，インド社会の文脈におけるカーストは，宗教的観念に基盤をもち，政治・経済・婚姻など，人びとの生活のさまざまな側面と深く密に関わり，かつ，近代の植民地支配の体系において強い本質化・実体化をみた複雑さを有する概念である。一方，「インドにおいて伝統的にみられる厳格な身分差別制度である」とのイメージでもって捉えられることも多い。このイメージが，決して「それだけではない」ものの，カースト制度の特徴の一面を表すものであることから，広く多くの人びとの間に流布している。ゆえに，上述したように，現代の日本社会においてみられる事象についても用いられているのであろう。ここでは，より広く流布していると考えられる「スクールカースト」（鈴木 2012）を具体例として取り上げ，「カースト」という語句が用いられる利点と難点について述べたい。

利点としては，何より，現象がはらむ問題——ひとことでいえば差別の問題——を顕著に浮かび上がらせることであろう。本来，全員が等しく同じ生徒という身分であるはずのところ，自然発生的に，あるいは発言力がある人物（たち）の言葉や行為をきっかけに，同等の（とみなされる）カテゴリーを基に生徒間に上下関係が構築され，ほぼ全員が自分の「身分／階層」を自

覚し，基本的にその「所属カテゴリー＝カースト」が不変のまま，関係が固定されていく……。このような，それぞれの意思が考慮されることのない，いわれなきカテゴリー化と上下関係，移動や脱却がきわめて困難な固定性など，学校という場でみられる差別構造の問題性を浮き彫りにする点で，「スクールカースト」という表現は，大きな利点と意味をもつものであると考えられる。

　一方，難点として，上記の利点と表裏であるが，カーストが本来有する複雑性に認識が及ぶことなく，単に，きわめて強い差別的制度であるという認識のみを持たれることになるという点があげられる。すなわち，カーストというのは，非人道的で「遅れた」制度であり，インドの人びとは，そのような制度の桎梏に縛られて生活している……。インド社会とカースト制度をほぼイコールで結び，一面的なイメージでもって捉えることは，上述の利点で問題性を浮き上がらせたのと逆の作用でもって，インド社会が有する種々の複雑性や他の問題群を「カースト」で覆い隠すことになりかねない。こうした「カースト制度＝苛烈な差別制度」とする認識は，国連人権委員会などが世界の身分差別問題を取り上げる際に，インドのカーストを代表的にあげることにも表れている。ここにもやはり，固定的・一面的なインド社会に対するイメージが流布する発端をみることができる。

2　拡がる——家族，親族と婚姻関係

(1)　濃密な縁戚関係

　南アジア社会における人間関係のうち，特に家族・親族の濃密な関係性に驚かされることが多い。世代・年代を問わず，親子，兄弟姉妹，祖父母，いとこ，おじおば……それぞれに父方／母方で異なる呼び名を駆使しながら，関係を築いている。驚かされるのは，いわば身内の関係の「濃さ」だけではなく，その「広さ」にもある。インドの結婚式は，盛大で参列者も非常に多いことがしばしば指摘されるが，その多人数の所以は，こうした親族や姻族の「広い」人間関係に因るところが大きい。

家族，親族，そして姻族の関係性の濃さと広さは，上述した「カースト」（ないし，非ヒンドゥー教においてはカースト様の共同体）と無縁ではないだろう。カースト概念を基盤とした同族意識は，時間（世代）と空間（地域）を超えて，人びとを強く結び付けている。とりわけ姻族においては，カーストの「内婚制」が大きく影響している。また，その広さゆえ，ともすれば希薄化しがちな関係性を再確認・再強化するものとして，各種の宗教儀礼をあげることができる。以下では，婚姻形態のあり方と，縁戚関係を取り結ぶ宗教儀礼の様相を紹介する。

(2)　お見合い結婚と恋愛結婚——新聞広告からインターネットへ

　南アジア社会に生きる人びとにとって，「結婚」という人生イベント（そしてその祝賀の頂点たる「結婚式」）の重要性は，きわめて大きなものがある。ヒンドゥー教徒に関していえば，バラモン男性中心主義的視点からとなるが，理想として提示される「四住期（チャトゥル・アーシュラマ）」においても，結婚は，第一段階の「学生期（ヴェーダ文献を学習・習得する期間）」から，第二段階であり人生の多くの時間を占める「家住期（家長として子をもうけ，祭式を行う期間）」への移行の節目として位置付けられている（これらに続くのは，森で隠棲・修行する「林棲期」，解脱を求め出家遊行に生きる「遊行期」である）（橋本他 2005）。上で触れた結婚式の盛大さにも，そうした認識の一端が表れていると考えられる。

　ここで，結婚に至る過程を確認しよう。大前提として，婚姻関係を取り結ぶにあたって最重要視されるのは，同一カースト（ジャーティ）か否かという点である。すなわち，同一カースト内婚が基本とされる。カーストが異なる者との結婚に対するタブー視は，現代においてもなお強いものがある（次項参照のこと）。同時に，近すぎる結婚もまた忌避されるため，祖先を同じくするとされるサブ・カースト（北インドにおいては「ゴートラ」と称される）においては，同じ者同士を避ける外婚制とされる。

　こうした内婚・外婚の規制から，婚姻の多くは「お見合い結婚（arranged marriage）」となる。縁組みを交渉する役割を中心的に担うのは，新郎新婦

いずれの側も父親やおじといった男性親族である。こちらも縁戚関係を軸とした頼れるネットワークを駆使して，適齢とされる者同士の縁組みが図られる。以前は，両親や親類同士の間だけで話が進み，縁組みにまで至ることが少なくなかったとされるが，近年では，さまざまなツールが発達してきていることもあり，婚前に，当人同士がお互いに認識しあう，または事前に交流をもつこともみられてきている。また都市部を中心に，いわゆる「恋愛結婚（love marriage）」もみられるところではあるが，やはり，大多数はアレンジされた婚姻であるといえよう（金 2012）。

　結婚式においては，非常に多くの親類縁者の参列をみることができる。久しぶりに会うおじさんや，いとこ，はとこたち，初めて会う遠縁のおばさんやおねえさん，子どもたちも，皆こぞって宴の場に集い，関係の拡がりを祝い，（再）確認する。ヒンドゥー教式の儀礼の場合，非常に多くの儀礼手順が新郎新婦を待ち受けている。メインイベントとなるのは，新郎と新婦がともに焚かれた火の前を 7 歩歩くという儀式（サプタパディー *saptapadī*，聖火を右廻りに 7 周する儀式）であり，この行為をもって正式に婚姻成立と認められる（橋本他 2005）。

　ところで，先に，ネットワークを駆使した縁組みと書いたが，現実問題として，人的ネットワーク頼みでは望むような相手が見つからないことがある。そうした場合に頼られるのが，他メディアを通じたネットワークである。具体的には，新聞広告，そしてインターネットである。

　インドの新聞（英語，現地語いずれも）の，多くは日曜版に，分厚い冊子が同封されている。タイトルに「Matrimonials」と大書された冊子には，びっしりと，花嫁・花婿募集の広告が羅列されている。この冊子は，良い縁組みを求めて奔走している人びとにとって，おおいに頼るべきものとなるが，特筆すべきは，それら募集広告が，花嫁／花婿の大区分のもとで，基本的に「カースト」ごとに分かれて掲載されていることである（このほか，言語や地域による区分もみられる）。つまり，募集広告をチェックする人びとにとって，最優先で確認すべき事項は，まずもって，相手となりうる人がどのカーストに属しているか，ということなのである。

ところで，筆者が1990年代後半から2000年代前半にインドを訪れていた頃は，とても分厚い冊子を目の当たりにして，インドの人びとにとっての縁組みの重要性と希求の熱心さを認識していた。ところが，2010年代に入った頃からであろうか，久しぶりに目にした「Matrimonials」は非常に薄くなっていて，驚かされた。縁組みの形式が変わったのだろうか，あるいは良縁を求める熱さが冷えたのであろうかと考えていたが，ふとインターネット上を確認してみたところ，多くの花嫁・花婿募集のサイトに行き当たることになった。そこには，新聞紙上よりも整然としたかたちで，しかもサイトによっては写真入りで，募集広告が並んでいた。要は，媒体が，ハード（紙面）からソフト（画面）に移り変わっていたのである。それでも，そうしたサイトを閲覧して，以前（新聞紙面）と変わらぬ点もまた確認するところとなった。それが，「カースト」に基づく選択である。つまり，多くのサイトで，求める相手を絞り込む選択にあたって，いくつかの項目をプルダウン形式で選べるようになっており，「宗教」「言語」「地域」などのほか，「カースト」が項目立てられているのである（ただし，カーストという言葉そのものではなく，「コミュニティ」などとなってはいるが）。縁組みに関する情報のデジタル化によって，カーストが単なる記号として希薄化していくのか，あるいはより深化して残存していくのか，関心深いところである。

(3)　婚姻をめぐる諸問題

　ここでは，婚姻をめぐる問題として，代表的に2つを取り上げたい。ひとつ目は，上述した同一カースト内婚に反した場合の問題，すなわち，異カースト間結婚についてである。すでに述べたように，婚姻は，原則として同一カーストに属するもの同士でなされるものであり，原則を外れることがないよう，縁組みがアレンジされることになる。しかし，出会いや恋愛が原則を超えることは当然起こりうることであり，それが婚姻にまで至るケースも多くはないがみられることがある。ただし，異なるカースト間での婚姻が，双方の家族・親族に円滑に認められることはまれである。厳しい勘当となるカースト追放や，より過酷な場合には名誉殺人（家族・親族の「名誉」を傷つ

けたとの廉<ruby>か<rt>かど</rt></ruby>において行われる，身内による殺害行為）というかたちでの殺人事件にまで発展することもある。特に，上位カーストの男性が下位カーストの女性と結婚する「順毛婚」については上昇婚ともされ，地域によっては比較的緩く認められているところもあるが，その逆（上位カースト女性と下位カースト男性の間の婚姻）の「逆毛婚」は下降婚とされ，より強く忌避される。

　もうひとつは「ダウリー（dowry）」である。「持参財」と訳される慣習であるが，婚姻にあたって，新婦家族から新郎家族に贈られるきわめて多額の金品のことを指す。俗に「マハーラージャ（大王）でさえも，娘を3人もつと破産する」といわれるように，その高額さと負担感は大きなものがあり，ダウリーの交渉をめぐって両家の間で揉め事や争いが起こったり，苛烈な場合には殺人事件にまで発展したりする事例も散見される。法的には，1961年に，全インドを対象に「持参財禁止法」が制定されているが，その実効性には疑問符がつくところである。むしろ，1990年代以降の市場経済の進展に伴って，新郎側から要求されるダウリーの質量双方の大幅な拡大がみられている。また，ダウリーの負担感からくる娘をもつことに対する躊躇が，男児選好・女児忌避の一因となっているとの指摘もある。一方，新婦の親としては，娘の嫁ぎ先での立場の安定・安全の確保という意味からも，交渉において新郎側からの要求に応えざるをえないといった実情もある。また，男子には財産分与できるが，女子にはできないということから，娘に対する生前財産分与という側面もあると捉える人もいる。

⑷　集う「場」としての宗教儀礼

　本節冒頭で述べたような，近しく広い家族・親族・縁戚関係について，その保持や（再）確認・強化，あるいは新たな構築の「場」として，さまざまな宗教儀礼が重要な機能を果たしていることを指摘することができる。いずれの宗教においても，種々の儀礼が，その教義的な意味や意義，由来はあれども，実際的に，儀礼に関わる人びとを結び付ける機能を有していることは，改めて指摘するまでもないだろう。無宗教とされる日本の社会状況においても，クリスマスに恋人や家族同士でともにケーキを食べてプレゼントを

贈り合い，大晦日に家族そろって寺院に赴いて除夜の鐘を撞き，元日には親族そろって新年を祝って神社に詣る……。いわゆる宗教は違えども，こうした儀礼のいずれもが，人間関係の保持や強化に関わっていることは，明らかに認識されるところであろう。

インド，そして南アジア社会は，多様な宗教状況を反映して，年中，多くの宗教的な祝祭礼に彩られている。そうした機会に，人びとは，集い，同じ時空間をともに過ごし，互いの存在と関係を確認する。先に述べた結婚式での幅広い結集も，その最たる例といえよう。なかでも特に注視に値するのは，兄弟姉妹をめぐる儀礼である。なぜなら，婚姻後には，姉妹は婚出して婚家に住むことが一般的であるなか，直接的な血縁関係がない本家と婚家の関係を保持する要諦は，兄弟姉妹の関係性にあると考えられるからである。

ここで，主にヒンドゥー教徒の間で具体的に行われる，兄弟姉妹間の年中儀礼を2つ取り上げたい（橋本他 2005）。ひとつ目は，バイヤー・ドゥージュである。ヒンドゥー教の大祭であるディーワーリー（カールッティカ月（10〜11月）の新月の日）において，最終日となる5日目に行われる儀礼であり，兄弟姉妹の間で，愛情と絆を確認しあう機会とされている。伝統的に，兄弟が婚出した姉妹の婚家を訪ね，姉妹は兄弟の幸運と健康，長寿を祈念して，守護の印であるティラクを額に付ける。兄弟からは姉妹に対する返礼として贈り物が渡される。この機会に，兄弟は，婚家における姉妹の様子を確認することができ，また姉妹は，久しぶりに兄弟と会って歓談することができるのである。

2つ目は，ラクシャー・バンダンである。シュラーヴァナ月（7〜8月）の満月の日に，姉妹は，兄弟の吉祥と安全を祈って，ラーキー（あるいはラクシャー，「庇護」の意）といわれる細い紐を兄弟の右手首に結び付ける（バンダンは「結ぶ」の意）。兄弟は祈願のお礼として，贈り物を姉妹に渡し，姉妹の庇護者たることを誓う。つまり，上記のバイヤー・ドゥージュ同様，兄弟姉妹の間において，関係性と絆の強化を確かめ合う機会と捉えることができる。

以上，特にヒンドゥー教にみられる祝祭礼から，とりわけ兄弟姉妹に関わ

る儀礼をみてきたが，こうした人間関係の確認・強化は，南アジア社会において，いうまでもなく宗教を問わず広く行われ，確認されるところである。たとえば代表的には，イスラームにおける断食月（ラマダーン）明けの祝祭日である「イードゥル・フィトル」，仏教におけるブッダ生誕祭である「ブッダ・プールニマー」など，多くの人間が集い，ともに飲食し，交歓し，祝う機会は，枚挙にいとまがないといえよう。

　最後に，上述の家族・親族・縁戚関係の絆の確認・強化とともに，宗教儀礼がもたらす主要な効果として，「ハレの場としての機能」を指摘しておきたい。特に村落部においてみられることであるが，とりわけ女性は，男性に比べて，自由に外出してさまざまな人物や事物と接する機会が制限されているといえる。そうしたなか，年に数回，確実に訪れる宗教儀礼の日は，思い思いに着飾り，おめかしをして，実家の兄弟や父母，いとこたちと，大手を振って会い，交流することができる「ハレの場」にほかならない。ともすれば単調で疲弊しがちな日常において，祝祭礼という非日常（ハレ）を待ち望む人びとの姿を目にするにつれ，宗教儀礼の重要性を再認識するところである。

3　せめぎあう──自己主張，自己意識と他者認識

(1)　施政と法的カテゴリー

　本節では，インド社会を事例として，第1節で取り上げた「カースト」を基盤としたさまざまなカテゴリーについて，とりわけ「不可触民」とされる人びとをめぐる諸問題について，紹介・検討を行いたい。本項では，特に法的なカテゴリー，すなわち，施政と関係した人びと（共同体）の範疇化について取り上げていく。とりわけ，インドにおけるアファーマティブ・アクション政策（ポジティブ・アクション政策，積極的差別是正措置）である「留保制度（Reservation）」を中心に紹介する（小谷 1996；Nabhi's Board of Editors 2004）。

　留保制度は，クオータ制のかたちで，社会的・歴史的に被差別・被抑圧の

状況にあった人びとに対して，議席，公的雇用における就業，高等教育にお
ける就学の3つの分野について，ある一定の割合（基本的に人口比に基づく）
で配分の優遇・確保を行う施策である。具体的に対象となっているのは，
「後進諸階級（Backward Classes）」とされる人びとであり，イギリス植民地
時代から続くものとして，主に元不可触民となる「指定カースト（Scheduled
Castes, SC）」と，先住民となる「指定トライブ（Scheduled Tribes, ST）」，加
えて，1990年代から施策の対象に加わった「その他の後進諸階級（Other
Backward Classes, OBC）」をあげることができる（ただしOBCについては，就
業と就学についての留保となる）。

　1935年のインド統治法において「指定カースト」というカテゴリーが導入
され，翌1936年，不可触民とされてきた多くのカーストが「指定カースト」
としてリスト化された。同リストは独立後のインド共和国憲法（1950年施
行）にも引き継がれ，リスト上の人びとが留保制度の対象とされるに至っ
た。ただし，すべての不可触民カーストがリストに載ったわけではなく，そ
こには宗教的な制限が設けられた。すなわち，留保制度適用の対象として，
当初は，不可触民制，ひいてはカースト制があるヒンドゥー教徒のみとさ
れ，のち，インド発祥の宗教徒であるシク教徒ならびに仏教徒についても追
記されたが，外来宗教を信仰するムスリムとキリスト教徒については（実際
的には改宗教徒の元不可触民），すでに社会的差別構造たる不可触民制の枠外
にあるという解釈から，留保制度の権益が与えられていない（ただし，州に
よっては付与されているケースもある）。

　留保制度は，本来，社会的・教育的に後進であると捉えられる諸階級集団
を念頭に設けられた施策であるが，後進の基準と集団の範囲をめぐって，き
わめて政治的な問題となってきた。まずは，諸階級（classes）という名称に
もかかわらず，制度の資格付与の単位が「カースト」基準となっていること
があげられる。すなわち，経済状況の考慮がなされないことから，集団内で
より優位な人びとが制度の恩恵に与り，特に必要とされる貧困層の人びとへ
の割り当てが実現できていない現状がある。また，カースト単位での資格付
与となることから，かえって人びとのカースト意識を強化してしまうという

側面もある。実際に，各種のカースト団体がOBCの認定を求めて活発なロビー活動を行っている姿をみることができる。

OBCにおいては，経済状況を加味する必要性を考え，同カテゴリー内に「クリーミー・レイヤー（Creamy Layer，上澄み階層）」といわれる範囲基準が設けられ，特に高収入の層については，留保制度の資格の認定外と定められている。1993年の制度開始当初は，世帯年収10万ルピー以上が該当層とされたが，年々基準が上昇し，2017年時点においては80万ルピー以上が認定外として設定されている。

(2) 別なるカテゴリーの主張へ

不可触民（Untouchable）とされる人びとは，長く，厳しい被差別・被抑圧の状況におかれてきたが，これまで，さまざまな呼称によって指し示されてきた。特に差別的な呼称であり，浄・不浄観念およびケガレ観との関係から名指される「不可触民」という名は，代表的に流布していると考えられる。ただし，インド憲法においては「不可触性（Untouchability）に基づく差別」が廃止・禁止されており（第17条），公的に不可触民という呼称を用いることは，法的にも倫理的にも不適当であることは確認しておく必要があるだろう。ほかには，時にヴァルナ制度ないしカースト制度との関係から，第5のヴァルナ，あるいは「アウトカースト（Outcaste）」と名指され，また前項に述べたように，施策の関係から行政用語として「指定カースト」という名称が付与された。別の観点からは，M・K・ガーンディーによる不可触民問題に対する取り組みから，「ハリジャン（Harijan，「神の子」の意）」との呼び名が拡がった。

上記のすべてが，基本的に他者からの不可触民に対する名付け，すなわち他称であるのに対して，1970年代以降，彼ら自身からの名乗りとしての呼称が登場してきた。それが「ダリト（Dalit，「被抑圧者」の意）」である。次節において改めて取り上げることになるが，この呼称は，不可触民解放運動において，抑圧されてきた者たちからの主張として，また幅広い被抑圧層の連帯を企図して，登場したものとなる。広義には，趣旨に従って被抑圧層全体

を指すが，狭義には特に元不可触民を指し，現在においては，主として狭義において用いられている。

被差別民においてみられる，こうした自身（自集団）の歴史的・社会的状況を熟考した新たなカテゴリー名の主張は，広く不可触民全体にみられるだけではなく，個々のカースト集団においても認められる。そこには，社会・経済的状況の変化に伴わない，変わらぬ周囲からの蔑視や侮蔑的処遇などがあると考えられる。都市部に移住して低位カーストと読み取られる名前から改名し，新たな生活を送る人びと，あるいは，ダリトとの名乗りに代表的にみられるように，自己の被差別性を前面に出して主張し，社会的地位の改善・解放運動に取り組む人びと。過去からの連続性と，現在・未来の方向性を考えるにあたっての相違はあるが，いずれも，敬意を受けて平等に生きるべき自己という強い観念をみることができよう。

(3)　カテゴリーとアイデンティティの齟齬

一方，前項で述べたような被差別民たちの自己主張にもかかわらず，やはり変わらぬ周囲の目も否定できない状況がある。ここに，自己意識・自己主張としてのアイデンティティと，他者からの認識枠組みであるカテゴリーとの間の齟齬を認めることができる。ここでは，ヒンドゥー教から仏教に改宗した不可触民の事例と，不可触民の自叙伝に書かれた名乗りをめぐる状況から考えてみたい。

不可触民制のゆえんを，カースト制度や大本たるヒンドゥー教に認め，差別的宗教と捉えるヒンドゥー教から脱して，平等主義を標榜する仏教へと改宗する不可触民の人びとが，インド独立以降，漸進的に増加している。こうした「改宗仏教徒」たちは，自身を仏教徒であると任じ，仏教儀礼を行いつつ日々を送っている。たとえば挨拶の場面において，ヒンドゥー教の神の名を称することになる「ラーム，ラーム」から替わって，「ナモ・ブッダイ（崇敬すべきブッダ）」との挨拶言葉が使われている。また，折々で三帰依五戒を唱えるなど，努めて仏教的な生活を送っている姿を認めることができる（舟橋 2014）。

しかし，周囲のヒンドゥー教徒たちにとって，彼らは依然「不可触民カースト」であり，その認識も対する振る舞いや態度も，大きく変わることはない。むしろ，従来の当然視されてきた厳しい関係性の差異と比して，被差別民たちの強い自己主張と社会的地位の変容に反感を覚え，より過酷な態度をみせることすらある。ここには，平等を希求して宗教と生活の改変に努めている改宗仏教徒と，宗教の変更など意に介さぬように差別的処遇を続けるヒンドゥー教徒の間の齟齬をみてとることができる。

　もうひとつは，とある不可触民の自叙伝からである（Valmiki 2003）。ヴァールミーキという姓をもつ著者は，この名が明示するように，不可触民カーストのなかでもより下層に位置付けられる清掃人カーストの出身である。著者自身は高学歴を有する著名な詩人であり文芸評論家であるが，特に高学歴の不可触民に多くみられるように，カーストを推測させる名前を変えることが多いなか，この著者は頑なに「ヴァールミーキ」を名乗ることにこだわっていた。またそのことをめぐって，しばしば家族や妻とも諍いが生じていた。

　あるときヴァールミーキは，妻とともに列車に乗って旅行先からの帰途にあった。彼らの近くには裕福そうな家族が座っており，自然に打ち解けた両家族の間で会話が弾んでいた。しかし，不意にカーストを尋ねられ，答えを躊躇する妻をおいてヴァールミーキは自身のカースト名を明言した。その答えに対するもう一方の家族の反応は非常に重いものであり，両家族間の会話は完全に途絶えてしまった。ここには，自負心を強くもって名乗る夫と，最悪の事態を予期して口をつぐむ妻，そして妻の予期通りの反応を示す人びとが認められる。変化を求め，期待する不可触民と，やはり変わらぬ周囲の人びととの齟齬を，ここにもみることができる。社会変容に伴って，新たな自己意識を得て強く自己主張する被差別民たちと，それに対して反感や怖れを感じ，変わらぬ認識でもって応えようとする人びとの間でのせめぎあいが，各所でみられるのが現状であると考えられる。

4 つながる――社会運動と多彩な声

(1) 声をあげる人びと

　第2章（歴史）において記されているように，インドをはじめとする南ア
ジアの国々の多くは，イギリスの植民地支配から，運動によって独立を果た
した。このように，社会のあり方の変容・変革を求める術を，声をあげて運
動を起こすことに求める土壌が，南アジア社会にはあると考えることができ
る。前節で取り上げた不可触民たちからも，変わらぬ周囲に打ち勝つよう
に，より強い運動を組織する様相をみてとることができる。そしてそれは，
不可触民に限った話ではなく，社会的マイノリティやサバルタンとされる被
抑圧民一般についていえることである。本項では，いまいちどインドの不可
触民に焦点を当てて，彼らにみられる社会運動の姿を紹介したい。現代イン
ドの社会変容のうねりは，不可触民をはじめとする「下からの」異議申し立
てと主張に大きな要因があると考えられるからである。

　不可触民による社会運動を跡付けるにあたって，B・R・アンベードカル
（Bhimrao Ramji Ambedkar, 1891～1956）という人物に触れずにおくことはで
きない。M・K・ガーンディーのハリジャンに関わる運動に代表されるよう
に，アンベードカル以前の運動は，主として不可触民解放運動というかたち
で，啓蒙的な上位カーストの人びとが対象としての不可触民を救うという構
図をとっていた。しかし，アンベードカル以降は，不可触民自身が自ら運動
を主導し，問題解決をめざして活動を展開する様態に変わっていった。先述
した自称での名乗りを受けて，ダリト運動と総称されるかたちである。

　アンベードカルは，マハーラーシュトラ州の不可触民（マハール）カース
トの家に生まれ，苦学ののち奨学金を得てアメリカとイギリスに留学して，
コロンビア大学（米）とロンドン大学（英）にて博士号を取得するという稀
有な高学歴を得た人物である。インド帰国後は，不可触民の政治・経済・社
会的地位の上昇を目的として，強力に運動を先導した。不可触民解放の方針
に関してガーンディーと激しく対立するなど，上位カースト主導の運動に幻

減し，ヒンドゥー教の枠内での解放に限界を感じたアンベードカルは，『マヌ法典』の焼き捨て（1927年）やヒンドゥー教棄教宣言（1935年）を経て，1956年10月にはついに仏教への改宗を行う。また，独立インドの憲法起草委員会委員長を務め，ネルー内閣の法務大臣を務めるなど，政治的にも活躍した（山崎 1979）。現代インドにおいて，不可触民たちにとって「バーバーサーヘブ（偉大なる父祖）」として強い崇敬の的となっている所以である。

　以下では，アンベードカルに強い影響を受け，彼の後継を自認して展開した（あるいは展開している）運動を2つ紹介したい。ひとつは，ダリトという自称の発端となった「ダリト・パンサー（Dalit Panther）」による運動である（Contursi 1993）。ダリト・パンサーは，その名から分かるように，アメリカ黒人運動組織である「ブラック・パンサー」の強い影響を受けて，1972年，ボンベイ（ムンバイー）において設立をみた。中心となったのは不可触民の青年知識人層であり，アンベードカルの思想を軸として幅広い被抑圧層の連帯を提唱し，時に過激な闘争も辞さない姿勢で社会変革を志向した。ダリトという自称の広範な普及とともに，特に若者を中心に大きな支持を集めたが，主要な指導者間の運動理念の不一致などを理由として，1974年末には2つの党派に分裂した。その後はさらなる分派をみながら，統一的で活発な運動としては徐々に終息していくかたちとなった。また，当初の幅広い被抑圧層の連帯というもくろみも，不可触民中心の運動というかたちでの限定された展開となった。第1節で述べたような，カーストを基盤とする集団性の強さゆえの限界とも捉えられよう。

　いまひとつは，運動から政党に展開したものとなるが，「大衆社会党（Bahujan Samaj Party, BSP）」である（堀本 1994）。カーンシー・ラーム（Kanshi Ram, 1934〜2006）という人物が創始した，後進層のための労働者組織を母体として，1984年，「大衆，多数者（バフジャン）」のための政党を標榜して設立されたのがBSPである。北インドを中心に，不可触民を強力な支持基盤として大きく展開したBSPは，カーンシー・ラーム亡き後はマーヤーワティー（Mayawati, 1956〜）女史を党首として，数度にわたってウッタル・プラデーシュ州の政権を担うなど，政界における存在感にはきわめて

大きなものがある。しかし，より広い連帯を企図して行われたバラモンや上位カーストとの連携は，結果的に，これまでの支持基盤たる不可触民の人びととの離反を招き，党勢の失速に至った。ここにも，社会的属性を乗り越える困難が表れていると考えられよう。

(2) 社会を変える運動——地域や属性を超えて

前項にて，不可触民による運動を代表的に取り上げたように，インドにおいては，宗教的属性やカーストを基盤とした社会的属性を軸とした集団によって，社会問題が提起され，社会運動が展開していく様相を多く認めることができる。換言すれば，各集団に固有の個別的問題が公に表出され，集団の成員を動員するかたちで運動が行われていく。また，前項の事例にて確認されたように，そうした属性や個別性を超えることは容易ではなく，運動は個別的で局所的なものに留まる傾向がある。

しかし一方，地域や属性を超えて，幅広い人びととの問題関心を引き寄せながら，多様な人びととの参加を与りつつ展開する運動もみられうる。以下では，2010年代に起こった代表的な運動を2つ紹介したい。

ひとつは，あまりにも衝撃的なできごとをもとに起こった運動である。2012年12月のある夜，インド社会を震撼させるきわめて凄惨な事件が起こった。帰宅途中の女子大学生が，乗車した民営バス内にて6人の男性から集団で激しい性暴行を受け，のち路上に放り出され，最終的に命を落とすに至ったのである。事件の数日後から，首都デリーを中心に，数多くの人びとが男女を問わず集い，事件に強く抗議し，被害女性の回復を祈った。祈りが届かず被害女性死去の報が届いた後は，インド各地で追悼の集会が催され，多くの人びとがロウソクを手に集まり，深い哀悼の意を表し，さらに，迅速かつ正当な裁判と，社会における女性の安全のための早急な施策を求めた。

この事件は，連日メディアで大々的に取り上げられ，各界から多くの追悼と抗議の声があがったことから，社会全体として，女性に対する性暴力の問題が強く議論されることとなった。結果，異例ともいえる迅速な裁判と判決（獄中自死した1人と事件当時未成年だった1人を除いた4人への死刑判決）が下

り，施策においても，中央政府，各州政府とも，女性の安全確保のための各種取り組みを積極的に推進するに至っている。

　もうひとつは，社会運動家のアンナー・ハザーレーを中心に展開した汚職撲滅運動である（石坂 2015：2-3）（第5章「政治」も参照のこと）。2011年8〜9月に高まりをみせた運動は，オンブズマン制度の確立を要求したものであり，ハザーレー自身による「断食」という運動手法によって，ひとつの沸点を迎えた。旧来の政治家や政治体制に嫌気と不満を抱いていた若者を中心とした多くの人びとを動員し，インド各地でデモ行進が展開することとなった。ハザーレーを軸とした数名の運動主導者の間での相違も生じ，ハザーレー自身の参画はないものの，発展的に庶民党（アーム・アードミー党）の結成（2012年）をみて，デリーの政権において主たる位置を占めるにまで至っていることは，特筆すべき動向として捉えられよう。

　本章を通じて述べてきたように，多様性をその顕著な特徴とするインド，ひいては南アジア社会において，多様な社会集団がそれぞれに声をあげ，社会の変革を志向する様相を，多く認めることができる。それは，前項で取り上げた不可触民の運動を代表とする，マイノリティの人びとの動きであり，たとえば，本項で取り上げた，集団の属性を超えて展開される運動であった。州ないし国家レベルにおいても，インドにおける州独立要求運動（そのうちいくつかは，すでに新州設立に結実した）や，ネパールの民主化運動，パキスタンやバングラデシュにおける反軍政・民主化要求運動など，多くの事例を確認することができる。

　これらの事例から，社会を変革し，政治を推進・補完するものとして，社会運動を捉え，考えることができる。筆者自身，インドの人びとと接し，熱く運動に従事する姿をみるにつけて，人びとがその力を信じている，あるいは依拠しているきわめて強い思いを痛切に感じることが多々ある。その真摯さと熱気，信念は，ほかならぬ自分（たち）が社会をかたちづくっている成員であり，だからこそ，社会を動かす梃子も，まさにこの手の中にあるという強い認識に基づいているがゆえと考えられる。

参考文献

石坂晋哉　2015「インド社会運動の捉え方」石坂晋哉編『インドの社会運動と民主主
　　義——変革を求める人びと』昭和堂，1 -27頁。

金基淑編　2012『カーストから現代インドを知るための30章』明石書店。

小谷汪之　1996『不可触民とカースト制度の歴史』明石書店。

鈴木翔　2012『教室内カースト』光文社新書，光文社。

関根康正　1995『ケガレの人類学——南インド・ハリジャンの生活世界』東京大学出
　　版会。

田辺明生　2010『カーストと平等性——インド社会の歴史人類学』東京大学出版会。

橋本泰元・宮本久義・山下博司　2005『ヒンドゥー教の事典』東京堂出版。

藤井毅　2003『歴史のなかのカースト——近代インドの〈自画像〉』世界歴史選書，
　　岩波書店。

藤井毅　2007『インド社会とカースト』世界史リブレット86，山川出版社。

舟橋健太　2014『現代インドに生きる〈改宗仏教徒〉——新たなアイデンティティを
　　求める「不可触民」』昭和堂。

堀本武功　1994「独立後における『不可触民』の政治化」内藤雅雄編『解放の思想と
　　運動』叢書カースト制度と被差別民 3，明石書店，337-365頁。

山崎元一　1979『インド社会と新仏教——アンベードカルの人と思想〔付〕カースト
　　制度と不可触民制』刀水歴史全書 3 ——歴史・民族・文明，刀水書房。

デュモン，L　2001（1966）『ホモ・ヒエラルキクス——カースト体系とその意味』
　　田中雅一・渡辺公三訳，みすず書房。

Contursi, J. A. 1993. Political Theology: Text and Practice in a Dalit Panther
　　Community. *The Journal of Asian Studies* 52（2）: 320–339.

Nabhi's Board of Editors（complied and edited）2004. *Brochure on Reservation and
　　Concessions for Scheduled Castes, Scheduled Tribes, Other Backward Classes,
　　Physically Handicapped, Ex-Servicemen, Sportsmen and Compassionate
　　Appointments.* New Delhi: Nabhi Publications.

Srinivas, S. M. 1995（1966）. *Social Change in Modern India.* New Delhi: Orient
　　Longman Private Limited.

Valmiki, O. 2003. *Joothan: A Dalit's Life.* Translated by A. P. Mukherjee, Kolkata:
　　Samya.

Wiser, W. H. 1936. *The Hindu Jajmani System: A Socio-Economic System
　　Interrelating Members of a Hindu Village Community in Services.* Lucknow:
　　Lucknow Publishing House.

●読書案内●

『ホモ・ヒエラルキクス──カースト体系とその意味』
　　　　L・デュモン，田中雅一・渡辺公三訳，みすず書房，2001年
　　　　西洋の個人主義社会との比較を念頭に，インド社会にみられるカースト
　　　　体系について，「階層的人間」という観点から広範に論じた大著。のち
　　　　のカーストをめぐる議論の端緒となった「浄・不浄」概念など，多くの
　　　　論点が提示されている。

『南アジアの文化と社会を読み解く』鈴木正崇編，慶應義塾大学出版会，2011年
　　　　南アジア各国の文化と社会，宗教などについて，幅広く紹介・解説が行
　　　　われている。慶應義塾大学東アジア研究所の連続講義を基にしているこ
　　　　とから，初学者にもなじみやすい内容となっている。

『インドの社会運動と民主主義──変革を求める人びと』
　　　　石坂晋哉編，昭和堂，2015年
　　　　インドの民主主義に影響を及ぼし，時に補完するものとして社会運動を
　　　　捉え，多くの具体例からその意味と意義についての分析・考察がなされ
　　　　ている。社会運動の幅と深度について考える手がかりとなる。

観光

拡大するインド人の観光需要

中條暁仁

　インドは自然・文化両面で多くの観光資源に恵まれており，その優位性は高く評価されている。日本人に馴染みのある観光地としては，首都のデリー，世界で最も美しい霊廟と称されるタージ・マハルのあるアーグラー，ピンクシティと呼ばれるジャイプルが挙げられるであろう。また，ボードガヤーなどの仏教遺跡，エローラやアジャンターの石窟寺院群など，インドには世界遺産が2837件（文化遺産2829件，自然遺産7件，複合遺産1件）登録されており（2019年2月時点），世界各地から多くの観光客が訪れている。

　そのインドでは，長らく観光とは外国人観光客の来訪を意味していた。しかし，近年の経済発展に伴う中間層の増加は国内観光の需要を拡大させている。一定の余暇時間を有した中間層は観光を消費する大きな存在となっており，彼らの動向はインドにおいても大きな関心事となっている。

　インド人の国内観光客数は，統計を取り始めた1991年以降，増加の一途をたどっている。国内観光客に人気なのは，アーンドラ・プラデーシュ州やウッタル・プラデーシュ州，タミル・ナードゥ州などである。人気の観光地が外国人観光客と異なるのは，インド人と外国人の旅行目的の違いが影響していると思われる。インド国立応用経済研究所（NCAER）が2002年に実施した調査からインド人の旅行目的をみると，最も多いのは冠婚葬祭に関わる家族や親族への訪問などの「社会的目的」であった。

　インド人の海外渡航も急速に増加している。1991年に194万人であった海外渡航者は，2000年には441万人，2008年には1086万人と1000万人を超え，2010年には1298万人に達している（いわゆる出稼ぎやビジネス・商談など含む）。訪問先としては，クウェートをはじめシンガポール，タイ，アメリカ，マレーシアが人気であり，中国とサウジアラビアがこれに続く。地理的に近い中東や東南アジアが中心であるが，大きな経済圏を有するアメリカや中国へ向かう人びとも多い。

　このように，インドでは経済構造の変化に伴って観光客が急速に増加しており，観光は本格的な発展を期待されている産業なのである。

第9章

ジェンダー

政治化される身体

松尾瑞穂

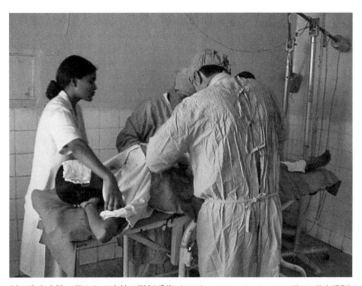

村の公立病院で行われる女性の避妊手術（2004年，マハーラーシュトラ州にて筆者撮影）

ジェンダーとは，社会的に構築された性差や性役割のことを指す。それは，地域や時代によって異なるが，南アジア社会においては，家父長的な社会を背景にして，女性は私的領域にとどまり，母や妻としての役割を担うことが期待されてきた。ここで，ジェンダーと身体を切り離して考えることはできない。女性の身体は，ジェンダーにまつわる権力やイデオロギーが競い合う場として論争の的となってきたのである。本章では，女性の身体をとりまくさまざまな事象を取りあげ，その歴史的展開や，今日にいたる葛藤を論じる。ジェンダーの強制という暴力を「自然化」させる見えない力がどのように働くのかを，学んでいこう。

1 南アジア社会のジェンダー

(1) 多様なジェンダー

　南アジア社会におけるジェンダーと聞いて，どんなことを想像するだろうか。男性や女性に関わること，たとえば色とりどりのサリーを着た女性や，ブルカとよばれる全身を覆う黒いコート姿のムスリム女性，あるいはひげを蓄えターバンを巻いた男性などをイメージするかもしれない。ジェンダーとは，一般に，文化的，社会的に構築された性差や性役割のことを意味している。生物学的性差であるセックスと，文化的性差であるジェンダーとの区別は，自明で自然なことのようにみえる性の違いや性役割が，あくまでも社会的，歴史的に形成されたものであることを認識し，主張するために用いられている。どんな服を着るべきか，どのように振る舞うべきか，ということもジェンダーに深く関わっている。

　南アジア社会は，一般的に家父長制的な傾向をもち，男性や女性はこうあるべき，といったジェンダーにまつわる規範が強い傾向にある。そうした社会では，特に女性は嫁として，妻として，母としての役割が期待され，その規範から逸脱することは社会的な制裁を伴うことがある。2014年に史上最年少でノーベル平和賞を受賞した，マララ・ユスフザイさんの襲撃事件は，その一例である。2012年にパキスタンでイスラーム過激派によって当時15歳だったマララさんが襲撃されたのは，女性に教育は必要ないとする過激派の主張に反し，女子教育の重要性を訴えたためであった。イギリスに搬送され一命をとりとめたマララさんは，現在では女子教育を推進する国際的な活動を行っている。女性から教育の平等な機会を奪うのも，ジェンダー差別のひとつである。

　ここまで極端でなくとも，南アジアでは多くの女性が，中等教育以上の学校教育を受けることが難しい状況にある。それは，女性に高い教育を求めない社会の価値観のほかに，村に学校がない場合，女性が交通機関に乗って遠い町まで通学することが困難だという現実的な問題も大きい。男性の付き添

いのない女性に対するハラスメントや嫌がらせ，暴力は，大きな社会問題となっている。同様に，南アジアでは識字率や教育水準，健康寿命で男女の間には大きな差があり，国連開発計画（UNDP）による，人間開発における男女の格差を示すジェンダー不平等指数（GII）をみると，モルディヴ76位，スリランカ80位，ネパール118位，インド127位，パキスタン133位と概して低い順位にとどまっている（ちなみに，日本は22位）。

　人がより良き生を実現するための諸機能の選択可能性や自由度の幅のことをケイパビリティ（潜在能力）という。もとは経済学者のアマルティア・センが提唱した概念で，GDP（国民総生産）などの経済指標だけではとらえられない，社会の発展や開発をはかる指標として注目されている。ここでいう良き生を実現するための諸機能には，衣食住，教育，保健のほかに，自尊心や幸福度などの心理的満足が含まれる（セン 2018）。南アジア社会では，女性であるという理由だけで，このケイパビリティが奪われているといえる。

　その一方で，これらの国々は，これまで多数の女性の国家元首を輩出しており，議員に占める女性の割合も20％近くを占めているという一面があることも忘れてはならない。世界で初めての女性国家元首は，スリランカのシリマヴォ・バンダーラナーヤカ首相であり，そのほかに，インドのインディラ・ガーンディー，パキスタンのベーナズィール・ブットー，バングラデシュのシェイク・ハシナといった政治家が続く。だが，彼女たちは，すべて首相であった父の跡を継いで政治家となった世襲政治家である。南アジアでは，元首級の女性政治家は，父や夫の後継者であるパターンが多く，この場合はジェンダーよりも，血筋が優先されているといえるだろう。

　とはいえ，近年ではダリト（被抑圧者層）出身のインドのマヤワティ（ウッタル・プラデーシュ州首相）や，ママタ・バナジー（西ベンガル州首相），映画界出身のジャヤラリター（タミル・ナードゥ州首相）のように，かならずしも血筋に還元されない有力な女性政治家も多数登場している。インドでは，一定数の議席を女性に割り当てる留保制度があり，女性の政治進出は日本以上に目覚ましいものがある。カーストや宗教，階級，居住地域（都市か農村か）などの多様性が大きな南アジアでは，社会的要因を抜きにしてジェン

ダー状況を一枚岩的に論じることは難しい。

(2) 論争の的としての女性の身体

ジェンダーは政治経済，社会，歴史，宗教といったさまざまな領域に関わっているが，その際に，具体的な論争の的となるのが女性の身体や身体性に関わることである。そこでは，身体は単なる物理的な実体というだけでなく，さまざまなイデオロギーや主義主張が競われ，異なる集団や個人を結びつける結節点として現れるのである。

その例として，聖なる空間からの女性の排除という問題を取り上げよう。南アジアに限らず，世界には何らかのかたちで聖域への女人禁制を敷いている宗教が多い。卑近な例では，大相撲の土俵に女性が入ってはいけない，というルールがよく知られているだろう。日本では霊山における女人禁制という歴史もあり，それは女性のケガレ（血穢）や宗教的戒律，女性蔑視思想，家父長制の強調といった点から正当化されてきた（小林 2016）。

インドで近年大きな問題となっているのが，南インド・ケーララ州のシャブリマラ寺院をめぐる論争である。シャブリマラ寺院は奥深い原生林の山頂に広がる寺院群で，本尊は南インドを中心に広く信仰されているアイヤッパンである。アイヤッパンは配偶神をもたない男性のブラフマチャリ（独身）の神格であり，インドでは一般にそうした神は厳格な性質をもつとされる。その最たるものが女人禁制であり，シャブリマラ寺院では伝統的に女性の参拝が禁止されてきた。1991年にはケーララ州高裁も「10歳以上，50歳以下の女性」は同寺院への参拝を禁止する判決を出している。

インドでは，経血は，死や産褥血（出産の際の出血）とともにケガレのひとつとされ，月経中の寺院への参拝や儀礼，祭礼への参加は固く禁止されている。厳格な家庭では，月経中の女性は料理せず，食事も家族とは別々に取り，寝室を分けるという習慣がある。それは，血のケガレが家族に及ぶのを防ぐためである。10〜50歳という月経の有無を根拠とするこの判決に明らかなように，まさに生殖する身体である女性は，ケガレに関わる存在として，聖なる空間から排除されてきた。

それに抗議の声を上げたのが，女性活動家たちである。彼女たちは，女人禁制はジェンダー差別であり，女性への人権侵害にあたるとして，デモ活動や寺院境内への強行突入，最高裁への提訴などを行ってきた。女性活動家が，寺院は公共空間であり，性別を理由とする排除は信仰の自由という憲法が保障する人権の侵害であると主張するのに対し，寺院側は，寺院はトラスト（信託団体）によって管理された私有財産であり，許可のない強行突入は私有地への無断侵入に値すると主張した。このように，シャブリマラ問題は，女人禁制はジェンダー差別なのかということのほか，宗教施設を公的空間とみなすのか，それとも私的空間とみなすのかということにも関連している。世間の注目を集めるなか，インド最高裁は2018年9月に，特定年代の女性の排除は「違憲」とする判決を出し，生殖年齢にある女性の参拝禁止を撤廃するよう寺院側に勧告した。まさに女性活動家の勝利といえる判決結果であった（その後再審請求がなされ，2019年12月時点でも女性の入境は停止している）。

　ただ，ジェンダーという点から興味深いのは，排除されてきたはずの一般の女性たちから，「待つ準備がある（ready to wait）」キャンペーンと名づけられた，大規模な抗議活動が沸き上がったことである。この運動では，女性たち自身が，自分たちは男女平等に参拝する権利よりも，閉経して参拝ができるようになるのを待ち，アイヤッパン信仰にまつわる伝統を尊重することを選ぶと主張した。ソーシャル・メディア（SNS）を中心に全インド的に広まったこの運動は，すべての女性が「伝統」とされる慣習に逆らってまで寺院に参拝したいと考えているわけではないという，最高裁判決に対する反論でもあった。特に，ジャーナリストを中心とした都市のエリート層の女性活動家が，信仰心からではなく，ジェンダー差別という社会問題を浮き彫りにするために女人禁制の問題を取り上げていることに違和感を覚えている人が多かったということもある。このように，南アジアという社会においても，「同じ女性」という安易な同一化は避けるべきで，女性も決して一枚岩ではないことは再度強調しておきたい。

2　植民地主義とジェンダー

(1)　公的領域と私的領域

　インドでは，長く女性は私的領域にとどまるべきで，公的領域から排除される存在としてみなされてきた。政治学者のパルタ・チャタジーは，このジェンダーと公的／私的領域の再編成には，イギリスによる植民地支配が大きく関わっているとする（Chateerjee 1993）。植民地支配下において，公的領域は政治的にも軍事的にも，そして物質的にも西洋近代の圧倒的な優位性のもとに置かれることになった。支配権を喪失したインド人男性にとって，唯一優位性を保つことができたのが私的領域であり，私的領域はインドの伝統や精神的な崇高性を表す場として再構成されていった。その伝統や精神性を体現するのがインド人女性であり，彼女たちは公的領域から切り離され，あくまでも私的領域に閉じ込められることになった。

　植民地下で英語教育を受け，西洋的価値観を学んだインド人エリートたちは，次第に，自治を勝ち取るためにはインド社会の因習を打破し近代化することが必要であると主張するようになり，インド社会を自省的に捉える人たちも出てきた。彼らは啓蒙主義思想の影響を受け，インド社会の改革に乗り出した。宗教のみならず，慣習や生活の近代化へと関心を広げた社会改革の焦点となったのが，まさしく女性だった。19世紀の西洋では，社会は野蛮から文明へと推移するという，社会進化論という考え方が広まっていた。それは，西洋による植民地の拡大とそれに伴う他者との出会いのなかで，異社会をどのように位置づけるかという世界認識ともつながっていた。西洋人からみたアフリカやインドなどの後進性は，社会の発展段階が異なっているためとされ，ヨーロッパを頂点とする直線的な進化の途上に位置づけられた。それゆえ，西洋による植民地支配を通した適切な介入によって未開社会を文明化させる，いわゆる「文明化の使命」が，植民地を正当化する言説として登場することになった。この社会進化論では，生業や宗教形態，婚姻形態などさまざまな指標が進化の段階を測る物差しとして想定されたが，社会におけ

る女性の地位の高低が，そうした社会の文明度の指標のひとつとされたのである。

(2)　サティー論争

　イギリスと一部のインド人社会改革者らによって特に問題視されたのが，サティー（寡婦殉死）という習慣である。サティーは，夫に先立たれた妻が，生きたまま夫の遺体とともに焚死するという行為である。サティーをした女性は，夫に貞操を誓った理想的な妻とみなされ，サティーマーター（女神）として崇拝の対象となる。もとはバラモンやクシャトリヤなど高カーストの間でみられた習慣だったが，19世紀のベンガル地方では増加の一途をたどり，1823年には575人の女性がサティーを行ったと報告されている。

　イギリス東インド会社の間接統治下にあったインドでは，1829年に当時のベンガル総督であったウィリアム・ベンティンクによって「サティー禁止法」が出され，全インドでサティーは禁止された。サティーは女性の殺人であり，犯罪だとされたのである。これに強い反発を示したのが，ヒンドゥーの男性たちである。彼らは，ヴェーダを引きながら，サティーは古代より続くヒンドゥーの伝統であり，宗教的信仰に基づく女性たちの尊い自発行為だとし，それを一律的に禁止することは，女性によるサティーをする権利を奪うものである，と主張した。イギリスによるサティー禁止は，宗教や伝統文化という私的領域への不当な介入であるとみなされ，反発を引き起こした。

　このように，ヒンドゥーの男性からは女性の美徳として讃えられたサティーであるが，実際には，寡婦をめぐる社会状況を見逃すことはできない。高位カーストの間では，寡婦は再婚が禁止されており，婚家において厳しい生活を送ることを余儀なくされていた。夫に先立たれた寡婦は不吉な存在として疎まれ，吉祥な儀礼や祭礼などの場から排除されることが多い。典型的には，寡婦は剃髪し，装飾品もつけず，白か茶色のサリーを着て，質素な生活を送り，そのセクシュアリティも厳しく管理されていたのである。したがって，子どもがいない若い寡婦の場合，寡婦として辛い生活を生きながらえるよりも，名誉あるサティーを選んだほうが望ましいという，現実的な

問題があったとされている。そうした社会的要因を無視し，インド女性による自発性に満ちた高潔な行為であると主張されたサティーは，私的領域における支配的地位を維持しようとするヒンドゥー男性にとっては，インドの精神文化を表す象徴とみなされたのである（粟屋 2003）。

(3)　暴力と伝統のはざま

　植民地期に禁止されたサティーをめぐる論争が再び活発化したのが，1987年にラージャスターン州のデーオラーラという村で，当時18歳だったループ・カンワルというラージプート女性が，夫の葬儀に際してサティーを行ったことによる。彼女が18歳という若さだったこと，結婚生活はわずか半年にすぎなかったこと，19世紀ではなく20世紀の半ばを過ぎた時代にサティーという風習が存続していることなどが，サティーはすでに消え去ったものだとみなしていた人びとに大きな衝撃を与えた。

　その一方で，彼女のサティーを見るために5000人もの人が，死後12日後の儀式には30万人もの人が村に詰めかけた（田中 2009）。これは，サティーに対する人びとの関心や信仰が依然として高いことを示している。警察はループ・カンワルの義父をサティー幇助の罪で逮捕し，翌年には政府も「サティー（防止）委員会法」を制定し，サティーの禁止，サティー幇助の禁止，サティーを礼賛する行為の禁止などを定めた。そうした法制化を契機に，サティーは宗教という名のもとの女性への暴力であるとするサティー反対派と，ヒンドゥーの伝統に基づく女性の自発的行為で，憲法で保障された信教の自由に当たるという擁護派の論争が繰り広げられることとなったのである。新旧のサティー論争において共通して争点となるのは，寡婦となった女性が夫とともに荼毘に付されるという行為の主体性をめぐる問題である。サティーを擁護するヒンドゥー主義者や伝統主義者は，サティーは「理想的な」妻による夫への最後の献身行為であり，彼女の自発性に基づく（だからこそ尊い）行為であると主張するのに対し，フェミニストや人権活動家は，寡婦の生きづらさや困難さ，周囲の圧力などが女性をサティーに向かわせるのであり，その行為は真の意味での主体性とはいえない，と反論する。両者

の議論は平行線をたどり，交わることはない。

　だが，その議論から抜け落ちているものは，当の女性が何を考え，どのような背景から自らサティーを実践したのかという，女性自身の「声」である。サティー擁護派も反対派も，彼女の主体性の有無について語り，彼女になりかわって女性を表象／代表するが，当事者である彼女の「声」が聞かれることはない。このことを痛烈に批判したのが，ガヤトリ・スピヴァクである。スピヴァクは，『サバルタンは語ることができるか』（1998）において，中心的な知の権力から経済的，政治的に排除され抑圧された人びと（サバルタン）は，知の権力構造において，主体性を否定され，無言を強いられた存在であると述べる。彼ら／彼女たちの言葉は，つねに誰かによって代弁されてきた。スピヴァクは，サバルタンになりかわって表象／代表する知識人や，サバルタンの声を拝聴するとしながら，結局はそれを周縁へと位置づけてきた知のあり方そのものに批判を向ける。サティーをめぐる議論は寡婦＝サバルタンの主体というものに対する鋭い示唆を投げかけるのである。

　同様に，人類学者の田中雅一は，サティーをはじめとする女性への構造的な暴力をめぐる二項対立的な立場（擁護派による手放しの称揚と，反対派による犯罪化）を超え，「哀しみの共同体」という概念を提唱する。それは，「サティーを行う女性の身体的な痛みと夫を亡くしたことの悲哀に注目」し，その苦しみを共有する人びとの，偶発的で重層的な結びつきである（田中2012：62-63）。身体的痛みや悲哀という，本来であれば言葉にならない感情への共感は，声なき声を聴こうとするひとつの試みとなるはずである。

3　生権力——闘争の場としての身体

(1)　国家と家族計画

　南アジアは，約13億4000万人（2019年）の人口を有するインドを筆頭に，人口の多い地域である。人口の多さは，経済市場の大きさや労働人口の多さという点からみるとメリットとなるが，資源の有限性や希少性が主張されるようになった第二次世界大戦後の開発体制においては，経済開発や資源の分

配という点からデメリットとしてみなされてきた。18世紀末のイギリスの経済学者トーマス・マルサスは，人口は幾何級数的に増加するが，食料は算術級数的にしか増加しないため不均衡が生じ，結果として飢饉，貧困，悪徳がもたらされるとし，人口抑制の重要性を訴えた。これを引き継ぎ，19世紀末〜20世紀にかけて出現した新マルサス主義者は，避妊によって産児制限を行うことを主張し，特に貧困層の出生数を抑制することによって，貧困の改善や社会の発展がもたらされると説いた。

　インドは1952年に，世界に先駆けて人口抑制に取り組むべく，家族計画（family planning）を開始した。国家による産児制限というと中国の「一人っ子政策」が有名だが，インドでも家族計画は国家開発計画の中心課題に置かれてきた。グンナー・ミュルダールは『アジアのドラマ』のなかで，発展途上地域では西洋社会と比べると，国家政策によって人口抑制を意図的に行うことができること，避妊するための技術的手段を広範に利用できることが特徴であるという（Myrdal 1968: 1522-1523）。

　避妊方法には，コンドーム，ホルモン注射，経口ピル，子宮内避妊具（IUD）など，さまざまな方法があり，当初は子宮内避妊具や皮下埋め込み式インプラントが主流であった。農村では，保健所（PHC）や，その上の郡レベルに位置づけられる農村病院（RH）において，避妊具の無料配布や挿入などを行ってきた。だが，コンドームや経口ピルなどは，利用が個人に任され政府が管理しきれず，また子宮内リングやホルモン注射は副作用が問題となったり，継続が難しかったりしたことから，人口抑制の効果がみえないとされた。これらに代わり，1970年代後半から中心となったのが，女性への卵管結紮や男性への精管切除といった避妊手術である。1975〜77年にインディラ・ガーンディー政権時に発動された非常事態宣言下においては，半強制的な男性への避妊手術が実施され，都市の貧困層や農村を中心に数百万人に及ぶ男性が手術を受けている。警察や役所，学校を動員し，半強制的に避妊手術キャンプへ連れていき手術を受けさせるという強硬な手段は，強い反発を引き起こした。特に，男性への避妊手術は，精力の喪失をもたらすと信じられ，男性性に関わるものとして，以後長らくタブー視されることとなっ

た。77年の総選挙でガーン
ディー率いる国民会議派が敗れ
政権が交代すると，強権的で
ターゲット中心主義の家族計画
への反省から，妊産婦死亡率や
乳幼児死亡率の改善のように母
子保健の向上をめざす包括的な
家族福祉（family welfare）へと
政策が転換された。それによっ

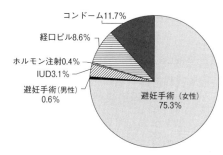

コンドーム11.7%
経口ピル8.6%
ホルモン注射0.4%
IUD3.1%
避妊手術(男性)
0.6%
避妊手術（女性）
75.3%

図9-1　インドの家族計画手法の割合（2015年）
出所：Family Planning 2020.

て，産児制限は国家の強制ではなく，あくまでも母子保健の一環として夫婦
が選択するものとされるようになった。と同時に，男性への手術がタブー化
するなかで家族計画の対象はほぼ女性へと焦点化され，家族計画は「女性が
行うもの」という図式が，行政的にも社会的にも広まることとなった。

　今日行われているすべての避妊方法のうち，75％が女性の避妊手術であ
り，男性のそれは0.6％にすぎない（図9-1）。インド全国では，年間およ
そ400万人の女性が避妊手術を受けている（Ministry of Health and Family
Welfare 2016-2017）。さらにいえば，女性が受ける避妊手術は，開腹手術が
必要で，術後は1週間程度入院しなければならないのに対して，男性の手術
は数時間で帰宅でき，身体的負担が大きく異なる。劣悪な医療環境での手術
は感染症などの後遺症をもたらし，死亡する例も後をたたない。だが，なぜ
男性に対する手術は「タブー」として忌避されるのに，女性の場合はそうは
ならないのだろうか。避妊具が手に入らない農村地域では，負担の大きな避
妊手術が女性にとって生殖をコントロールするほぼ唯一の選択肢となってい
る。女性の身体は国家や家父長的な社会が管理する対象として捉えられ，男
性以上に権力の操作や介入を引き受けてきたと考えることができる。

(2)　選択的女児中絶

　そうした家父長的な社会の身体介入が，最も先鋭的に表れているのが，選
択的女児中絶という問題である。男系出自の強い社会では，男児が家に残

り，土地や財，系譜を継承していくが，女児は早い段階で他家へ嫁ぎ，婚家の一員となる。息子のいない家族は，経済的困窮だけでなく，祖先祭祀や家系の断絶，ヒンドゥー教徒にとっての望ましい宗教的責務の不履行という宗教的困難にも直面する。さらには，通常女性は婚姻にあたって，多額のダウリー（持参財）を用意しなければならない。この金額はインドの経済発展とともに年々増大しているうえに，これまでそうした習慣のなかった低〜中間カーストのコミュニティにも拡大がみられ，女児の親の負担はきわめて大きくなっている。

　かつてのように家族計画が浸透しておらず子どもを何人も産んでいた時代ならいざしらず，少産が理想として広まっている今日では，インド全国平均の合計特殊出生率（TFR）は2.4まで減少し，地域によっては1.9〜2.1と人口置換率へ下がっている。同時に拡大する男女の性比は，大きな社会問題である（図9-2）。0〜6歳の幼児に限ると，平均で男児1000に対して女児919と，人口全体と比べても大幅に低下している。さらに，年々この差は拡大している。このように幼児の性比が開くのは，何らかの人為的な選択が働いているためとみるのが妥当であり，選択的女児中絶はそのひとつである。

　インド政府は，医師などの医療従事者が，出産前の超音波検査によって知りえた胎児の性別を明かすことを禁じる「着床前および出生前診断技術法

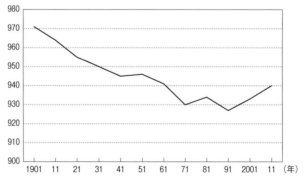

図9-2　男性1000に対する女性の比率

出所：2011年インド・センサス。

（Pre-Conception and Pre-Natal Diagnostic Techniques Act 1994）」（以下，PNDT法）を策定し，選択的女児中絶に対応しているのが現状である。この法律は1996年から施行されているが，その後の生殖技術の発展に伴い，出生前だけでなく，着床前の受精卵の段階でも性別選択が可能となったため，それらも禁止する修正条項を2003年に追加している。出生前検診は，「遺伝子異常，代謝異常，染色体異常その他，先天性奇形，伴性劣性遺伝病を発見するため」に限定されており，胎児の性別判断に用いることは禁止されている。違反者は，禁固刑または罰金刑に問われることとなっている。だが，実際には抜け道が多数あり，金銭の授与により性別を教えてもらう人も多いとされる。

　国立家族健康調査（National Family Health Survey; NFHS-3）（2005-2006）によれば，マハーラーシュトラ州の調査対象となった3966の妊娠件数のうち，超音波検査を受けたのは1855件（46.8％）であり，検査後に中絶を選択したのは，妊婦が20歳以下の場合は5.6％，20〜34歳の場合は7.3％，35歳以上の場合は19.2％である（IIPS 2008）。最初の子どもが女児である場合，第二子は有意に女児比率が低下する結果となっている（男児1000に対して女児836）（Jha et al. 2011）。超音波検査の普及と中絶は避けがたく結びついているため，選択的女児中絶は，病院へのアクセスや医師の欠如のために産前検診を定期的に受けることが難しい農村の下層世帯というより，医療化が進む都市部の中間層の間で広まっている。また，女児中絶はこうした統計にあらわれる認可された病院で行われるというよりは，より危険性の高い，非合法に行われる中絶に人びとを向かわせていると考えられる。選択の余地がなくたくさんの子どもを産んでいたかつてとは異なり，いまでは家族計画や医療化が進み，医療技術が容易に手に入るようになったため，自分たちが望む人数，性別の子どもを選択することが可能となった。それによって，かえって伝統的なジェンダーの価値観が表面化し，先鋭化されているのだ。

4 資源になる身体とグローバル化

(1) 商品化される妊娠，出産

　女性の身体が資源化され，商品として消費される例として，近年大きな問題を引き起こしているインドの商業的代理出産をあげておきたい（松尾2013a）。代理出産とは，何らかの理由で子どもを妊娠・出産できない女性に代わって，第三者の女性が妊娠・出産を引き受けることをいう。かつては，代理母となる女性が人工授精などの手段を使って妊娠する人工授精型代理出産が行われていたが，今は体外受精によって作られた胚を移植する，「借り腹」と呼ばれる体外受精型代理出産が中心である。大きな違いは，前者は子どもと代理母の女性の間に遺伝的つながりがあるのに対して，後者の場合は両者の間に遺伝的つながりはないということである。そして，依頼人夫婦の妻が卵子を提供できない場合には，ドナー卵子を用いることになるが，その場合は卵子の提供者（遺伝的母），妊娠・出産する女性（産みの母），そして依頼人（育ての母）など，複数の「母親」が子の出産に関わることになる（図9-3）。

　代理出産をめぐっては，身体的・精神的負担の大きな妊娠・出産を第三者に任せることに対する倫理やリスクが議論されているが，商業的代理出産の場合は，それに加えて，子どもという人間の命の誕生に関わることが金銭を介した契約によってやり取りされることに対する問題がつきまとっている。日本をはじめとして，無償・有償にかかわらず代理出産を禁止・制限している国は多いが，国によって法規制のレベルや程度には差異があり，ある国では禁止されている行為が，別の国では許可されている（あるいは規制がなく野放しになってい

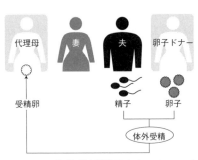

図9-3　体外受精型代理出産のイメージ
出所：筆者作成。

194

る）場合もある。そうなると，自国では望む治療を受けられない人たちが，国境を越えて治療を受けに行くという現象が起こりえる。こうした医療行為や治療を目的とする移動を「メディカル・ツーリズム」といい，グローバルな経済構造のなかで，国境を越えた人の移動をもたらしてきた。

　インドでは2017年に商業的代理出産が禁止されるまで，約15年にわたって代理出産はさかんに行われていた。統計も登録もないため正確には不明だが，2012年の新聞記事によれば，インドでは2万5000人以上の子どもが代理出産で出生しているとされる（Desai 2012）。代理出産の依頼者は，当初は欧米など先進国の住民やアジア，アフリカの富裕層を中心としていたが，のちにはインド国内の中間層へとシフトした。インドでこれほどまでに商業的代理出産がさかんとなった理由として，インドでは法制化がなされておらず，法的に問題にならなかったことがある。また，先進国の代理出産と比べて半分から3分の1程度という費用の安価さや，代理母や配偶子（精子，卵子，受精卵）ドナーとなる人の多さ，英語を話す専門職である医師の多さもあげられる。すなわち単純化すれば，富裕な女性が安価な費用で貧困女性の身体を利用するという，女性による女性の「搾取」という南北問題を指摘することができる。

　代理母となる女性の多くは，都市に住む低所得層であり，夫はオート・リキシャー（三輪自動車）やトラックの運転手，日雇い労働などの不安定な仕事に従事している。また，寡婦も多い。インドの都市部では，労働者階級の女性の仕事は，家事労働者（いわゆるお手伝いさん）や工場労働者などに限られているうえ，賃金も低い。それに対して，代理母の場合はうまくいけば50〜60万ルピー（2019年3月のレートで約80〜100万円）の報酬が得られる。これは彼女たちの世帯年収の10倍近くにあたる。我が子に教育を受けさせたい，借金を返したい，生活を向上させたいなど，経済的な理由が代理母を引き受ける最も大きな動機である。だが，経済的な動機だけでこの現象を理解することは不十分である。

(2) ケアワークとジェンダー

　代理出産で有名なグジャラート州のある病院では，代理母は，代理出産契約を交わした後，体外受精をし，運よく着床し妊娠が確認されると，以後，出産までの約9ヶ月を「代理母の家」とよばれる病院の所有する施設で生活することが推奨されている。代理母の家では，施設のスタッフや多数の代理母との共同生活を送る。この病院で代理母になることができるのは，20〜35歳で子どものいる女性と決められている。彼女たちは依頼人の子を妊娠すると，自分の子どもと離れて暮らすことを余儀なくされることになる。原則として，夕方の決められた時間に家族と会うことができ，場合によっては時間外に家族と会ったり家に帰ったりすることも可能であった。病院がこうした施設を作るのは，代理母のプライバシーを守るためや，代理母の生活や健康を管理して，特に海外など遠方に住む依頼人に安心感を与えるため，さらには代理母の逃亡などのリスクを抑えるためなど，さまざまな理由が考えられる。

　依頼人には，代理母が妊娠期間中，適切な検査や医療行為を受けているか，適切な食事を摂取しているか，労働や性交などの危険な行為をしていないかを見守る／監視することができるため，施設での滞在は好意的に捉えられてきた。代理母の側からは，共同生活のストレスや家族と離れることの不安など否定的な意見も聞かれるが，一方で，この施設に滞在している間は人生で初めて労働から解放され，十分な食事をし，自由な生活を送ることができたと話す人もいる。代理母としての妊娠・出産は報酬を目的とした契約によるものであるにもかかわらず，彼女たちは「労働」とみなしていないのである。

　それでは，代理母は代理出産をどのようにみなしているのだろうか。第一にあげられるのが利他的行為である。インドでは，女性は生殖能力があることが称揚され，母となることが強く規範化されているため，子どもができない不妊女性は，寡婦と同様，不吉で不幸な存在だとみなされることが多い（松尾 2013b）。そのため，代理母として子どもを産むことができる女性たちは，自らの生殖能力を子どものいない夫婦のために用いるということに対して，肯定的な意味づけを与えることが可能である。不妊の夫婦にとって子ど

もは最大の「贈り物」となるのであり，カルマ（因果応報）という考え方のもと，そのような善行をなせば将来自分によいことが返ってくると信じられている。したがって，たとえ報酬を受け取っていても，子どもを産み与えるという行為は，彼女たちにとっては利他的行為となる。そこには，経済的に優位な女性による貧困女性の「搾取」という構図に対して，生殖能力をもつ代理母たちのジェンダー的優越性という，ねじれた関係性をみることができる。

　第二に，代理出産がより広義の「ケアワーク」として成り立っているということがあげられる。先に述べた病院では，代理母経験者が，代理母の家や病院のスタッフ，代理出産で生まれた子どもの世話係（baby care taker），卵子提供者や代理母を斡旋するエージェント（care taker とよばれる）といった，代理出産から派生したさまざまな仕事に就くことが多い。このように代理母は長期的なケアワークの雇用を得ることも可能なのである。彼女たちにとって，妊娠・出産をした後の生活こそが重要である。代理出産は，生殖医療にまつわるケア産業を生み出しており，そこでは女性の身体だけでなく，他者のケアというジェンダー化された行為も商品化されている。

⑶　政治化される身体

　以上，本章では南アジアのジェンダーについて，特にインドを中心にその身体性に着目して論じてきた。ジェンダーの社会的構築性を見えなくするのが，「自然」の領域に属するとされてきた身体の存在である。生殖器や生殖機能は，最も分かりやすく男性／女性を分ける徴として作用し，人にジェンダーを強制するとともにそれを自然化してしまう。出産や月経という女性の生殖する身体は，まさにその身体性によって，それに関わる血のケガレや月経のタブー，中絶，避妊の女性偏重といった社会的行為を，自明で所与のものへと横滑りさせてしまう。「産む性」である女性の身体は，その暴力性を時に引き受けてきたといえる。

　本章で取り上げたサティーや家族計画，選択的女児中絶，商業的代理出産という事例は，南アジアにおいて，つねに女性の身体が，それぞれに思惑をもつさまざまなアクターたち——国家，植民地政府，宗教，カースト集団，

病院，家族・親族など——が闘争を繰り広げる場となってきたことを示している。ジェンダー化された身体は，同時に政治化されているのだ。

　だが，女性だけでなく，男性の身体にも男性性が刻まれている。男性にも，暴力や精力で表され評価されるようなジェンダー化された身体性に違和感をもちながら生きる場合があるだろう。南アジアでは，ヒジュラと一般によばれてきた「第三の性」をもつ人びとが，トランスジェンダーやLGBTとして新しいステータスをもち，政治やNGOとの連携を深め，市民権を得つつある。南アジア社会におけるジェンダーのあり方が変わるにつれて，身体のあり方も変容する可能性がある。

参考文献

粟屋利江　2003「南アジア世界とジェンダー——歴史的観点から」小谷汪之編『現代南アジア5　社会・文化・ジェンダー』東京大学出版会，159-190頁。

小林奈央子　2016「ロマン化されたイメージに抗う——日本における霊山と女性行者」川橋範子・小松加代子編『宗教とジェンダーのポリティクス——フェミニスト人類学からのまなざし』昭和堂，43-68頁。

スピヴァク，G・C　1998『サバルタンは語ることができるか』上村忠男訳，みすず書房。

セン，A　2018（1999）『不平等の再検討——潜在能力と自由』池上幸生他訳，岩波書店。

田中鉄也　2009「ポストコロニアル・インドにおける『伝統』の変革——現代のサティー論争におけるアシス・ナンディと批判的伝統主義」『宗教研究』83（1）：71-92。

田中雅一　2012「名誉殺人——現代インドにおける女性への暴力」『現代インド研究』2：59-77。

松尾瑞穂　2013a『代理出産の文化論——インドにおける出産の商品化のゆくえ』風響社。

松尾瑞穂　2013b『ジェンダーとリプロダクションの人類学——インド農村社会の不妊を生きる女性たち』昭和堂。

Chatterjee, P. 1993. *The Nation and Its Fragments Colonial and Postcolonial Histories*. Princeton, N. J.: Princeton University Press.

Desai, K. 2012. India's surrogate mothers are risking their lives. They urgently need protection, *The Guardian* 2012 June 5，https://www.theguardian.com/commentisfree/2012/jun/05/india-surrogates-impoverished-die（2019年3月10日閲覧）

Family Planning 2020. https://www.familyplanning2020.org/india（2019年3月10日閲覧）

IIPS（International Institute for Population Sciences）2008. National Family Health Survey 3（NFHS-3），Ministry of Health and Family Welfare, Government of India, https://dhsprogram.com/pubs/pdf/FRIND 3 /FRIND 3 -Vol 1 ［Oct-17-2008］. pdf（2019年3月10日閲覧）

Jha, P. et al. 2011. Trends in selective abortions of girls in India: analysis of nationally representative birth histories from 1990 to 2005 and census data from 1991 to 2011. *The Lancet* 377（9781）: 1921-1928.

Ministry of Health and Family Welfare, Annual Report 2016-17, Government of India, https://mohfw.gov.in/annual-report-department-health-and-family-welfare--2016-17（2019年3月10日閲覧）

Myrdal, G. 1968. *Asian drama: an inquiry into the poverty of nations v. 2 .* New York: Pantheon.

●読書案内●

『インド　ジェンダー研究ハンドブック』
　　粟屋利江・井上貴子編，東京外国語大学出版会，2018年
　　インドにおけるジェンダーについて手軽に網羅的に知ることができる解
　　説書。豊富な中項目，小項目に目を通すだけでも役に立つ。

『ポストコロニアルを生きる──現代インド女性の行為主体性』
　　常田夕美子，世界思想社，2011年
　　ジェンダーをめぐる公共領域と私的領域や，主体性についての議論を押
　　さえるのに最適。オディシャーの村での調査を踏まえた民族誌。

『ジェンダーとリプロダクションの人類学──インド農村社会の不妊を生きる女性たち』
　　松尾瑞穂，昭和堂，2013年
　　ジェンダーを考えるうえで生殖の話は避けて通ることはできない。女性
　　の身体をめぐる複雑なポリティクスについて，人びとの暮らしの場から
　　もっと学びたい人に。

スポーツ
スポーツ文化と社会の発展

竹村嘉晃

　南アジアには，クシュティやボリ・ケラといったレスリングをはじめ，カバディやジル・ダンダなどの民俗スポーツが古くから伝承されている。一方，18〜20世紀初頭にかけてのイギリスによる植民地支配は，南アジアのスポーツ文化に大きな影響を及ぼしている。特に西欧の近代スポーツが教育の一環として植民地期のパブリック・スクールに導入されたことで，クリケット，テニス，ホッケー，バドミントンなどが広く伝播し，なかでもクリケットは南アジアで絶大な人気を誇るまでに発展した。

　クリケットを除くと，南アジアのなかで特定のスポーツが世界レベルにまで発展した国は少ない。南アジア出身の選手が国際スポーツ競技会で好成績を上げられない背景には，社会構造的な問題があるといわれる。ユニセフの報告によれば，南アジアでは約4割の子どもが慢性的な栄養不良にあるといわれ，スポーツや運動を楽しむ生活環境にある子どもは決して多くない。またスポーツの人気がクリケットに集中していることから，クリケット以外の競技に関心をもつ青少年が少なく，高校や大学における早期のスポーツ教育が十分に機能していないといわれる。くわえて，中産階級以上でも多くの家庭では学業を最優先する傾向にあり，「スポーツをするくらいならば会計士の勉強を始める方がよい」と考える親も未だに少なくないという。

　こうしたなかで，経済発展を背景に大国化が進む現代インドでは，大規模な国際スポーツ大会の誘致を目指す機運が高まり，国をあげてスポーツ振興に取り組み始めている。2016年のリオデジャネイロ・オリンピックで好成績を上げたインド人選手（全員女性）に注目が集まるなか，彼女たちに共通してみられた問題は，男子選手ばかりがもてはやされる社会的風潮に対峙しなければならず，政府や関連団体から環境・経済面での支援が得られないことであった。スポーツとジェンダーをめぐるこうした現状は，2018年に公開されたインド映画『ダンガル　きっと，つよくなる』のなかでもつぶさに描かれている。南アジア社会においてスポーツ文化の裾野を拡げる取り組みは，社会構造を変えることにもつながる大きな課題といえるだろう。

第10章

教育

高まる教育熱の行方

茶谷智之

家の前の石段で勉強するスラムの子どもたち（2015年，デリーにて筆者撮影）

　学校に通えない子どもの数が大幅に減少した南アジア。今注目されているのは，これ
まで教育機会が制限されてきた人びとの間でも教育に熱い期待が寄せられているとい
うことである。この章では，こうした教育熱の渦中にあるインドの主要なトピックを
紹介しながら，南アジアの教育の今を読み解く基本的な視点について学んでいきた
い。

1 インドの教育制度の出発点——教育格差

(1) 読み書きできない大衆と英語を操るエリート

1947年に独立したインドには，大きな教育格差がすでに存在していた。英語で高等教育を受けた少数のエリートがいる一方で，読み書きのできない大多数の人びとがいたのだ。その格差が生まれた背景には，イギリス植民地期に構築された近代学校教育制度の影響がある（押川 2013）。植民地政府がめざしたのは，すべての子どもに教育を提供することではなく，統治者であるイギリス人と現地の人びととの仲介ができるインド人エリートを養成することであった。

その目的を達成するための教育制度は，カーストや階層，宗教やジェンダーといった特定のカテゴリーと結びつくこととなる。基礎教育から高等教育まで英語を教授言語とする学校に通えたのは，都市部の中間層やヒンドゥー上位カーストである。また，地域の有力カーストや上層農民は，現地語で基礎教育を受けて英語を教授言語とする高等教育にたどり着くことができた。一方，大多数の下位カーストやムスリム，女児は，教育制度から取り残されることとなった（押川 2016）。この近代学校教育制度と特定のカテゴリーが結びついて生まれた教育格差が，独立後のインドにおける教育制度の出発点となっている。

このように南アジアの教育というと，特に学校に通えない子どもに注目が集まる傾向がある。2014年にノーベル平和賞を受賞したパキスタン出身のマララ・ユスフザイが，武装勢力の脅威にさらされながらも訴え続けたような女子教育の窮状は確かに存在する。しかし，南アジア全体の不就学児童（初等教育就学年齢）の数は，3310万人（2000年）から980万人（2012年）と大幅に減少している（UNICEF South Asia 2015）。

筆者がフィールドワークを行ったインドのスラム地域では，子どもが学校に通うことはいまや当然で，むしろ勉強に追われる子どもの姿がある。「今の子どもたちは遊ぶ時間がない。学校に行って帰ってきたら塾に向かう。私

たちが子どもの頃は，塾どころか学校にも行かず，いつも路地や空き地で遊んでいた」。スラムに住む老人男性が筆者に語った言葉が，学校に通えない子どもばかりに目を向けていては，今の南アジアを十分に理解することができないことを物語っている。

(2) 英語を学ぶ価値

英語を操る少数エリートがいた独立後のインドでは，英語を学ぶことが将来の可能性を広げるものとして重視されてきた。それは試験制度に組み込まれるかたちで脈々と受け継がれ，今もなお人びとの間に浸透している。

インドでは，州によって教育年限区分に多少の違いはあるものの，前期初等教育（第1～5学年）と後期初等教育（第6～8学年）からなる義務教育，前期中等教育（第9～10学年）と後期中等教育（第11～12学年）に分かれる。第10学年と第12学年修了時に試験が実施され，この修了試験には，子どもだけではなく，保護者の関心も集まる。その試験結果が高等教育への進学に大きな影響を与えるからだ。そのため不正が行われることもある。2015年にビハール州で行われた第10学年修了試験では，家族や友人など大勢の人びとが4階建ての学校の壁を登って，窓から生徒のカンニングを助ける不正が公然と行われた。その様子は新聞やインターネットを通じて世界中に報道された。

この修了試験の特徴は，全国で標準化されていないことである。エリート私立学校の生徒が主に受験する試験は，要求される学力水準が高く，英語により行われる。一方，中央政府が管轄する学校に通う生徒が主に受験する試験は，英語とヒンディー語で構成される。また，各州政府の学校に通う生徒が受験するのは各州の主要言語で行われる試験である。

これらの中等教育修了試験を突破した若者は，主に3年間の大学やカレッジ（学士課程）に進学する。現地語を教授言語とする大学やカレッジもあるが，優秀な人材を輩出している高等教育機関では，英語で授業を受け，学ぶことが当然となっている。基礎教育段階から英語を教授言語とする私立学校に通っていた子どもの方が，上位の高等教育機関への進学においても有利で

あることは間違いない。インドでは，それぞれの学校がめざす中等教育修了試験に応じて，基礎教育段階から中等教育段階につながる形態の学校が別系統のものとして組織される傾向にある。基礎教育段階からいかなる教授言語の学校に入学するのかが，その後の進路を左右するのである（佐々木 2011）。

このように現代インドの教育を理解するためには，植民地期から存在した教育格差とそれを土台としてつくられた制度との関係を捉えていく必要がある。

2 高等教育の変容——少数エリートから大衆へ

(1) 留保制度が生む軋轢

植民地期からインドが抱えていた教育格差という難題。それを克服するには，階層やカーストなどにかかわらず，均等な教育機会を保障する標準化された教育制度が必要であっただろう。しかし，独立後のインドが選んだのは，理工系の技術者や政府エリートを養成するための高等教育を重視した教育制度であった。インド工科大学（Indian Institute of Technology: IIT）やジャワーハルラール・ネルー大学（Jawaharlal Nehru University）など国立高等教育機関の設置を推進し，重工業を中心とした計画経済に基づく発展をめざした。

とはいえ，1960年代末にはその発展が行き詰まり，多くの農民や低カーストの人びとに不満が募った。独立期から一党優位を維持してきた国民会議派の政治体制も崩れ始め，下位階層の人びとがさまざまな政党を通じて政治的な発言力を増大させた。そこで選挙に勝つためには，庶民からの得票につながる政策が必要となり，留保制度への関心が高まったのである。

留保制度とは，特定のカテゴリーに対し，議席や公的機関の雇用等において人口比に応じた優先枠を保障する制度である。憲法に明示された特定のカテゴリーとは，カースト外に位置づけられる指定カースト（Scheduled Castes: SC），先住民族を含む部族集団にあたる指定部族（Scheduled Tribes: ST）である。

教育分野での留保制度は，高等教育機関への入学優先枠の保障に加え，1970年代から入試基準の緩和や，空枠を翌年度に持ち越す仕組みの導入によって強化された。それにより，高等教育から排除されてきた人びとのなかから新たな教育機会を獲得する人が出始め，より広い層の人びとが教育に対して期待を抱くようになった（押川 2013）。

　しかし，それは同時に特定カテゴリーの間に軋轢を生み出す。2006年にIIT などの国立高等教育機関に，その他の後進諸階級（Other Backward Classes: OBC）を対象とした留保制度を導入することが発表されたが，それに対して上位カースト出身の医学部生らによる抗議運動が起こった。その導入は上位階層の人びとにとって教育機会の制限を意味したからだ。最終的には，医学部や工学部などの入学枠の27％を OBC 対象の優先枠とすることとなったが，留保制度を通して入学できたとしても，入学時点のカースト間の階層構造が，学業成績や中退などに影響を残すともいわれている（小原 2008）。

　もっとも，近年は OBC という区分よりも，家庭の経済状況の方が学歴形成に大きな影響を与える面もある。2000年代に入って高等教育の民営化が進展すると，公立以外の多くの高等教育機関に自己資金コース（Self-financing Course）が設けられた。学費は通常の約10倍に及び，高額な学費を負担できる階層の人びとにとっては優先的に入学できるコースとなっている（牛尾 2016）。

(2)　名ばかり高等教育機関

　高等教育を取り巻く様相は，21世紀に入り，さらに大きく変化した。そのひとつが高等教育機関の急増である。独立当時，20大学と500カレッジであった高等教育機関の数は，1990年代まで緩やかに増加していた（Stolarick 2014）。しかし，2000年代中頃からその数が急増し，2018年には903大学と3万9050カレッジまで増加している。それに伴い，学生数は3600万人を超え，18歳から23歳の約4人に1人が高等教育まで進学する時代となった（GOI 2018）。

こうした高等教育の大衆化が進む背景には，教員や看護師等の専門職養成校や被提携カレッジの存在がある。政府が設置・認証権限を有する大学は，設置に手間がかかり，急増する教育ニーズに即座に対応することはできない。そこでそのニーズの受け皿となったのが，比較的容易に設置できる専門職養成校や被提携カレッジである。大学のなかには数百から1000校以上のカレッジと提携する機関があるものの，大学がそれらのカレッジを適切に管理しているかどうかは定かではない。施設が古く使い物にならない，授業料を支払っていても授業がなく，進級・卒業試験しか実施されない機関が存在するという報告もある（佐々木 2018）。このように，専門職養成校や被提携カレッジの急増は，教育や学校の質の問題をはらみながら，高等教育の大衆化に寄与しているのである。

⑶　高学歴失業者の問題

　こうして高等教育の大衆化が進むインドでは，高学歴失業者の増加が問題となっている。少数エリートのみが高等教育まで進む時代にも高学歴失業者は存在していたが，いま問題となっているのは，その数が増えていることである。

　一般的に，インドでは文系よりも理系の卒業生が就職に強いと考えられていた。たとえばIT分野では，専門知識や技能があれば，いかなるカーストや階層の人にも雇用機会が開かれていると思われてきた。しかし実際には，学歴や英語能力を有する上位／中位カーストの都市中間層の人びとが就職している傾向にある（Upadhya 2007）。

　一方，高学歴失業者の問題は，非エリート校卒業者の問題，高等教育就学者の４割を占める文系学生の問題であるという見解もある。それらの多くの若者がめざすのは公務員である。公務員は手厚い福利厚生や，仕事が楽であるといった理由で人気が高い。しかし，中央政府の公務員試験は約100万人が応募し，最終合格者は約1000人という狭き門となっている（村山 2017）。

　こうした競争に敗れた「中途半端な高学歴者」を待ち受けているのは，先のみえない雇用状況である（佐々木 2011）。安定した仕事を得られない若者

は，学歴を積み重ね複数の学士号を取得し，不安定なパートタイムの仕事を
しながら，安定した職を得るまで「待つ」という選択をせざるをえない状況
にある（ジェフリー 2014）。

このように少数エリートに限定されていた高等教育の機会が多くの若者に
開かれつつある。その一方で，高等教育機関の実態や教育内容，卒業後の雇
用状況という観点から高等教育の大衆化は注意深く捉える必要がある。

3　基礎教育の変容——学校の多様化と階層化

(1)　機能不全に陥る公立学校

高等教育の大衆化が進んだ背景のひとつに基礎教育の普及がある。1950年
憲法では，その施行から10年以内に，6歳から14歳までのすべての子どもに
無償義務教育を提供することが定められた。しかし，それはあくまで努力目
標でしかなかったため，多くの子どもが学校に通っていない時代がつづい
た。

基礎教育普及への取り組みが本格化したのは，1980年代からである。国家
教育政策（1986年）は，基礎教育の普及を第一の課題として掲げ，その後，
NGO のノンフォーマル教育から正規学校への移行を促す仕組みや，前期初
等教育の普及に焦点を当てた県初等教育プログラムが実施された。また，ユ
ネスコの万人のための教育（1990年）や国連のミレニアム開発目標（2000年）
という国際的な動向を背景に，2000/01年度から中央政府主導の基礎教育普
遍化キャンペーン（Sarva Shiksha Abhiyan）が実施された。学校数を増やす
だけではなく，無料で教科書や給食を提供することによって学校に通うこと
を促す取り組みが積極的に行われるようになった。

こうした改革が進む一方で，特にインド北部の教育普及の遅れは顕著で
あった。教育に対する親の無関心や児童労働など，従来その原因は教育を受
ける側にあると考えられてきた。しかし，北部の農村にある公立学校を対象
に行われた抜き打ち調査（1996年）では，黒板や校庭，水道設備やトイレが
ない，教員が学校に来ない，授業が実施されていないなど，教育を提供する

写真10-1　公立学校に向かうスラム住民の親子（2014年，デリーにて筆者撮影）

側の問題が明らかにされた（The Probe Team 1999）。

　その10年後に同地域で行われた抜き打ちの再調査（2006年）では，トイレや水道設備の設置率の上昇，温かい給食の提供などの点で改善がみられたものの，教員の無断欠勤や遅刻，授業の未実施が再び見受けられた（De et al. 2011）。特に教員の問題は北部に限られたことではない。主要20州の農村部の公立学校で実施された調査では，平均25％の教員が欠勤し，学校に来ていた教員の約半数は授業をしていない状況であった（Kremer et al. 2005）。

　こうした機能不全に陥る公立学校の状況を変えるためには，政府主導の上からの改革だけではなく，学校制度をめぐる意思決定過程への利用者の参加を制度的に保障することによる下からの改革との相互補完的な取り組みが必要であると考えられた（Drèze and Sen 2002）。実際に，無償義務教育法（The Right of Children to Free and Compulsory Education Act, 2009: RTE法）によって，学校運営に関して教員や保護者が議論を行う学校運営委員会の設置が進められている。

(2)　エリート私立学校にも無償教育枠

　基礎教育段階の学校は，政府機関が運営する公立学校と民間組織が運営する私立学校に大別できる。公立学校は，主に中央政府，州政府，地方自治体

が運営する学校に細分化される。一方，私立学校は，教員の給与などの公的補助を受ける被補助私立学校と，まったく補助を受けない無補助私立学校に区分できる。無補助私立学校のなかには，政府から認可を受けた認可学校と無認可学校がある。

　多額の入学金や授業料が必要となる無補助私立学校では，ホテルのような外観の学校に冷房の効いたスクールバスに乗って通う子どもの姿がよくみられる。なかには英語以外にフランス語や日本語などを学ぶ機会が用意されているエリート学校もある。

　こうした学習環境の整った私立学校と比べて，公立学校は平均的な学習習熟度が相対的に低いため，上位階層の人びとの公立離れが進んでいる（辻田2017）。その傾向が顕著となるなかで，RTE法は社会経済的弱者層にも私立学校への入学可能性を広げる仕組みを導入した。私立学校には学校運営基準を満たしたうえで行政当局から認可を取得することに加え，入学定員の少なくとも25％を無償教育枠として，社会経済的弱者層に割り当てることが義務づけられた。筆者が調査中に，数千ルピーという授業料を支払う必要のある私立学校に無償で通う貧困家庭の子どもに出会うようになったのは，RTE法の施行が子どもの教育環境を大きく変化させている証左といえるだろう。

　しかし，社会経済的弱者層に該当していても，識字能力の乏しい貧困者にとって無償教育枠への応募手続は複雑で，弱者層の人びとが実質的に排除されている現実もある（Mehendale et al. 2015）。法律や制度が保障する教育機会と実態との間には大きな乖離が存在することを忘れてはならない。

(3) 低学費私立学校の拡大

　機能不全に陥る公立学校に子どもを通わせたくない。しかし，上位階層の子どもが通う私立学校は授業料が高額で通わせることができない。RTE法の無償教育枠には多くの希望者が殺到し，入学できる確率はかなり低い。それでも子どもには良い教育を受けさせたい。そう考える貧困層の教育ニーズに応えて拡大しているのが，低学費私立学校（Low-fee Private Schools: LFP学校）である。その名のとおり，安い授業料で通える無認可私立学校だ。

とはいえ，LFP 学校は無認可であるため公的補助がなく，そのうえ裁判所の判決や RTE 法施行のたびにその存続は危機に瀕した。それにもかかわらず LFP 学校が存続・発展したのは，授業料を支払う貧困家庭のほかにも，LFP 学校の経営者や教員，教育行政官や裁判官，認可私立学校の経営者たちの異なる利害や思惑，期待が交錯して，公教育を補う「影の制度」としての役割を果たしているからである（小原 2014）。

LFP 学校の登場に伴い，政府が公立学校を整備するよりも，LFP 学校を通して効率良く，安価に質の高い教育を実現できるという主張がなされた（Tooley and Dixon 2007）。しかし，LFP 学校を利用できる経済的余裕のある家庭は少数であるという指摘もある（Härmä 2011；辻田 2017）。また，公立学校の質に悩まされている人びとが私立学校に流れることは，公立学校が抱える問題を深刻化させる可能性がある（セン／ドレーズ 2015）。9 割以上の子どもが一般的な公立学校に通っているある貧困地域の現状に鑑みると（Tsujita 2009），基礎教育段階における私立学校への過度な依存は，劣悪な教育環境の公立学校にしか通うことのできない下位階層の子どものライフチャンスをさらに制限する恐れがあるといえる。

(4) 学校化社会と学校選択

2000年以降のインドの教育は，恵まれた教育環境の私立学校と機能不全の公立学校という構造で語ることはできなくなっている。同じ私立学校であっても LFP 学校とエリート私立学校との間には大きな格差がある。一方，一貫教育（第 1 〜12学年や第 6 〜12学年）を行う選抜制の公立学校が登場し，公立学校の間にも格差が生じている。なかには中等教育修了試験の成績が私立学校を上回る公立学校もあり，私立と公立の区分を超えて学校の階層化が進んでいる（押川 2010）。このほかに NGO や宗教団体が運営する学校などが，多様な立場の人びとの教育ニーズに応じて存在している。こうした多様な形態の「学校」が格差をもちつつ併存することによって，いかなる立場や階層の人びとも教育から排除されない学校化社会をつくりあげているのである（押川・南出 2016）。

とはいえ，居住する地域や家庭の経済状況，保護者の識字能力といった要因によって，誰もが公平に希望する学校を選択できるわけではない。また機能不全に陥る公立学校やLFP学校のように，選択した学校で行われる教育の質が保証されていない場合もある。今後は，実質的にどのような学習環境を選択できるのか，いかなる教育を受けることができるのかに注目する必要がある。

4　インドの現在——より良い教育を求める時代のなかで

(1)　政府の管理が進む幼児教育

　良い教育を求める動きは，就学前教育（Early Childhood Care and Education: ECCE）の分野まで拡大している。それに伴い，今最も大きな変化がみられるのは，政府の統合的乳幼児発達サービス（Integrated Child Development Services: ICDS）である。1975年に始まったICDSは，公立保育所を農村や貧困地域に設置し，栄養や健康，幼児教育などのサービスを統合的に提供する公共サービスである。しかし，公立保育所は長らく給食提供の場でしかなく，幼児教育が行われることはほとんどなかった（Rao 2005）。また，保育者が保育所に来ないため開所されないことも頻繁にあった（Gupta 2001）。

　もっとも，2000年代に入り先進諸国で幼児教育の重要性に対する認識が高まるなか，インドでもECCE改革が進められた（Shreeranjan 2018）。初のECCE政策（2013年）をはじめ，カリキュラムの枠組みや質基準が策定され，その変化は現場にも少しずつ影響を与え始めるようになった。

　筆者の調査地を例にあげると，保育者への監視が強化されている。たとえば，保育者の上司や同僚が閲覧できるSNSのトークグループが作成され，そのなかで「8月にある独立記念日，ヒンドゥー教やイスラームのお祭りのなかから1つか2つを選んで各保育所でお祝いをするように」といった指示が出される。加えて保育者には，行事の様子の動画や写真をグループ内で共有することが求められた。また，無断欠勤を防止するため，スマートフォンを使って現在の位置情報をSNSで送ることが保育者に義務づけられた。さ

らに，上司による抜き打ち監査は，登園記録などの記録簿だけではなく，幼児教育の内容まで及ぶようになった。そのため保育者は監査に備えて，子どもが描いた絵を保管したり，子どもにリズム遊びを完璧に覚えさせたりすることで教育成果を示せるように準備している。このように政府による管理の強化という新たな動きが，「良い」教育を求める全体的な動向のなかで見受けられるようになっている（茶谷 2020）。

(2) 公立学校で増加する非正規教員

公立学校における良い教育の実現に向けて，欠勤や授業放棄といった教員問題の解決は非常に重要である。教育の質を改善するため，政府は能力や意欲の高い教員を採用したい。しかし，正規教員の雇用は財政的に厳しい。

そうした苦悩を抱える州政府が1990年代中頃から採用し始めたのが，非正規教員である。特に2002年からは中央政府の補助金のもと，州政府は非正規教員の数を急増させた。正規教員よりも給与水準を低く設定し，短期間で安価に教員数を増やすことで，遠隔地や貧困地域などの不人気な学校への配置や，1人教員学校の解消などの効果が期待された（Kingdon 2007；辻田 2017）。

実際に，非正規教員の方が正規教員よりも欠勤率が低く，さらに非正規教員が配置された小学校の生徒の成績は，配置されていない学校の生徒と比較して高いという報告がある（Muralidharan and Sundararaman 2013）。しかし一方で，非正規教員は正式な資格をもっておらず，十分な訓練を受けていないことから，授業の質の保証に問題があるという指摘もある（セン／ドレーズ 2015）。教育の普遍化と質の保証を両立する難しさが，非正規教員をめぐる諸問題として立ち現れているのである。

(3) 教育を受ける意義の多様化

教育格差を抱えてスタートしたインドの教育は，学校に通えないことが問題であった時代から，より良い教育を求める時代に移り変わっている。その変化は特にこれまで教育制度から取り残されてきた層の教育熱の高まりとして顕著に現われている。その教育熱は，ただ漠然と良い教育を志向するので

はなく，身近にあるさまざまな学校のなかから，具体的な理由をもって特定の学校や教育環境を選択する姿として現われているのである（茶谷 2018）。

　貧困層の保護者が良い教育を求めて LFP 学校を選択するのは，その学校の認可状況や教員の資格の有無よりも，英語を教授言語としていることや，教員が一人ひとりの子どもに注意を払っていることに「良さ」を見出しているからだという（小原 2014）。

　また，子どもの教育に対する関心が低いと捉えられてきたムスリムは，子どもの性別に応じて教育の価値を見出している。貧困地域に暮らすムスリムの初等教育に対する意識調査によると，男子の場合，教育による将来的な経済的リターンへの期待よりも，男性社会でのさまざまな取引における読み書きや基礎的な算数の知識などの必要性という観点から，女子の場合は，良い結婚のためだけではなく，結婚後の女性の自立という観点から，教育の重要性が認識されている（Husain 2005）。

　さらに不就学児童として捉えられてきたストリートチルドレンにとって，NGO が実施するノンフォーマル教育を受けることは，正規の学校教育への移行という目的以上に，路上を離れ故郷の家族との関係性を再構築するという意義があると報告されている（針塚 2016）。

　このように教育熱の高まる現代インドでは，階層やカースト，宗教やジェンダーなどそれぞれの立場や属性に応じて，学歴のみに囚われない多種多様な「良い」教育が構想されている。一方で，その良い教育は実質的に限られた選択肢のなかで構想されている可能性もある。この両面に注意を払いながら，社会のなかで意味づけられる良い教育の中身に目を向けることが，南アジアの教育を読み解くひとつの鍵になると考えられる。

参考文献

牛尾直行　2016「チェンナイにおける SC/ST/OBCs 学生の学歴形成と教育制度」押川文子・南出和余編著『「学校化」に向かう南アジア──教育と社会変容』昭和堂，221-241頁。

押川文子　2010「『教育の時代』の学校改革──能力主義と序列化」『南アジア研究』22：394-404。

押川文子　2013「教育の現在——分断を超えることができるか」水島司編『激動のインド　第1巻　変動のゆくえ』日本経済評論社，59-93頁。

押川文子　2016「インドの教育制度——国民国家の教育制度とその変容」押川文子・南出和余編著『「学校化」に向かう南アジア——教育と社会変容』昭和堂，3-57頁。

押川文子・南出和余編著　2016『「学校化」に向かう南アジア——教育と社会変容』昭和堂。

小原優貴　2008「インドの教育における留保制度の現状と課題」『京都大学大学院教育学研究科紀要』54：345-358。

小原優貴　2014『インドの無認可学校研究——公教育を支える「影の制度」』東信堂。

佐々木宏　2011『インドにおける教育の不平等』明石書店。

佐々木宏　2018「高等教育政策」インド文化事典編集委員会編『インド文化事典』丸善出版，152-153頁。

ジェフリー，C　2014『インド地方都市における教育と階級の再生産——高学歴失業青年のエスノグラフィー』佐々木宏・押川文子・南出和余・小原優貴・針塚瑞樹訳，明石書店。

セン，A／J・ドレーズ　2015『開発なき成長の限界——現代インドの貧困・格差・社会的分断』湊一樹訳，明石書店。

茶谷智之　2018「貧困児童の教育機会をめぐる排除と包摂——デリー・スラム地域における希望と学校をつなぐ『協同』に着目して」『社会福祉学』59(2)：79-91。

茶谷智之　2020『依存からひろがる人生機会——インド・スラム地域の人間開発と「子育ての民主化」』春風社。

辻田祐子　2017「公立校における義務教育——基礎教育普遍化と私立校台頭のはざまで」佐藤創・太田仁志編『インドの公共サービス』アジア経済研究所，165-201頁。

針塚瑞樹　2016「インドにおけるノンフォーマル教育とNGO——デリー，ストリートチルドレンを対象とした教育実践と子どもの権利」押川文子・南出和余編著『「学校化」に向かう南アジア——教育と社会変容』昭和堂，197-220頁。

村山真弓　2017「インドにおける大学生の就職問題（特集インドにおける教育と雇用のリンケージ）」『アジ研ワールド・トレンド』23(4)：16-19。

De, A., R. Khera, M. Samson and A. K. Shiva Kumar 2011. *Probe Revisited: A Report on Elementary Education in India.* New Delhi: Oxford University Press.

Drèze, J. and A. Sen 2002. *India: Development and Participation.* Second Editon. Oxford: Oxford University Press.

Government of India 2018. *All India Survey on Higher Education 2017-2018.* New Delhi: Ministry of Human Resource Development.

Gupta, A. 2001. Governing Population: The Integrated Child Development Services Program in India. In T. B. Hansen and F. Stepputat (eds.), *States of Imagination: Ethnographic Explorations of the Postcolonial State.* Durham: Duke University Press, pp. 65–96.

Härmä, J. 2011. Low Cost Private Schooling in India: Is It Pro Poor and Equitable? *International Journal of Educational Development* 31(4): 350–356.

Husain, Z. 2005. Analysing Demand for Primary Education: Muslim Slum Dwellers of Kolkata. *Economic and Political Weekly* 40(2): 137–147.

Kingdon, G. G. 2007. The Progress of School Education in India. *Oxford Review of Economic Policy* 23(2): 168–195.

Kremer, M., N. Chaudhury, F. H. Rogers, K. Muralidharan and J. Hammer 2005. Teacher Absence in India: A Snapshot. *Journal of the European Economic Association* 3 (2 - 3): 658–667.

Mehendale, A., R. Mukhopadhyay and A. Namala 2015. Right to Education and Inclusion in Private Unaided Schools: An Exploratory Study in Bengaluru and Delhi. *Economic and Political Weekly* 50(7): 43–51.

Muralidharan, K. and V. Sundararaman 2013. *Contract Teachers: Experimental Evidence from India.* NBER Working Paper (19440) September.

Rao, N. 2005. Children's Rights to Survival, Development, and Early Education in India: The Critical Role of the Integrated Child Development Services Program. *International Journal of Early Childhood* 37(3): 15–31.

Shreeranjan. 2018 *Child Development and Nutrition: The Indian Experience.* New Delhi: Academic Foundation.

Stolarick, K. 2014. *India's Higher Education System.* Working Paper Series Martin Prosperity Research Institute, Toronto: University of Toronto.

The Probe Team 1999. *Public Report on Basic Education in India.* New Delhi: Oxford University Press.

Tooley, J. and P. Dixon 2007. Private Schooling for Low-income Families: A Census and Comparative Survey in East Delhi, India. *International Journal of Educational Development* 27(2): 205–219.

Tsujita, Y. 2009. *Deprivation of Education: A Study of Slum Children in Delhi, India.* Background Paper Prepared for the Education for All Global Monitoring Report 2010, Paris: UNESCO.

UNICEF South Asia 2015. Educate All Girls and Boys in South Asia: The Global

Out-of-School Children Initiative. http://allinschool.org/wp-content/uploads/2015/04/EducateAllGirlsandBoys-UNICEF_ROSA.pdf（2019年4月9日閲覧）.

Upadhya, C. 2007. Employment, Exclusion and 'Merit' in the Indian IT Industry. *Economic and Political Weekly* 42(20): 1863-1868.

●読書案内●

....

『インド地方都市における教育と階級の再生産──高学歴失業青年のエスノグラフィー』C・ジェフリー，佐々木宏・押川文子・南出和余・小原優貴・針塚瑞樹訳，明石書店，2014年
　　　高等教育にたどり着いたものの，思い描いた良い仕事に結びつかず，ただ「待つ」しかない下位階層の若者。地方都市に暮らす若者たちの姿から現代インドの教育と社会とのつながりを学ぶことができる。

『インドの無認可学校研究──公教育を支える「影の制度」』
　　　小原優貴，東信堂，2014年
　　　良い教育を求める貧困層の教育ニーズに応えて拡大する無認可の低学費私立学校。この公式統計にはあらわれることのない「影の制度」が，インドの公教育において果たす役割を検討している。

『「学校化」に向かう南アジア──教育と社会変容』
　　　押川文子・南出和余編著，昭和堂，2016年
　　　制度研究だけでは理解できない南アジアの教育の実態。インド，パキスタン，バングラデシュを主に取り上げ，教育制度と歴史，教育機会の拡大と学校形態の多様化，教育を通じたモビリティという観点から立体的に南アジアの教育を描き出す。

....

高齢者
変わる家族と老親扶養

中村沙絵

　人びとが目上の人の足もとにひざまづき，足に触れたり手を合わせたりしながら挨拶をする。年長者はこうべを垂れた相手の肩や頭をなで，その健康と幸福を祈る。南アジアでしばしば遭遇するこうした光景は，高齢者の社会的な地位を象徴的にあらわすものである。

　地域やエスニシティによって相続や同居に関する規範は異なるが，老親は子どもと同居するのが一般的で，高齢者の独居世帯は非常に少ない。老親は子どもに身体を与

仏教徒の高齢者は満月の日に村の寺院で受戒をして一晩を過ごす（2009年，スリランカ・アヌラーダプラ県の農村にて筆者撮影）

217

え，食糧や衣服，教育などを授けてきた敬われるべき存在とされる。老親のケアはその返礼として概念化され，ヒンディー語では「セーワー（*sevā*）」とよばれる。

　老年期の過ごし方は階層やジェンダー，都市／農村間の違いによって多様なかたちをとる。スリランカの農村では，家で暮らす高齢者は孫のお守りや家事の手伝い，屋敷地内の軽い畑仕事などに従事し，仕事の合間には娘や嫁がいれてくれた紅茶をすする。余裕がでてくると宗教実践に励む者も多い。グループをつくって巡礼に行く中高年世代の姿も，以前にも増してよく見かけるようになった。

　多くの南アジア諸国において，高齢者に対する公的な社会保障制度は量・質ともに非常に限られてきた。家族やコミュニティ（共同体）が長年にわたって老年扶養の機能を担ってきたことがその背景にある。しかし，スリランカやブータン，インドを筆頭に少子高齢化は進展し，家族成員の流動性も高まっている。たとえばインドでは，1950年時点で36歳だった出生時平均余命は2011年には67.01歳にまで伸びた。60歳以上人口は2011年現在，1億380万人（全人口の8.6％）にものぼる（2011年インド・センサス）。慢性疾患への疾病構造の転換と医療費増大も相まって就労者世代への負担は徐々に増え，従来のような老親扶養の制度を維持するのは困難になりつつある。こうしたなか，生活の基盤を自ら支えるためにインフォーマル・セクターなどで働き続ける者もいれば，海外に住む子どもからの送金で使用人を雇い独居をしたり，有料老人ホームで暮らす者も出てきている。南アジアに生きる高齢者たちの姿には，近代的な状況に対応する柔軟さが見出せる。とはいえ，市場や家族への十分なアクセスをもたない高齢者は潜在的にも少なくない。彼らに対して誰がいかなるセーフティネットを構築していくのかは，今後の大きな課題のひとつといえるだろう。

第11章

文化

人びとが日々生きている多様性

山本達也

チベット難民にとっての首都ダラムサラのメインストリート（2008年，筆者撮影）

多種多様な人とモノが混在するなかで，人びとはしかるべき行動や考え方としての文化を身につける。文化は，人びとを適切な行動や判断に導くとともに，時に人びとの思考や行動を縛るものである。また，集団への帰属に対する人びとの主張を正当化し，暴力的な形での他者の排除を正当化するための資源としても文化は使われうる。しかしながら，人びとに他者とともに生きるための基盤を提供するのも，文化である。自分が身につけた当たり前としての文化を前提としながら，人びとはさまざまな出会いのなかで当たり前からはみ出し，新しい文化を生きていく。

1 文化とは何か？

　広大な南アジアには実に多様な人びとが暮らしている。近隣に暮らす場合は日常的な接触を通じて，また，遠く離れて暮らす人びと同士は商取引や諸々の理由で交流することを通じて，南アジアに暮らす人びとは，時にすれ違いながらも今日まで共存してきた。多様な人びととの日常的あるいは非日常的な交流を通し，自らが生活を営む環境に合わせて人びとが生活のなかで形作り，また更新していく物の見方，行動様式，習慣といったものを，本章では文化とよぶ。文化は，自然環境（地形，地質，標高，動植物へのアクセスなど）や，気候（気温，湿度，乾季や雨季など），人や物の移動・流通の様態（交通網やインターネット環境の整備など），物資に対する需要供給の変動（国内外での消費動向や金融商品化など）などといったものの絡まりあいのなかで形成・実践されている。

　そして，文化は，人びとが日常レベルで経験する衣食住に関わる事柄から，世界の成り立ちを説明しようとする形而上学的な理論体系や実践の集積体としての宗教（本書第3章），人びとが生きるさまざまなルールの束としての社会（第8章）やジェンダー規範（第9章）など，多岐にわたる。いってみれば，本書にこれまで登場したあらゆる項目を包含し，あるいはそれらと相互作用する関係にあるのが文化である。文化は，「こうあるべき」といった形で人びとに常識や当たり前のこととして理解され，また時には「こうであったらいいのに」という理想や希望といった，未来に向けた想像力を生み出す源であり，具体的な人間関係や物質的関係，そしてそれらを取りまく具体的な時間や場所のなかで繰り返し身につけられるものである。人びとがその地域で暮らしていくにあたり身につけていることが要請される文化とは，人びとに喜びや幸せの感覚をもたらすとともに，時に人びとの思考や行動を縛りつけるものでもある。

　他方，人びとが生活のなかで身につけていく文化は，同時に，人びとが生きる状況の中で常に変わり続けるものである。食文化でいえば，時代や場所

に応じてカレーの種類や形態や味付けは変化してきただろうし，モモ（チベット餃子）は現在の中国に暮らす人びととの交流のなかで生まれ，それがのちにインドやネパールに暮らす人びとにとって馴染みのあるスナックとなっていった。そして，一昔前であれば和食レストランがあちこちで開業していたカトマンズには昨今では中華料理店が溢れかえっていて，カトマンズに暮らす人びとの食生活や，「カトマンズがどういう街なのか」に関する認識に大なり小なり影響を及ぼしている。人びとが生きる文化を支えるのは，人びとの交流やそれを可能にする物的環境などからなる複合的な要因であり，そのなかで人びとが生きる文化の形もまたそれなりの栄枯盛衰をたどっていく。

　古くは，インドでいえばアーリヤ人やムスリムたちの流入や，西欧諸国による帝国主義的な進出とそれに付随する人口構成の変化のなかで文化の変容は経験されてきただろうし，1990年代以降に明らかなグローバル化の影響は，南アジアに暮らす人びとの生活をこれまでにない規模とスピードで変容させている。現在では，南アジアに暮らす人びとの多くは，観光にやってくる観光客のみならず，欧米やアジア諸国に暮らす南アジア出身者と直接的間接的につながっている。南アジアに暮らしている人びとの生活世界は南アジアを飛び越え，世界各地に暮らす人びととのネットワークのなかで作られており，相互の生活に影響を与えあっている。南アジアに暮らす人びとは，実際にあるいはバーチャルな形で遠隔地に暮らす人びととの交流を通じてこれまで見たことのない世界を直接的間接的に経験し，また，文化を新しい形に不断に作り変えていっているのである。

2　国民を束ねる手段としての文化

　人びとの生活を支える文化は，お互いの違いを明確化するための資源として，時として他者に対して主張されるという一面ももっている。その側面は，国民であることと文化とが結びつけられる際に特に顕著に現れる。皆さんも身の回りで「日本を代表する文化とは，きめ細やかなものづくりであ

る」などという語りや，それを日本人の性質と結びつけるような語りを聞いたことがあるかもしれない。文化に基づいて自分と他人の間に境界線を引く際に持ち出されるこうした語りは，南アジアでも頻繁に耳にすることができる。

　本節と次節では，他人との違いをはっきりさせる際に，「私たちの文化の特徴は〜である」「彼らと違い，私たちの文化は〜する」などという形で意識的に動員され政治的に活用される文化の側面（＝文化の客体化（太田1998，cf. ワグナー 2000））について記述する。本節は特に国民をまとめあげる手段としての文化＝国民文化について紹介する。

(1)　植民地支配への対抗のシンボルとしての国民文化

　南アジアを語る上で，西欧列強による植民地支配の影響力を見逃すことはできない。特に，インドやパキスタン，バングラデシュは，「私たちはどんな国民なのか」「私たちを特徴づけるものは何なのか」と自問しながらイギリスの植民地支配からの独立をめざしてきた。そして，「自分たちとイギリス人は違う」ことを説明する際に持ち出されたのが，文化であった。国家の独立を求める運動の過程で，文化による説明は，国民としての自分たち独自の生き方＝国民文化を明示し，人びとの間に結束や統合を生み出すこととなったのである。

　ここで，ガーンディーの外見上の変化を例に，ガーンディーが文化をどのように意識的に用いて，人びとをまとめようとしてきたのかをみてみよう。若かりし頃，ガーンディーはイギリスで数々の困難や衝撃を経験しながら，弁護士となった。その後，南アフリカで植民地政府による差別的な対応に抗する弁護士として，ガーンディーは，七三分けにスーツといった，英国紳士的な装いで活動していた。しかしながら，南アフリカからインドに帰国し，独立にむけて非暴力的な抵抗運動を展開したガーンディーの姿は大きく変化した。チャンパーランでの農民運動以降，ガーンディーは，上半身裸，下半身にはドーティーという白い布に身を包み，現在の私たちが「ガーンディー」という名前から想像する姿に変身したのである（竹中2018）。西洋

文明的な装いを文字通り脱ぎ捨てたガーンディーは，心と感覚器官の統御を意味する道徳を重視するインド文明と，物質的繁栄と身体的安楽を追求する西洋文明との違いを強調し，インド文明の本当の姿は西洋文明に毒された都市部ではなく村落にこそあることを人びとに説いた。チャルカー（手紡ぎ車）を回して糸を紡ぐガーンディーの姿を捉えた写真は有名だが，インド人が選ぶべき生き方とはどんなものかを視覚的に示し，人びとを導こうとしたガーンディーは，インド人の文化を内外に見える形で提示＝客体化したといえるだろう。このように，欧米列強からの独立運動は，南アジアの人びとを国民にしていくと同時に，国民を束ねる国民文化を作り出すプロセスであった。

(2) 国民文化のはらむ暴力性

　そして，植民地統治から独立した南アジアの国々は，その後も国民文化を通じて近隣の国々との違いを意識的に作り出し続けてきた。こうした国民の統合を呼びかけるナショナリズムを支える国民文化は，原則として「国民皆が共有する文化」である。しかしながら，多様な人びとが共存してきた南アジアのみならず，どこにおいても「国民皆が共有する文化」とは，現実には実現不可能な理念である。そのため，結果的に，多数派の人びとが主張する文化が国民統合の原理である国民文化の地位を得ることとなった。具体的には，インドやネパールではヒンドゥー教徒が，パキスタンやバングラデシュではムスリムが多数派を占め，彼らの生活習慣が国民文化となったのである。

　逆にいえば，次節で取り上げる「アイデンティティの政治」の激発以前は，少数派の人びとの声はなかなか拾い上げられなかったし，少数派の文化は，国民文化を主導する立場の人びとからは軽く扱われ，なおかつ野蛮視されてきた。その結果，少数派を野蛮化・他者化する見方は，多数派による少数派に対する差別や排除，時に暴力を正当化し，誘発してきた。ヒンドゥーをインド統合の原理としようとするヒンドゥー至上主義者によるムスリムの弾圧など，1990年代以降インドで頻発する宗教間紛争（コミュナル暴動）や，宗教・民族上の差異に基づいて勃発したスリランカにおける内戦は，そうし

た事例のひとつである。

　スリランカの内戦は，イギリス植民地統治期のシンハラ仏教を軸に据えた抵抗運動と国民統合の試み（シンハラ仏教ナショナリズム）に端を発する。独立後，スリランカは1956年にシンハラ唯一政策を掲げ，1972年に憲法でシンハラ仏教の突出した地位を保証した。シンハラ仏教ナショナリズムは愛国主義的な理念へと変化して農村部まで拡大した結果，南インドにルーツを有し，シンハラ仏教という共通項をもたないタミル人に対する大規模暴動が1983年に勃発した（足立 2010）。この内戦は，自分たちという集団を支え（＝私たちは同じだ），また，自分たちとは異なる人びとの排除（＝私たちと彼らは違う）を正当化する論理として文化を多くの人びとが受け入れたことで引き起こされ，結果，多くの犠牲を出しながら2009年まで続いたのである。このように，植民地統治からの脱却をめざし，独立後の国家を運営するなかで作られてきた国民文化は，自分と他人の間に明確な線を引き，その違いを維持し排除する必要に迫られれば時に暴力的な形での解決を導き出す。

(3)　グローバル化のなかの国民文化

　その一方で，こうした国民文化が作られる過程は，政治面をみただけではその実態を十分に捉えられない。ナショナリズムを支える国民文化は，経済活動や産業とも密接に結びついていて，そこに関係するのは当該国民だけではない。ポピュラー文化として海外に輸出されたり（たとえばインド料理やネパール料理を扱うレストランや，本書コラムでも取り上げられるボリウッドやそれに関連する商品など），海外から人を呼び込む観光資源として売り込まれたりすることで，国民文化は商品として各地で売り出される。

　他者からの消費の対象となった南アジアの国民文化の例として，ここではヒンドゥーにルーツをもつヨーガを取り上げたい。ヨーガは，インドを代表する文化コンテンツのひとつとして20世紀後半以降，欧米のセレブを中心に広く受け入れられてきた。日本でも，大学の授業やカルチャーセンター，フィットネスクラブなどで体験することができ，ヨーガ経験者のなかにはインドを訪れる人も多い。

こうしたヨーガブームは一見，ナショナリズムとは直接の結びつきがない
ように思われる。しかし，2015年以降のヨーガを取り巻く状況をみてみる
と，違った様相がみえてくる。現インド首相ナレーンドラ・モーディーはヒ
ンドゥー至上主義組織の民族奉仕団出身で，政治的立ち位置もヒンドゥー至
上主義者だと時に批判されるが，彼が就任して以降，国民文化としてのヨー
ガの地位は大きな変化を経験した。モーディーは2014年の国連総会で，夏至
に当たる6月21日を国際ヨーガの日に制定することを呼びかけた。この提案
は受理され，翌2015年以降，6月21日は国際ヨーガの日と制定された。毎
年，同日にはインドの首都デリーをはじめ世界各地でヨーガのイベントが開
催されるようになった。日本でも，第1回国際ヨーガの日に讀賣新聞が大き
な広告を掲載し，ヨーガに対する人びとの興味関心はますます駆り立てられ
ている。欧米や日本の人びとがヨーガに参加することで，ヨーガのインドに
おける国民文化の代表としての地位はますます強固になる。また，それは結
果的に，国連で国際ヨーガの日制定を主張し，ヨーガがインドの国民文化で
あることをグローバル規模で承認させた首相の功績や名声を，インドの人び
とがあずかり知らぬまに讃えることになっているのである。

(4)　国外向けの文化的イメージと国民文化とのズレ

　しかしながら，輸出や観光を通じて国民文化を商品化する試みは，時とし
て買う側の期待と売る側の期待の間にズレを生じさせる。
　インドとは対照的にネパールは，人口の多数派を占めるパルバテ・ヒン
ドゥーの文化ではなく，ヒマラヤの秘境イメージと密接に絡みついたシェル
パやグルンといったチベット仏教徒の人びとの文化を文化産業や観光産業に
おいて前面に押し出している。というのも，ネパールに関心をもって欧米か
ら訪れる観光客の多くは，多数派のヒンドゥーではなく，ネパール北部のヒ
マラヤの山々に住む少数派のチベット系の人びとの文化に惹かれてきたから
である。こうしたチベット系の人びとは，山刀ククリや，チベタン・カー
ペット，仏画などを顧客の好みに合わせてアレンジし，欧米諸国に次々と輸
出することで，経済的な利益を得ることに成功した。その後，ネパールの環

境汚染などで秘境イメージが崩壊したこともあって，一部の産業は衰退していくが，ネパール政府が対外的に国民文化を切り売りする際には，今でもチベット系の人びとの客体化された文化が重要な位置を占めているといえる。

このように，国民文化の商品化に関してネパールの事例をみると，多数派ではなく，少数派の人びとの文化が「ネパール文化」として提示され，国外の買い手が望むものと，ネパール国民自身が打ち出したいイメージとの間にズレが生じていることが分かる。ネパール政府は，少数派の利益が過大にならないように適度に締めつけながらも，国家としてこのズレを活用し，外貨を獲得してきたのである。

本節では，植民地支配からの脱却をめざした南アジアの人びとが独立を果たす際に形成してきた国民文化と，他者に向けた商品化の過程で作られていく国民文化に焦点を当ててきた。これらの国民文化は，人びとが日常生活のなかで育んできた文化と密接に絡みあいながらも，他者に対して意識的に提示＝客体化された文化である。そして，このように客体化された文化は，同じ国に属する人びとを「同じ文化を共有する私たち国民」として束ねるために使われてきた。同時に，多数派の文化からなる国民文化が可視化する国民という集団は，内部の少数派の声を圧殺し，時に，異端な他者に対してきわめて暴力的な形で対処してきた。

しかしながら，自分たちの統合と異端者の抑圧という二面性をもつ国民文化は，多数派のみならず，この理屈によって声を奪われてきた少数派にも声を上げるための足場を提供することになった。ネパールの事例でも示したように，少数派もまた自らの文化を他者の眼差しとの関係のなかで客体化し，自他の線引きを図るためのツールとして使うことで，権利や利益の獲得，そして集団としてのアイデンティティの承認をめざしているのである。次節では，1980年代後半以降に湧き上がった，多様な人びとが自らの帰属に則って集団的な権利を主張するアイデンティティの政治において文化がいかなる形で活用されてきたのかをみてみよう。

3 集団のアイデンティティと結びつく文化

　南アジアに暮らす多様な人びとは，それぞれに生活習慣としての文化を築き上げてきた。それぞれの文化は，空間的に隣接して暮らしている人びととの間であれば類似点や共通点が多いものとなるだろうし，空間的に離れていて頻繁に交流できない人びととの間であれば相違は大きくなるだろう。この場合，文化の違いは，それを実践する人びと同士が互いに「違う人たちである」ことを示すものとして理解され，使用される。所属する集団を声高に主張する（「私たちは○○なのだから，私たちの権利は保障されるべきだ！」）ことで，自分たちの集団の権利を確保し，資源の再分配を得ようとするのが，アイデンティティの政治である。アイデンティティの政治が猛威を振るう状況では，同一集団に所属する人びとの同質性や統一性を示す根拠として客体化された文化が積極的に持ち出される。本節では，アイデンティティの政治と，それを支える客体化された文化に関する2つの事例を紹介することで，理解の補助線としたい。

(1) 北東インドにおけるエスニック集団のアイデンティティの主張と文化

　1980年代後期以降，インドでは，憲法が保障する留保制度のために，個人や集団にとって「どの集団に属するか」という問題がきわめて大きな意味をもつようになった。留保制度とは，高等教育の入学許可枠や公職の雇用枠，議員議席枠を，社会的弱者のために一定数確保する制度であり，少数派のための積極的差別是正措置として機能してきた。この措置によって，少数派は，集団として政治参加や社会的な諸権利にアクセスできるようになった。しかし一方で，その適用をめぐって集団間に軋轢がもたらされもした。

　人びとは，境遇の似通った者同士が集まった集団のなかで，自分たちの権利を主張する必要に迫られている。そして，ある集団がそこから一歩抜け出して自分たちの権利を主張し，それを認められるためには，「自分たちが何者であるか」を明らかにする必要がある。同時に必要なのが，「他の人たち

とは違う」ことを証明することであり，その際，集団として独自の文化を有していることを人びとは主張する。

　たとえば近年，これまで「トライブ（＝先住民族）」として団結していた人びとが，トライブ内のエスニック集団ごとに運動を展開するようになっている。それらのエスニック集団は，独自の起源と単一の言語，文化にこだわっているという（木村 2015：213）。北東インドのアッサム州に暮らすエスニック集団のひとつとしてボドという人びとがいる。彼らが組織する全ボド学生連合が，ボドという民族の単一のエスニックな起源を想定し，文化，言語などを自分たち独自のものと捉えたうえで，アッサム州内に自治州「ボドランド」を創設しようと呼びかけているのは，その一例である（木村 2015：211）。インドでは「宗教やカースト，トライブなどの社会集団を母体にした多様な運動が展開してきた」（石坂 2015：8）わけだが，政治参加や権利を集団が要求するための担保として，客体化された文化が利用されているのだ。

⑵　ネパール化に抗する人びとの主張と文化

　インドの隣国ネパールでも，1990年代以降，国家による一方的なネパール化（＝ヒンドゥー化）に反対する多様な人びとが声を上げはじめた。そこで争点となったのは，カーストをめぐる問題から，地域間格差，経済階級間格差，宗教，ジェンダー，と多岐にわたり，単純に多数派と少数派の対立とは理解できない状況であった（名和 2017：9）。ここでは，音楽家カースト，ガンダルバを例にネパールの状況をみてみよう。

　多数派から不可触民として差別されてきたガンダルバは，「ネパール文化」を体現する音楽家カーストとして，生活のために欧米の観光客に接触し，自らの演奏する楽器サランギを演奏し，それを販売することで収入を得てきた。欧米の観光客に対してサランギとその演奏を自らの文化として客体化し売り出すことに成功したガンダルバたちは，海外でも活動するようになり，その過程で誇りをもてない不可触民から誇り高き伝統音楽家へとアイデンティティを大きく作り変えていった（森本 2012）。この事例は，人びとが

グローバルなネットワークを築きながら自分たちの集団の独自性を新たに作り直し主張していく状況の一端を明示している。

⑶　文化をめぐる状況の複雑化

　アルジュン・アパドゥライは，コンピュータなどのメディアを介した人びとの結びつき（electronic mediation）と人びとの大規模な移動こそがグローバル化が進む現在を特徴づけていると論じている（Appadurai 1996）。

　ヨーガやガンダルバの事例からわかるように，現在南アジアで進行している文化をめぐる状況を形作っているのは南アジア在住者だけではない。たとえば，南アジアを訪れる観光客はもとより，南アジアを訪れたことはなくとも，メディアを通じて南アジアを知り，それをきっかけにインターネットなどで南アジア関連の商品を買う人たちは，現地に大きな影響を及ぼしている。一方で，海外で暮らす南アジア出身者もまた，インターネットを通じて，あるいは一時的に帰郷して，南アジアで暮らす家族や親族，友人と交流を続け，お互いに影響を及ぼしあっている。たとえば現在，海外在住のインド出身の若者が，インドで暮らす指導者から伝統的な歌や踊りなどのレッスンをインターネット上で受けることは珍しくない。そこで得られるのは単に歌や踊りの技術にとどまらない。学習者は母国の「本物の文化」とつながり，インド人としての意識を強化する。また指導者は，海外に住む人を指導することで，社会的名声と高額の収入を手にすることになるのである。グローバル化が進み，人びとが各地を移動し，多様なメディアを通じてネットワークを築く現在，客体化された文化は自分のアイデンティティを補強し，他者との違いを強調するために活用されている（Appadurai 1996）。

⑷　集団を統合する2種類の文化

　以上，前節と本節では，文化が他者に対して客体化され，自分たちを束ねる象徴として活用されるさまを，国民文化と集団のアイデンティティを支える文化という2つの点からみてきた。ここでの共通の論点は，人びとを同じカテゴリーで結びつけ，集団として統合・団結するために客体化された文化

が用いられてきた，ということである。集団内の同質性と他集団との差異を強調し，政治参加や各種権利，あるいは自分たちのアイデンティティの承認を要求する際，客体化された文化を使うことで，多様な人びとが暮らす南アジアの国々で，少数派に属する人びとが声を上げることができたのは確かである。

とはいえ，人びとをまとめあげるために使われるこのような客体化された文化には大きな落とし穴がある。客体化された文化は自分と他者を切り分けるために使われるため，同じ集団のなかでも人びとが実際に生きて実践している文化には大小さまざまな違いがあるのに，それを見えなくしてしまう。また，文化的に異なった集団に属するとされる人びとに対して，「自分たちとお前たちとは違う」といった形で，集団間の違いを絶対視してしまいがちである。実際，本章でこれまで紹介してきたいくつかの例でも，客体化された文化がもたらすこうした閉鎖的な側面が露わになっている。だが，南アジアに暮らす人びとは，まさにその文化を通して共生を図ってきたのであり，さらにいえば，文化は客体化を通じて自分と他人の差異化に寄与するとともに，差異化された自分と他人を新しい形で結びつけるための足場にもなるのである。次節では，文化が，異なる集団に属する人びとを結びつけている事例を紹介する。

4　人びとのつながりを閉じ，開くものとしての文化

(1)　南アジアの文化に植民地統治が落とす影

ここまでの記述をみると，人びとが他者との交流を経験しながら日常のなかで培ってきた文化が，植民地支配とそれに付随する南アジアの近代化によって歪められてきた，というふうに読めるかもしれない。おそらく，それは半分正しい。植民地支配が南アジアの人びとにもたらした影響は計り知れない。特に，植民地支配以前は「AでもありBでもある」という形で曖昧さを保っていた集団間の境界が，国勢調査や各種法制度へのはめ込みを通じて，「AかBか」とはっきりしていなければならないものとされたことは，

人びとの自他認識に大きな変化をもたらし，文化に対する見方にも大きな影響を及ぼした。

　冒頭部で記したように，人びとが生活のなかで形作り，また更新していく物の見方，行動様式，習慣からなるのが文化であり，人がその地域で暮らしていくにあたり身につけていることが要請されるものである。ゆえに，人が具体的な関係性や時空間のなかで生きていく上で「無文化」であることはできず，よって一定の文化を身につけて人は生きていかざるをえない。日常的に生きられるこうした文化は，植民地支配以降，ますます活用されるようになっている客体化された文化と重なりあいながら人びとの判断や実践を導き出す。結果的に，時として人びとを縛る手枷足枷となり固定観念として作用し，同じ集団内の差異を見えなくし，他者に対する偏見を助長するなど，文化が人びとの物の見方を狭めることもある。特に，国民文化やアイデンティティの主張と文化が結びつくとき，それが顕著に表れる。そこでは，「自分が誰なのか」をはっきりさせねばならず，結果として曖昧なものが居場所を失っているかのようにみえる。これは南アジアに暮らす人びとに限らず，日本に暮らす私たちにも等しくのしかかっている状況であろう。

(2)　関係形成の足場としての文化

　一方で，南アジアに暮らす人びとの日常は，文化の差異に基づいた集団の差異あるいは分断だけでは説明できない交流で満ち溢れてもいる。その交流は，何か些細な出来事で崩壊するものであるかもしれない。それでも，人びとは日々の暮らしや接触のなかでお互いが生きていくための術を手探りながら実践しているし，暴動などの大きな出来事が生じた場合でも，所属する集団が違うからといって個々人のつながりが一足跳びでなくなるわけではない。

　ここで強調すべきことは，南アジアに暮らす人びとは，客体化された文化がもたらす分断に操作されるだけの無力な存在ではない，ということである。「自分と他者の文化が違う＝属する集団が違う」という図式に則って判断し行動しながらも，人びとはそこにとどまらない結びつきも実践している

のである。人びとに喜びや幸せの感覚をもたらすものでもある文化を足場として，人は自分と違った行動や認識をする人びとと触れあい，新たな結びつきや共生を模索することもできるのである。つまり，文化とは人びとにとって境界への拘束や閉鎖という側面をもつとともに，境界の開放への足場となる可能性ももつのである。

　文化のこのような様相が露わになるのが，暴力が発現する場面である。足立明が紹介するバレンタイン・ダニエルの民族誌に登場する例をみてみよう。1983年，シンハラ人による反タミル暴動でタミル人教師が電車内で暴徒と遭遇した際のことである。生命の危機に瀕したこのタミル人教師を救ったのは，彼の向かいの席に座っていたシンハラ人女性だった。彼女はタミル人教師の隣に座り，彼の膝の上に手を置いた。やってきた暴徒は2人をシンハラ人の夫婦だと理解し，手を出さなかった。その女性は，その手を膝に置いたまま目的地の駅まで行き，そのまま立ち去ったという（足立 2010：216）。この事例は，自分の文化が何で，どこの集団に所属するかが問題となって引き起こされる暴動の現場で，1人の女性が「自分と他人との違い」を新たな形で結びつけたものだといえるだろう。このシンハラ人女性は，彼女が暮らしのなかで身につけてきたその文化によってシンハラ人としての自己を生きていると同時に，同族への慈悲や思いやりを要求するまさにその文化を足がかりとして，死への恐怖に怯えるタミル人教師を排除するのではなく，救うことができたのである。

　また，人と物をめぐる流動性がこれまでになく高まっている南アジアの国々では，思わぬ形で人びとが出会い，ともに暮らす必要に迫られている。インドのムンバイーのスラムに暮らす人びとについて調査したアパドゥライは，異なった背景をもつスラム居住者たちがいかに問題に対処し共生しているかを描き出している（アパドゥライ 2010；Appadurai 2013）。

　アパドゥライによると，さまざまな場所からやってくるスラム居住者たちは，共通の言語や価値観をもたないがゆえに，日々の交渉のなかでそれらを新たに作り出していかねばならない。その交渉相手はスラムでの生活を余儀なくされる人びとだけではなく，彼らの生活状況を改善するためにスラムに

やってくる国内外のNGOスタッフも含んでいる。このような雑多な人びとが一緒に暮らしていくために，スラム居住者は知恵を絞って人びとの関わりを作り上げていく必要がある。また，プライバシーのないスラムでは，自分自身にも隣人にも細やかな観察の目を凝らすことになり，それが人びとの共生を支えているという。スラム居住者が日常レベルで取り組んでいる相互交流の創造は，結果的にスラム居住者の抱える問題の共有を促し，その解決策をスラム居住者同士やNGOスタッフとの交流・交渉を通じて具体化していくことになる。

　そしてアパドゥライは，スラムの問題解決はその場所に限定されるものではないという。たとえばムンバイーのスラム居住者が自身の経験を通じて南アフリカのスラム居住者の問題解決に助言するなど，スラム居住者の世界がグローバルに拡大していくさまを描き出している。スラム居住者の実践に見出されるこうした様相をアパドゥライは「下からのコスモポリタニズム」とよぶ。

　この下からのコスモポリタニズムと，それを通じた人びとの結びつきを可能にするのもまた，個々の人びとがそれまで生活のなかで身につけてきた文化である。自らが身につけてきた考え方や行動を出発点としながら，人びとは手探りしながら共通の基盤を築き上げ，共生しているのである。「討議と論争の空間」として文化が現れている今日的様相を「パブリック・カルチャー」とアパドゥライは位置づけているが（Appadurai 2004: 267），ここで起こっているのは，日常を舞台とした自分と他者にとっての当たり前をめぐる討議と論争なのだ。

5　文化を通じて出会う

　以上，本章は文化という観点から，南アジアの人びとが暮らす様相の一端を描いてきた。植民地支配の影響と，そこから抜け出すことで成し遂げられた近代国民国家としての自立は，人びとが生活のなかで実践してきた文化の意味を大きく変化させた。国民文化やアイデンティティの主張のために持ち

出される文化は，自分と他人との差異を明確にするために客体化された文化であり，同じ集団に属する人たちが皆同じであるという錯覚を生んだり，同じ集団に属さない人びととの明確な差異を強調したりする，閉鎖的なものとして働きがちである。今日，南アジアに関連して見聞きする宗教間対立や社会運動などを下支えしているのは，独自の文化の存在を軸とした閉鎖的なアイデンティティの主張である。それを外部からみる私たちは，南アジアの人びとを狭量で視野の狭い人びとだと判断してしまうかもしれない。しかしながら，南アジアの人びとは，自分たちの実践を通じて，文化を足場にしながら異なった人びととも結びつこうとしている。前節で取り上げた2つの事例は，文化のこうした様相を示すものである。

　自分と他人を切り分ける手段として客体化した文化を利用している気でいながら，それに翻弄され，また時にはそれの閉鎖性を乗り越えようとする人びとの実践は，グローバル化によってますます複雑になっていく南アジアの状況をさまざまな方向へと導いている。そこで経験されている事柄は，確かに私たちの生活環境やそこでの経験とは大きく異なっている。

　人びとは，自分が暮らす具体的な状況のなかで他者と関わりあいながら文化を身につけ，その文化を足場に生活している。南アジアで生活するなかで経験されるさまざまな事象は，南アジアの外部で暮らしている私たちの安易な理解を拒むだろう。私たちと彼らの間にある違いは，それとして記述され分析される必要があるし，他者の文化について学ぶ際，その他者の文化を対象化＝客体化し，関わっていくという過程は避けることができない。しかしながら，南アジアに暮らす人びととともに生きていくうえでは，お互いの差異を肯定するだけで終わらない向き合い方が必要である。

　忘れてはならないのは，私たちもまた南アジアに暮らす人びとと同じように，本章で紹介したような文化の諸相を生きているということである。私たちが南アジアを理解しようとする際に，南アジアの人びとと私たちが同じように生きている文化の閉鎖性と開放性に着目することは，私たちと彼らとの間に広がる大きな差異を認識すると同時に，その境界をまたいで新しい関係性を作っていく一歩になるだろう。文化という観点から南アジアという地域

に暮らす人びとを学ぶこと，それは自分と他者との差異を肯定しつつも，新しい形で双方を結びつけようとする作業なのである。

参考文献

足立明　2010「民族紛争」田中雅一・田辺明生編『南アジア社会を学ぶ人のために』世界思想社，208-217頁。

アパドゥライ，A　2010『グローバリゼーションと暴力――マイノリティーの恐怖』藤倉達郎訳，世界思想社。

石坂晋哉　2015「インド社会運動の捉え方」石坂晋哉編『インドの社会運動と民主主義――変革を求める人びと』昭和堂，1-27頁。

太田好信　1998『トランスポジションの思想――文化人類学の再想像』世界思想社。

木村真希子　2015「トライブ運動の個別化――先住民族による自治権要求の変遷」石坂晋哉編『インドの社会運動と民主主義――変革を求める人びと』昭和堂，200-218頁。

竹中千春　2018『ガンディー――平和を紡ぐ人』岩波書店。

名和克郎　2017「体制転換期ネパールにおける『包摂』の諸相――言説政治・社会実践・生活世界」名和克郎編『体制転換期ネパールにおける「包摂」の諸相――言説政治・社会実践・生活世界』三元社，1-34頁。

森本泉　2012『ネパールにおけるツーリズム空間の創出――カトマンドゥから描く地域像』古今書院。

ワグナー，R　2000『文化のインベンション』山崎美恵・谷口佳子訳，玉川大学出版会。

Appadurai, A. 1996. *Modernity at Large: Cultural Dimension of Globalization.* Minneapolis: University of Minnesota Press.

Appadurai, A. 2004. Public Culture. In V. Das（ed.）, *Handbook of Indian Sociology.* New Delhi: Oxford University Press, pp. 257–272.

Appadurai, A. 2013. *The Future as Cultural Fact: Essays on the Global Condition.* London: Verso.

●読書案内●

『インドの社会運動と民主主義──変革を求める人びと』
　　　石坂晋哉編，昭和堂，2015年
　　　さまざまな集団が社会運動を通じてインドの民主主義に関与している様
　　　相を描く論集。現代インドの政治における集団と客体化された文化の関
　　　係性が各論文によって示されている。

『グローバリゼーションと暴力──マイノリティーの恐怖』
　　　A・アパドゥライ，藤倉達郎訳，世界思想社，2010年
　　　グローバル化が進む世界において文化的な差異が政治的な排除や暴力へ
　　　と結びつけられるメカニズムを論じた書籍。アパドゥライの思想を簡潔
　　　にまとめた訳者の解説も参考になる。

『体制転換期ネパールにおける「包摂」の諸相──言説政治・社会実践・生活世界』
　　　名和克郎編，三元社，2017年
　　　内戦を経て大きな変化を経験しているネパールに関する論集。人びとの
　　　日々の営みや客体化された文化が社会的，政治的，経済的な要因と連動
　　　しているさまが各所で描かれている。

インド映画
地域語映画の躍進

飯田玲子

　多言語社会であるインドには，言語ごとに映画界が存在している。各言語映画界の作品をあわせると，年間1000本以上の映画が制作される映画大国である。そのなかでも海外の市場で影響力をもってきたのは，ムンバイーのフィルムシティとよばれる撮影スタジオで，主にヒンディー語で制作される「ボリウッド」映画であった。ボリウッドとは「ボンベイ」（ムンバイーの旧称）と「ハリウッド」を組み合わせた造語であり，スター俳優を配し，派手な歌や踊り，巨額の制作費によって作成される壮大なセットやロケといった豪華絢爛な世界観で，観客の夢の世界を描き出すことに成功してきた。近年では，インド国内でも『きっと，うまくいく』や『マダム・イン・ニューヨーク』といった，娯楽性の高い作品のなかにも，社会風刺を込めた作品が公開・鑑賞されるようになり，インド国外や，日本でも公開されるようになってきている。一方，地域語映画に関しては，インド国内での公開上映にとどまることが多かった。

　しかし近年，地域語映画にも大きな変化が生まれている。日本でもヒットしたこと

写真1　映画館入り口（2016年，プネーにて筆者撮影）

写真2　映画館の入り口と上映中の映画ポスター
（2016年，プネーにて筆者撮影）

で記憶に新しい『バーフバリ──伝説の誕生』や『バーフバリ──王の凱旋』は，イ
ンドのテランガーナ州を拠点にする，テルグ語で製作された地域語映画に分類される
作品である。ボリウッド映画と比較すると制作予算は限られているが，デジタル技術
を駆使した壮大なスケールの作品となり，国際的にヒットし，興行収入面でも成功を
おさめた。2009年に制作され，米国アカデミー賞外国語作品賞にインド代表として送
り出された『Harishchandrachi Factory（ハリシュチャンドラの映画工房）』（日本未公
開）は，マラーティー語の映画である。マラーティー語映画は，ボリウッドと同じマ
ハーラーシュトラ州で作られ，従来は歌や踊りを用いた娯楽性の高い映画が主流で
あった。その制作立地上，長年ボリウッドの陰に隠れてきた映画界である。しかし
1990年代以降，社会的な作品や歴史物語，地域に根ざした作品を制作することで独自
路線を歩みはじめた。2018年に日本でも公開されたマラーティー語映画の『裁き』
は，インドの裁判を題材にしたものであり，インドの司法制度の問題点を主題に据え
た社会派作品である。こうしたシリアスなトーンの地域語映画もインド国外で公開上
映されるなど，いまや地域語映画はボリウッド映画と肩を並べるほどの影響力と存在
感を放っている。

第12章

連環地域・世界

インドを"中心"にしない「地域」の切り取り方

橘健一・木村真希子・志賀美和子・須永恵美子・鈴木真弥

北米最大の南アジア系移民街ともいわれるトロントのジェラード通り。パーン（噛みタバコ）店，宝石店，貴金属店，衣料品店，食堂などが軒を連ねている（2018年，カナダ・トロントにて石坂撮影）

　「南アジア地域」という形で「地域」を切り取ると，どうしても，面積や人口などで圧倒的な比重を占めるインドが"中心"となる描き方をしてしまいがちである。どのようにしたら，インド以外の南アジアの「マイナー」な国や領域にもきちんと光を当て，フェアな描き方をすることができるだろうか。本章ではこの課題に対し，あくまでも「国」ではなく「地域」という切り取り方にこだわる「地域研究」の立場を堅持しつつ，南アジア地域に接していたり重なっていたりする別の「地域」や「世界」の切り取り方を紹介する。本章で紹介する5つの地域は，南アジア地域の側からみれば，自らと外の領域とをつなぎあわせる「連環地域」「連環世界」だともいえよう。

1 ヒマラヤ地域──聖山への眼差しの歴史から考える

(1) 人間を見守るヒマラヤ

8000m 級の峰が東西約2400km にわたって連なるヒマラヤ山脈。その周辺地域で人間が定住できるのは、山脈の北に広がるチベット高原と、山脈をヒンドゥスターン平原方向に下った南麓で、標高およそ4000m 以下の場所となる。

チベット高原のなかで、比較的温暖な河谷では大麦やエンドウ栽培が行われ、農業に適さない寒冷地や山地では羊、山羊、ヤクなどの遊牧や移牧が行われる。河谷は遊牧民も訪れる交易地、移牧民の生活拠点ともなり、人間の集まる中心として「村」や「国」といった比較的小規模な共同体になる（スタン 1993；月原 2008）。

ヒマラヤ南麓は、北のチベット高原から南の平原に流れ込む河川によって東西の連絡が分断されるが、その河川沿いに北と南を結ぶ交易路ができる。標高およそ3000m を超える場所で暮らす人びとにとっては、農業・移牧に加えて交易も重要な生業となる。標高が下がると雑穀栽培が生業の中心となり、それに山羊や牛、水牛、豚などの家畜飼養が組み合わされる。また標高2000m 以下の盆地では、河川を中心に水田稲作が行われる。南麓では、比較的平坦な山の尾根や盆地で人びとの生活がつながり、そこが村や国になる。

そうした高山や河川で区切られた村や国に古来より暮らしてきたチベット・ビルマ語系諸語を話す民族の多くは、間近に見えるヒマラヤの峰や高山（場所によっては丘や岩）を村や国の土地神や守護神として祀ってきた。そのような神々は、しばしば死者の魂や氏族の祖霊、自然や動物の魂に重ねられる。霊や魂を持つ諸々の存在は、人間を対象化する「眼差し」の主体である（ヴィヴェイロス・デ・カストロ 2013）。そして、その中心が「人間を高所から見守るヒマラヤ」ということになる。

そうしたアニミズム的な聖山信仰は、ユーラシア北方で古くから続くシャマニズムに結びつく。シャマンは、人が病や不幸といった出来事に直面する

と，自らの魂を人間界から天界や地下界に飛翔させ，あるいは神を自らの身体に受け入れ，その原因を探る。シャマンは神々や緒霊を説得し，香を焚き，占いや家畜の供犠を行い問題解決を図る。ヒマラヤは，シャマンにとって天界と人間界とをつなぐ「天の入り口」や「天の柱」になる（スタン1993）。魂を中心としたアニミズム的，シャマニズム的な眼差しは多様な民間信仰を生み，それらは時に対立しながら混じりあい，こんにちまで存続してきたと考えられている。

やがて村や国を超えた王国が生まれると，ヒマラヤ＝聖山の眼差しは王の神聖さと結びつけられるようになる。古代チベット高原で，神の子が天から降り，山を下って王となった，という伝承が残されている。インダス川の水源に位置する西チベットの古代シャンシュン国では，そうした信仰に南のインド，西のイランの文化要素が加えられ，王の葬儀や治療などの教義が練り上げられていった（スタン 1993）。それが中央チベットにも伝わり，のちにポン教（文語をローマ表記すると Bon: ボン教）と呼ばれるようになった。

(2) 宇宙の中心としてのヒマラヤ

ヒマラヤ南麓のカシュミール盆地やカトマンズ盆地では早くから都市文化が発達し，ヒンドゥー教や仏教を信仰するインド・アーリヤ語系の王が支配する国が生まれていた。7世紀以降に宗教の大衆化が進むと，女性原理や性力，血の供犠なども取り込んだタントリズムが興り，仏教のなかに密教が生じ，破壊神シヴァやリンガを崇拝するヒンドゥー教の一派が展開した。そうした多様な宗教的想像が混交するなか祭壇が図像化され，宇宙的世界像となったのが曼荼羅である（立川 2006）。ヒマラヤを仏教徒は宇宙の中心である須弥山に，ヒンドゥー教徒はシヴァ神が苦行するメール山に重ねて描くようになった。

カトマンズ盆地の王国では，盆地がヒマラヤに囲まれた「聖壇」とみなされるようになり，また聖化された丘の上の寺院・聖域の四方に小さな寺や聖所が配され，盆地全体の「曼荼羅化」が進んだ。盆地のチベット・ビルマ語系先住民ネワールは，そうした曼荼羅的宇宙のなかで儀礼を頻繁に行い，聖

性の確認を繰り返した（石井 2003：2017）。

　チベット高原では，7世紀にラサ南東の吐蕃国が勢力を伸ばし，シャンシュン王国も併合して，高原全域を支配するようになった。その拡大過程でチベット高原にも仏教が導入された。ポン教は輪廻からの解脱，教祖への信仰などの仏教の要素を採り入れ変貌し，仏教も既存のポン教や聖山信仰などの要素を受け入れた独自のチベット仏教へと姿を変えていった。その過程で，吐蕃国は国家統治の原理に仏教を取り入れる。王はチベット文字を作り，ネパールのサンスクリット仏典のチベット語への翻訳を進め，さらに冠位十二階を定めた（山口 1987）。こうしてチベット高原では，仏教とチベット語が共通の文化として定着し，チベット人としてのアイデンティティが構築され（月原 2008），仏典の研究と官僚制が合体した国家体制が築かれた。

　チベットはその後分裂し，氏族間の争いやニンマ派，サキャ派，カギュ派，ゲルク派といった宗派の継承者問題で揺れた。カトマンズ盆地の王国も，王位継承問題から三都に分裂した。その後，チベットではダライ・ラマなどの転生活仏信仰が，カトマンズ盆地では生き神クマリ信仰が生まれたが，それらは権威の継承を輪廻や化身などの宇宙的想像に結びつけることで，血縁から切り離すことを可能にした。

　その後，こうした宇宙的想像を共有しない外部勢力がヒマラヤに侵入してくる。イスラームが11世紀に南アジアに攻め込むと，それに敗れたインド・アーリヤ語系の原ネパール語を話す王族が東に移動，辿り着いた西ネパールにカス王国を築いた。のちに分裂するもゴルカ地方からシャハ王朝が生まれ，18世紀にプリトゥビ王がカトマンズ盆地を陥れた。それは，先住民ネワールが神々と交歓する大祭の日だった。その後，現在のネパールの領域にネパール語，ヒンドゥー教を中心とした覇権が確立され，チベット・ビルマ語系先住民は中位のカーストとして取り込まれた。

　カシュミール盆地には14世紀にイスラーム勢力が侵攻し，仏教徒，ヒンドゥー教徒だった住民の多くが，タントリズムに重なる神秘主義的な要素をもつイスラームを受け入れた。カシュミールは，さらにムガル帝国の支配を受け，のちにシク王国に征服された。

元という外部勢力も，圧倒的軍事力でチベットを支配したが，文化的には
チベットが主導権を握ることになった。モンゴルには，もともと北方シャマ
ニズム的な民間信仰が広がっていたが，シャマニズムと親和性が高く，経典
の研究に優れたチベット仏教のサキャ派僧侶がフビライと対峙，宗教的指導
者として認められたのである。

　元が滅び，明朝の時代になるとチベット仏教徒は再び分裂したが，清朝の
時代にゲルク派のダライ・ラマがモンゴル西部のオイラート君主と結託し
て，チベットの再統合を果たした。その際，カギュ派（ドゥク分派）はブー
タンへ，ニンマ派はシッキムへと渡って先住民を制圧，それぞれ別の王国を
築くことになった。

　17世紀には，ヨーロッパのキリスト教宣教師がチベット，ブータン，ネ
パールで布教を開始した。ネパールのプリトゥビ王は，東インド会社の活動
にそうした布教が結びつけられているのを察知し，キリスト教を排除した。
プリトゥビ王は，カトマンズ盆地の歴代王朝とは異なり，宗教的伝統を軽視
したことで知られる（佐伯 2003）が，彼は統一後の布告で，ネパールを「純
粋なヒンドゥー王国」であり「他の宗教を選ぶべきではない」としている
（Sharma 1997）。ここで宗教は，国家的主体によって選択され，守護される
ものになっているのである。

(3)　世界地図のなかのヒマラヤ

　宗教的な宇宙の想像は，商業活動や政治支配に役立つ現実的な世界地図の
作成によっても相対化された。モンゴル帝国の時代にイスラーム商人の知識
が中国の情報に加えられ，チベットを含む現実的な地図が描かれた（宮
2007）。さらに，ヨーロッパの大航海時代以降の博物学，地理的探険の展開
とともに「科学的」な大三角測量などに基づく世界地図作成が始まった。南
アジアではイギリスによって18世紀に設立されたインド測量局がその中心と
なった。また，ヒマラヤ東部の調査のため，チベット系，モンゴル系の密偵
が養成され，旅や巡礼を装い歩測が行われた（薬師 2006）。

　19世紀末になるとヒマラヤ登山が始まるが，ヨーロッパの人びとにとって

当初はアルプス登山の延長だった。そこから20世紀に入ると国際登山隊による本格登山が始まり，エヴェレスト登頂も果たされた。そうしたなか，登山のサポーターとしての地位を獲得していったのが，シェルパであった。シェルパは，チベット・ビルマ語系の一民族の名称だが，それが一種の職業名として扱われるようになった。

測量と登山による地理情報により，「ヒマラヤ」の名が世界地図のなかに記されるようになる。南アジアでは，ヒマラヤはもともと「雪の住処」を意味する一般名詞だが，他の地域では山脈の固有名詞としてヒマラヤは知られるようになっていったのである。

こうした展開に並行して，地理情報を手に入れたイギリスは，南アジアの経済的，軍事的支配を広げていった。シク王国との戦争でカシュミールを手に入れ，隣接するジャンムー地方の藩王に売却した。当時ゴルカとよばれたネパールにも苦戦しながら勝利し，支配領域の一部を得た。その後，屈強なネパール兵を「グルカ兵」として雇い入れた。ネパール東部のシッキム王国も交渉により保護国とした。ブータンとの戦争にも勝利し，生産力のある南部低地を奪った。弱体化したブータンには内乱が起きて分裂したが，19世紀末に現王朝が実権を握ることになった。イギリスはチベットにも武装使節団を送りラサを占拠し，のちに清軍と交戦した。辛亥革命で清が消滅するとチベット支配を進め，中華民国の同意なしにチベットと交渉し，ヒマラヤ東部のインド領の拡張を承認させた。

その後，第二次世界大戦が終結し，測量した領域支配を基本とする国民国家の樹立が相次ぐと，国境紛争が始まった。チベットは中華人民共和国軍に侵攻され，ダライ・ラマはインドへの亡命を余儀なくされた。カシュミールを含めたジャンムー藩王の領土をめぐってパキスタン・インド間で戦争となり，紛争地帯となった。中国・インド間でも，ヒマラヤ西部と東部で国境紛争が起きた。そうしたなか，ネパールとシッキム，ブータンの3つの王国が独立を保った。

⑷　貧困のなかの理想郷ヒマラヤ

　測量のあとにヒマラヤ地域にやってきたのが，人口・経済状況の測定である。人口センサスや経済統計をとりつつ，国家は登録した国民の生命の管理を行う。人口の民族的多様性に富むヒマラヤ地域では，民族統合が政治的に重要な意味をもった。シッキム王国では，議会が設置されるとネパール系議員が多数派となり，国王派と対立，混乱が生じた。そこでインド軍が派遣されると議会は1975年にインド併合を受け入れ，王国は消滅した。

　ブータンでも議会制度が導入されたが，国王は強権を維持し，仏教とゾンカ語，英語教育による標準化を進めた。その後，国勢調査を進めるなか人口増大した南部低地のネパール系住民への警戒を強め，学校でのネパール語教育を排除，チベット服の公の場での着用義務化，国籍条件の厳格化を進めた。結局，多くのネパール系住民が国外に難民として移住することを余儀なくされ，ブータンへの国際的な非難が集まった（根本 2012）。

　ネパールでは議会は国王の統制下に置かれた。学校教育でネパール語や王国の歴史を中心に標準化が図られ，国営ラジオ局によるネパール語歌謡の放送も大きな役割を果たした。

　経済統計により，ネパール，ブータンは後発開発途上国とされ，国際機関による開発のターゲットとなった。さらに内陸国の流通の困難が貧困につながることが見出され，ヒマラヤの王国は「内陸開発途上国」に指定された。ヒマラヤは流通を妨げ，貧困をもたらす元凶に位置づけられるようになったのである。だが，同時に外国からの観光客によって，ヒマラヤは美しい自然や古い伝統文化の残る理想郷「シャングリラ」として注目されるようにもなった（森本 2012）。

　ベルリンの壁崩壊後に起きた民主化デモに屈し，1990年，ネパール国王は政党政治を認めたが，その後，国王一家殺害事件や毛沢東主義者と政府軍による内戦で国政は混乱を極め，観光客は激減した。新国王は議会を解散，強権を発動したが，それに対する反発から既存政党と毛沢東主義者が王制の廃止と共和制で合意，新たな体制への移行が決まった。政党や民族間の激しい

主導権争いが続いたが，2015年にマイノリティの留保枠を確保した新憲法発布となった（名和 2017）。

その後ブータンは，「国民総幸福量（GNH）」の拡大を国是に掲げ，「人口・経済的測定」に限界を見る国際社会の関心を集めるようになった。さらに国王自らが，王族と僧侶を排除した政党政治と議院内閣制を主導し，2008年の新憲法発布で「民主立憲君主制」に移行した。ブータンは，オルタナティブな価値，体制を示しつつ，国家統合の維持を図ろうとしている（宮本 2017）。

チベット侵攻以降に難民となったチベット人たちは，インドのみならず，ネパール，アメリカ，スイスなどで，ディアスポラ（離散した民族）として暮らすようになった。観光業が衰退したネパールからは，アラブ諸国，マレーシアへの出稼ぎが急増，日本にも料理店の労働者，日本語学校留学生の流入が後を絶たない。ブータンから日本への留学生も増え続けている。ヒマラヤは，今日でも人間を見守る存在や宇宙の中心として南アジアの人びとの信仰を集めている。しかし，同時にディアスポラを輩出する南アジアの中心のひとつになりつつあるのである。

（橘健一）

2　ゾミア——国家の支配に抗した山岳地帯

(1)　インド国家の支配に抗する人びと

私がはじめてインドとミャンマーの国境地帯，ナガランドを訪れたときのことだ。お世話になっていた家の老人，アンガミ・モウ氏は，時計を見て「もうすぐ5時だな」と言った。私の時計ではまだ夕方の4時になるところだった。不思議そうな顔をする私に，家人は言った。「彼は時計を1時間，進めているんだよ。インド本土に合わせると，ここではとても早く日が暮れてしまう。ナガランドは本土と1時間，時差があるべきだ，と言うんだ」と。

モウ氏はかつてナガの民族組織がインドに抵抗して武装活動をした際，ナガ軍の将軍として活躍した。1960年代には500人の兵を率い，ビルマ国境を越えて中国まで遠征し，訓練を受けて武器と兵を率いてナガランドまで戻ってきた伝説の英雄だった。私が出会った当時は一見穏やかな老人だったが，

心のなかでは決してインドの支配を受け入れることはなかったのだろう。1時間進められた時計の針は，彼の抵抗の象徴のようにもみえた。

ナガの人びとが独立の主張を正式に表明したのは1947年，イギリスがインドの支配を終え，インドが植民地から独立する直前のことだった。インド本土ではガーンディーやネルーの率いる国民会議派を中心とする独立運動と，全インド・ムスリム連盟の率いるパキスタン分離要求がぶつかり，世間の注目はヒンドゥー・ムスリム暴動に集まっていた。一方，東端の山岳地のナガの人びともインドの一部となることに承服せず，独立への動きを始めていた。しかし彼らの主張を後にインド初代首相となるネルーは「あなた方は独立するには後進的である」と一蹴し，インドの支配下に入ることが発展につながると決めつけた。

ナガの人びとがインドの一部となることに反対したのは，文化や言語，宗教などが異なっていたからだけではなく，インド本土の人びとから「野蛮な山岳民族」「遅れた未開の蛮族」と差別的に扱われていたからである。こうした状況にあるのはナガだけではない。北東部の多くの集団が他地域の集団とは異なる文化や言語，宗教的特徴をもつ。特に山岳地の人びとは中国雲南省やタイ，ミャンマーの山岳民族と文化や生活様式，身体的特徴で多くの類似性をもち，インド本土とは異なる民族的アイデンティティを形成してきた。

そのため，この地域では，自治や自決を求めたエスニック運動が跡を絶たず，武装紛争につながることも多い。特にナガの人びとは「野蛮な山岳民」という偏見をもたれ，「ゲリラ」「テロリスト」というレッテルを貼られてきた。こうした見方に一石を投じたのが，2000年代に興った，北東部から東南アジアや中国，ネパール，パキスタンまでつながる山岳地域を「ゾミア」とよび，山岳地帯を中心にした地域や境界研究の可能性を探る議論である（図12-1）。次項では，ゾミア論の問題提起をみてみたい。

(2) 国家に統治されない山岳地——「ゾミア」論の問題提起

「ゾミア」とはヒマラヤ山脈を中心とした，中央アジア・東アジア・南アジア・東南アジアにまたがる山岳地域とその周辺を指す。2002年に，オラン

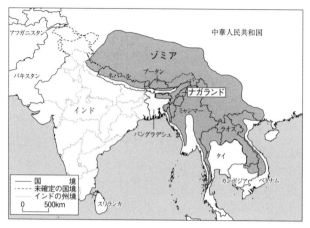

図12-1　シェンデルによるゾミアの領域

出所：Schendel（2002：653），Michaud（2010：188）をもとに宇根作成。

ダの歴史学者ウィレム・ヴァン・シェンデルがこの連続する山岳地帯はなぜひとつの地域として研究されることがなかったのか，ということを提起した。同時に，既存の地域研究は「中心」と「周辺」を作り出し，中心については知識が蓄積する代わりに周辺部は無視されるという問題を指摘し，従来の地域研究のあり方を疑問視した（Schendel 2002）。

　さらにアメリカの政治学者ジェームズ・C・スコットは，シェンデルのゾミア論に刺激を受け，なぜ高地に国家の統治が及びにくいのか，もしくは国家のような統治形態が発展しにくいのかという点を追求し，2009年に『ゾミア——脱国家の世界史』（邦訳2013年，みすず書房）を出版した。

　スコットの議論は，山地の人びとは文明から取り残されたわけではなく，むしろ平地の国家による支配をかわすために戦略的に高地を選び，独自の文化を築いてきたというものである。平地の国家の支配下に入ると，納税や徴兵，賦役などが課され，多くの者にとってそれは隷従的状態を意味した。また，奴隷制によって実際に拘束される人びともいた。山地は人びとが国家の支配から逃れて避難し，時には抵抗する拠点となった。狩猟採集や焼き畑などの生業や，平等主義的な社会構造などは戦略的な選択であり，支配されな

いための山地の人びとの知恵なのである（スコット 2009＝2013）。

スコットのゾミア論は，細部について，特に歴史的な実証部分について多くの異論があり，学術界で無批判に受け入れられたわけではない。しかし，北東部の研究者やジャーナリスト，地元の人びとなどは，おおむね好意的にこの議論を受け入れたようにみえる。それは，スコットの議論を前提とすると，焼き畑，狩猟採集，無文字社会といった北東部の特徴について，従来の「遅れた」「野蛮な」という評価が覆され，こうした文化は統治を避けるための術であり，山岳地の人びとの選択の結果であるという，地域の人びとの自律性を評価する歴史観を導くことができるからであろう。

(3) 「ゾミア」の示す未来

スコットの議論を踏まえると，今まで「遅れている」とされていた技術や知恵を再評価することは現代では重要な意味をもつ。たとえば焼き畑は「後進的」として非難されていただけでなく，人口増とともに森林を破壊するという理由で，別の耕作方法が推奨されてきた。しかし近年では，適正な人口規模で実施すれば破壊的ではなく，むしろその地域の環境に合っていると見直されている。

またナガ社会では，富を蓄えた者は饗宴（feast）を催し，村の人びとにごちそうをするという習慣がある。饗宴を主催した者は村のなかでも有力者となり，特別なショールを身につけることが許される。この習慣は20世紀にやってきたキリスト教宣教師から食糧や時間の無駄使いとみなされ，キリスト教が広まるにつれて廃れていった。しかし，よく考えてみれば非常に単純な富の再配分のシステムであり，平等主義的な社会を維持するために重要な役割を果たしていたものだろう。

環境破壊によるさまざまな影響から持続可能な社会の必要性が叫ばれ，またグローバル化が進み格差が広がるなかで，こうしたゾミア社会のあり方から学ぶべきことは多い。インドは2000年代以降に急激な経済成長を果たしたものの，その恩恵を享受できるのは一部の人びとにとどまり，格差が広がっている。社会はいまだにカーストや宗教によって階層化され，多くの貧困層

の人びとが存在するという問題を抱えている。むしろ，今まで周辺とみなしてきた山岳地の人びとの価値観から学べることも多いはずである。

　20世紀後半には盛んであった「ゾミア」地域における国家への抵抗は，21世紀に入ると停戦や和平協定という形で次第に沈静化し，現在のゾミア地域はほぼ国家によって鎮圧されたようにみえる。しかし，ここにきて，多くの国民国家がとる経済成長一辺倒のモデルが環境破壊などの問題を抱え，従来のモデルが大きな行き詰まりをみせている。ゾミアの人びとが国家の周辺部として「遅れた」「野蛮な」というレッテルを覆し，独自性を打ち出すとすれば，ゾミア社会における技術や知恵をオルタナティブな道として打ち出すことではないだろうか。このように，ゾミアを中心とした歴史観は，文明化や近代化が唯一の道であるという見方を大きく覆し，それ以外の道がありうるということを教えてくれる。

（木村真希子）

3　環インド洋地域——海がつなぐ世界

(1)　歴史の舞台としての海

　地球上のほぼすべての陸地が明確な国境で区切られた現代世界に住む私たちは，人間の営為を国単位で考えるきらいがある。「外」から人が攻めてくれば「ウチ」すなわち国を守るために上から下まで人びとが一丸となって戦うことが当然であり，戦いを傍観することは仁義に反し，ましてや侵略者に協力するなど論外，となる。しかしこのような考え方は，ヨーロッパでいわゆる国民国家が生まれてから次第に広まった比較的新しい考え方であり，それまでは国の「ウチ」に住む人びとに「国民」としての一体感があるわけではなかった。また，島国に住む私たち日本人は，海を人間の行く先を阻むものと見なしがちである。しかし海は古来より大量の人とモノの移動を可能にしてきた。歴史的にみれば，陸地よりも海域を主な活動の舞台にする人びとも多かった。

　インド亜大陸は，北部をヒマラヤとヒンドゥークシュという峻厳な山脈に，その他三方を海に囲まれているため，まとまりのある陸地のインド世界

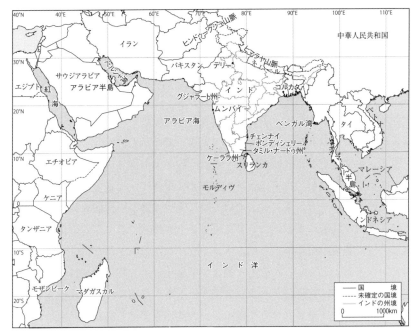

図12-2 環インド洋地域

出所：宇根作成。

が存在してきたかのようにみえる。しかしインド亜大陸を囲む海は，陸の世界とは異なる独自の世界を形作ってきた。環インド洋地域という概念は，海を舞台とする人の営為を把握することを可能にし，陸地中心の歴史観と現代世界理解を相対化するのを助けてくれる。本節では，西はアラビア海を経てアラビア半島およびアフリカ大陸東岸まで，東はベンガル湾を経て東南アジア島嶼部までを，環インド洋地域とよぶことにしよう（図12-2）。

(2) スパイスと綿織物——前近代の人とモノの流れ

　古代の南インドに興隆したパーンディヤ，チョーラ，チェーラ（ケーララ）の3王国は，いずれも海上貿易で栄えた。1世紀にギリシア語で書かれた貿易ガイドブック『エリュトラー海案内記』では，インド亜大陸の産物や港の数々が詳しく説明されている。また古いタミル語で書かれたサンガム文

学と総称される文献群は，「金貨を積んだ西方の船が胡椒を乗せて戻りゆく」とうたっている。実際，インド南東岸にあるポンディシェリー近郊のアリカメードゥ遺跡ではローマからもたらされたガラスや陶器が出土しており，ローマとインド沿岸部の人びととの間に交流があったことを裏づけている。インドの人びとは東南アジアとも交易した。ヴェトナム南部やジャワなど各地でビーズなどのインド製品が発掘されている。一方，東南アジアからはスパイスがインドを中継して西方へと渡っていった。

　西アジアでアッバース朝が成立すると，環インド洋地域西部でムスリム商人の活動が活発化し，次第にインドを越えて東南アジアまでその活動地域を広げていった。一方，東アジアでは，特に宋代以降に中国商人による南方海上への進出が顕著になる。こうして環インド洋地域では，両者の出会いと競合によって各地の沿岸都市を結ぶネットワークが形成された。

　インド人商人ももちろんその重要な一部を担った。特に10～11世紀は，インドと西方を結ぶ交易路がペルシア湾ルートから紅海ルートへと重点を移動したことにより，東アフリカや南インドの港が重要性を高めた。南インドでは東西貿易を取り仕切る商人ギルド（マニグラーマムやアイニュートゥルヴァルなど）が生まれた。東南アジア島嶼部各地に商業拠点を築いた彼らは，単に商人として活動するだけでなく，灌漑施設の整備に資金を提供するなど在地社会の一員として地域の発展に貢献した。

　海域の活動は時に陸地の社会構造を変える。たとえば13～14世紀のインド南東部（タミル地方）をみてみよう。インドの伝統的輸出品はスパイスや真珠，象牙などであったが，貿易が活性化すると綿織物や金細工などの手工業が発達し，13世紀頃からさかんに輸出されるようになった。これに伴い同地域ではカイコーラ（織布工）などの職人カーストやチェッティのような商人カーストが勢力を伸ばし，従来のバラモンとヴェッラーラ（農民カースト）中心の地域支配体制を変質させた。

　インド亜大陸西海岸には，ムスリムはもちろん，シリア派キリスト教徒，ユダヤ教徒なども来住した。各地の領主は商業活動をさらに活性化させようと「外」から来訪する人びとを積極的に受け入れ，貿易上の特権を与えた。

なおムスリム商人とは，かならずしも西アジアのアラブ人とは限らない。ボーラとよばれるムスリム商人コミュニティは，11世紀，イエメンからインド北西岸（グジャラート地方）に派遣されたイスマーイール派の活動で改宗した「インド人」である。インド南西部（ケーララ地方）ではペルシア系，アラブ系ムスリム商人と現地女性との間に生まれた子どもの子孫とされるマーピラというムスリム・コミュニティが形成され，南インドの諸王朝が必要とする軍馬の輸入に従事した。

　15世紀末，環インド洋地域に突如現れたポルトガル人は，新参者にもかかわらず，すでに確立されていた商習慣に従わず，自分たちの流儀を強制しようとした。ムスリムを敵視し，ポルトガルが発行する通行証をもたない船舶を拿捕するなど海上貿易の独占を試みたが，歴史ある環インド洋地域の貿易ネットワークで活動する人びとを完全に統制することはできなかった。100年ほど遅れてやってきたイギリスとフランスの両東インド会社員たちは，在地の支配者から住居兼倉庫を建築する土地を獲得し，さらには社員と商品を守るという理由でそれを要塞化する許可を得た。彼らの訪印目的は原則貿易であったが，在地勢力間の権力争いに参画し，徐々に領地を獲得・拡大していった。これがインドの植民地化の発端になったわけだが，ヨーロッパ勢力に加勢を頼んだ在地勢力を浅慮と非難するのは酷であろう。インドは古来陸からも海からもさまざまな人びとがやってきた。それゆえヨーロッパ人も「よそ者」あるいは「外国人」とはみなされなかったのである。

⑶　植民地支配の遺産——労働力としての人の移動と国境を越えた連関

　19世紀，イギリスの植民地となったインドからマレー半島や東アフリカなど環インド洋地域のイギリス領への人口移動が活発化した。それまでの人の動きを踏襲して，東アフリカへはインド西部の人びとが商人や行政官として海を渡り，東南アジアへはインド南東部のタミル人（タミル語話者）がプランテーション労働者として移動していった。チェッティなどの商人カーストもビルマやマレーに移動し商業金融ネットワークを築いた。現在マレーシアやシンガポールにタミル語話者が多数存在するのはこのような移動の名残

である。移民先に定住した今でも彼ら彼女らは，衣食や信仰などに故地の文化的慣習を強く残している。

スリランカもタミル語話者が多い国である。同国国勢調査でインド・タミルと分類される人びとは，イギリス植民地期に中央高地に造営されたプランテーションや鉄道・港湾の労働者として移動した人びとの子孫であるが，その他にも紀元前後から海を渡りスリランカ北東沿岸に住み着いたスリランカ・タミルとよばれる人びともいる。このような歴史的背景から，両者は同じタミル語話者でも文化的・社会的相違がある。植民地期に「スリランカはシンハラ人の国であり，シンハラ人とはシンハラ語を話す仏教徒である」と主張するシンハラ・ナショナリズムが生成すると，イスラームやヒンドゥー教は「外国」のものとみなされ攻撃されるようになった。スリランカが独立を果たすと，まずインド・タミルの多くが国籍を剥奪された。その後もシンハラ人中心政策が次々と施行され，スリランカ・タミルを抑圧する傾向が強まると，スリランカ・タミルの一部が武装して抵抗するようになった。抵抗運動は，対岸のインド南東部で興隆していたタミル・ナショナリズムと結びつき，長期にわたって展開された。スリランカ内戦は，国民国家の陸地中心的歴史観と海を舞台に活動してきた人びとの歴史的実態とのせめぎあいでもあった。

1970年代後半以降は湾岸諸国への労働力移動が顕著になった。同地域での大規模な開発事業によって労働力需要が増加したためである。湾岸諸国で働くインド人の半数近くを占めるのはインド南西部のケーララ地方出身者である。ここでもやはり歴史的な人の流れが作用しているといえよう。東南アジアのタミル人移民と異なり，彼らの多くは，湾岸諸国の法的規制により定住せずに数年の滞在を経てインドに戻ってくる出稼ぎ労働者である。したがって同地域では東南アジアのようにインド系各種コミュニティの文化が根を下ろしているとは言い難いが，それでもインド映画が現地の衛星放送で放映されるようになるなど，「インド人」の存在とその文化は無視できないものになっている。

海外に移動するインド人は，定住するにせよ出稼ぎにせよ故地とのつながりを維持し，出身地やカーストに基づくコミュニティ（「インド人」コミュニ

ティではない）を形成しているようにみえる。しかし移住先の人との交流や経験は，移住先に「インド的」諸要素を伝えると同時に彼ら彼女ら自身にも変化をもたらし，その変化は故地インドに還流している。環インド洋地域は国家の枠組みを超えて人びとの活動の舞台でありつづけている。

（志賀美和子）

4　イスラーム世界——国境を越えるムスリム・ネットワーク

(1)　イスラーム世界のなかの南アジア

　イスラームには宗教をベースにしたウンマという同胞意識がある。ウンマとは，古くは預言者ムハンマドのコミュニティを指し，現代では言語や国境を越えた世界中のムスリムを含みこむボーダレスでグローバルな共同体として認識される。このウンマ意識に基づいた現代的組織がイスラーム諸国会議機構，通称 OIC（Organization of the Islamic Conference）である。これはイスラーム世界版の国連といえよう。南アジアからは，バングラデシュ，パキスタン，モルディヴが加盟している。これにインドに住む1億5000万人のムスリムを合わせると，南アジアは世界のムスリム総人口の約3分の1を占める最大のムスリム集住地域となる。7世紀の中東で生まれたイスラームは，地理的にも歴史的にも南アジアに深く根づいている（図12-3）。

　南アジア域内で育まれたイスラーム文化に着目してみよう。16世紀から19世紀半ばまで，南アジアで最も長きにわたってムスリム王朝を築いたムガル帝国では，ペルシア語の詩をはじめとする文学やタージ・マハルやデリー城に代表される建築技術，ミニアチュール絵画とよばれる細密画などの美術，イスラームの伝統医学であるユーナーニー医学などが発達した。他にも宗教思想家シャー・ワリーウッラー（1703～1762）がアラビア語とペルシア語でクルアーンやハディースの著作を残すなど，哲学や神学，音楽も栄えた。

　イスラーム世界には古くから知を尊ぶ文化がある。10世紀から続くエジプト・カイロの学術教育機構アズハルや，15世紀の中央アジアのサマルカンドに建てられた壮大なマドラサ（寄宿制の高等教育施設）には，地元からだけ

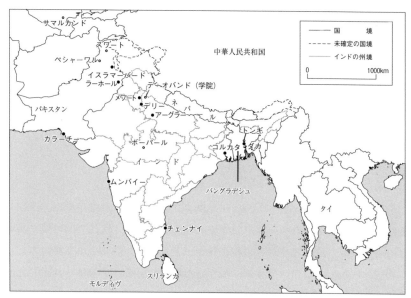

図12-3 南アジアのイスラーム世界

出所：宇根作成。

でなく海を越え山を越え，多くのムスリムが参集した。南アジアで代表的な
マドラサは，デリーから150km ほど北にあるデーオバンド学院である。

　1866年に開校したデーオバンド学院の画期的な点は，イスラーム教育にイ
ギリス式のカリキュラムやシラバスを取り入れたことにある。従来のマドラ
サにみられる異年齢混合教育や口頭試験に代わり，段階別の授業を取り入
れ，筆記試験を採用した。現代のデーオバンド学院は英語やコンピュータな
ど現代的な科目にも対応しており，インドの大学学部相当の学位も認められ
ている。現在，このデーオバンド学院方式のマドラサは，インド国内で約
3000校の支部をもち，さらに他の南アジア諸国や東南アジア，イギリスなど
まで広がっており，南アジアの最大学閥とされる。

(2)　宗教が生み出すテロ，社会福祉，教育

　2012年，パキスタンの北西部にあるスワートという街で，女子教育の必要

性をインターネットで発信していた15歳の少女マララ・ユスフザイが銃撃された。彼女は手術のためイギリスに渡り一命をとりとめ，2014年にノーベル平和賞を受賞した。襲撃したターリバーンは，パキスタンのペシャワル市近郊にあるデーオバンド系のハッカーニーヤ学院がその温床とされている。メディアではにわかにパキスタンの女子就学率や識字率の低さが取りざたされたが，この事件の以前から，女子教育を推進する宗教団体の例は枚挙に暇がない。

　南アジアで歴史のある慈善団体に，ハムダルド財団がある。財団の資金源となっているのは英領インドで1906年に始まったハムダルド製薬という大手製薬会社で，そのバックボーンを生かした医療の分野を中心に活動している。同財団はパキスタンのカラーチー郊外に薬学部を筆頭とする私立大学をもっており，ユーナーニー医学の最先端の研究所も有する。

　筆者は2006年にハムダルド大学の広大なキャンパスを訪れ，大型の図書館，学生寮，薬学部の研究所などを見学した。同大学は海外からの留学生も多く受け入れており，付属の小中高もある。学費は決して安くない。一方で，同財団は大学と隣接した敷地内に無料の学校も経営している。こちらはハムダルド・ビレッジスクールとよばれる高校までの教育機関で，近隣の農村から生徒が通っている。無料とはいえ，整備された校舎に，理科の実験設備や家庭科用作業室などが用意されている。

　もうひとつ南アジア内外での文化活動が目覚ましいアーガー・ハーン財団の事例をとりあげたい。アーガー・ハーンとは，イスマーイール派の有力な分派ニザール派のイマーム（指導者）が用いる称号で，インドではムンバイーに，パキスタンでは北部山岳地域に信者が集住する。現在の第4代イマームが設立したアーガー・ハーン財団は，衛生，教育，村落開発といった分野に注力しており，カラーチー市内には国内最難関の医大を有する。

　アーガー・ハーン財団は，高等教育のみならず，村落の教育にも取り組んでいる。フンザやギルギットなどパキスタン北部は，厳しい山岳地域で産業や資源に乏しいが，同財団が各村にダイアモンド・ジュビリー・スクールとよばれる私立学校を設置しており，教育熱心な地域でもある。これらの学校

で教鞭を取るのは地元出身の女性で，彼女たちの多くは同財団の奨学金でイスラマーバードやカラーチーの大学に通い，卒業後に再び地元に戻り，熱心な教師として活躍している。筆者が訪れた谷沿いの集落では，近くに無料の公立学校があるにもかかわらず，村民のほとんどが質の高い教育を求めて学費のかかる同財団の学校に子どもを通わせていた。

ハムダルド財団やアーガー・ハーン財団の学校運営は，宗教的な寄付であるザカート（義務的な喜捨）やサダカ（自発的な喜捨）に支えられている。イスラームでは，慈善活動が重要な信仰行為のひとつである。それは，篤志家が病院を建てるような高額な寄進だけでなく，自分の稼ぎに合わせてより貧しい人へ食事を振る舞うささやかな行いを含む。こうしたムスリム市民による慈善は，イスラーム世界の社会インフラ基盤になっている。

(3) 旅するムスリムを追いかけて

最後に，南アジアから世界に広がった宣教団体タブリーギー・ジャマーアト（以下タブリーグ）の草の根活動の事例から，ムスリムのネットワークを紹介する。

タブリーグは1926年に北インドのメワートで始まった「真のイスラームを取り戻す」運動である。創始者のマウラーナー・ムハンマド・イリヤース（1885〜1944）は，デーオバンド学院出身のウラマー（知識人）で，植民地主義による社会の西洋化やイスラームの形骸化を危惧し啓蒙活動を始めた。タブリーグとはアラビア語で「イスラームへの回帰を訴えること」を意味し，ジャマーアトは集団を表す。活動はムスリムを対象に行うものであり，数人で村々を訪れて，アッラーの名を唱えることや，礼拝をすること，イスラームの知識を得ること，同胞愛，宣教の必要性を説く。どれもイスラームにおいて宗派を問わず実践されている基本的な信仰実践である。

タブリーグの旅は隣村から隣県，時に地球の裏側まで及ぶ。ただし，交通費と滞在費は参加メンバーの自腹であり，さらにタブリーグに参加するには，故郷に残る自分の家族を養えることが必須条件となる。

北インドで20世紀初頭に始まったタブリーグの社会運動は，半世紀の間に

世界に広まった。筆者がイギリスの中部レスター近郊で出会ったインド系の青年は，仕事が休みの日に近隣でタブリーグに参加しているという。活動はシンプルで，一軒一軒ムスリムの家を訪ね，近所のモスクの集団礼拝に参加するよう促すチラシを配るというものである。

　東南アジアのタイでは，1980年代からタブリーグの活動が活発になり，現代のタイ国内において最大の規模と影響力を誇るイスラーム復興運動とみなされている（小河 2016：59）。タブリーグのメンバーたちが，ムスリムとしての公正な振る舞いを求める過程で，漁村の収入向上につながった例も報告されている（小河 2016）。

　西アフリカでタブリーグの拠点になっているのはガンビアである。ガンビアでは年配ムスリムの古い宗教観に対して，若者の新しい活動拠点としてタブリーグが選ばれているという。同国最大都市セレクンダの集会には5000人を超すメンバーが集まる（Janson 2014: 2）。

　こうして南アジアから世界各地に広まった啓蒙運動が，再び南アジアに集結する機会がある。それが年に一度のイジュティマー（年次集会）である。南アジアの各地で100万人規模の集会が開かれ，世界中のタブリーグ・メンバーが勉強や交流のために集う。代表的なのはインドのボーパール，バングラデシュのトンギなどで，なかでも特に大きなパキスタンのラーイウィンドで行われたイジュティマーは，マッカ巡礼に次ぐ規模のムスリムが参集するといわれている。南アジアで始まった活動が，トランスナショナルなレベルに広がり，各地でローカルな文脈に沿った現地化が行われ，再び南アジアで合流するさまは，南アジアの多宗教・多様性を前提としたイスラームを象徴していよう。

（須永恵美子）

5　南アジア系移民の世界
——植民地の年季契約労働から，出稼ぎ，高度技能人材まで

(1)　南アジアにルーツをもつ人びとの軌跡

　日本では「南アジア系」と聞いても，何か具体的なイメージがすぐに思い

浮かぶ人は少ないかもしれない。しかし，IT産業を牽引するマイクロソフトCEOのサティヤ・ナデラや，グーグルCEOのスンダル・ピチャイ（いずれもインド系），ロンドン市長のサディーク・カーン（パキスタン系），ロックバンド「クイーン」のフレディ・マーキュリー（インド系）をはじめとして，グローバルに活躍してきた南アジア系の著名人は多い。

　現在の南アジア系移民を大きく分けると，①南アフリカ，モーリシャスといった旧イギリス植民地への移民第1～3世代，②中東産油国への出稼ぎ移民，③グローバル化した経済下で人材獲得の国際競争が激しくなるなか，法律・会計・医療・IT分野など専門職に従事し，アメリカをはじめとする英語圏の欧米先進国で暮らす人びと，となる。たとえば，サティヤ・ナデラとスンダル・ピチャイは③，サディーク・カーンとフレディ・マーキュリーは①の第2世代に該当する。

　本節では南アジア系移民の多数を占め，先行研究が比較的蓄積されてきたインド系移民に注目し，移動の歴史と，グローバル・ローカルに構築されるネットワークをみていこう。

　南アジア系移民の数は世界全体で2000万人を超えると推計され，中国系移民（およそ4000万人）に次ぐ。粟屋（2004）が指摘するように，中国系移民が東南アジアに多く集中しているのに対して，南アジア系移民は世界中に分布しているのが大きな特徴である。

　その歴史は19世紀のイギリス植民地期にさかのぼる。この第一の波では，1833年に奴隷制を廃止したイギリスが年季契約雇用制度を開始したことにより，奴隷にかわる安価なプランテーション労働者として，南アジアから100万人以上がイギリス帝国のマレー半島やカリブ海諸島，インド洋諸島，フィジー，アフリカへ送り出され，厳しい労働生活を強いられた（コーエン（2012）のいう「労働ディアスポラ」）。一方，よりよい機会を求めて「自発的に」海を渡る貿易商や法律など専門職のインド人も存在し，渡航先でコミュニティを形成した。

　続く第二の波は，1947年のインド独立および第二次世界大戦後の経済復興によって生じた。非熟練労働の需要が高まったイギリス，アメリカ，カナ

ダ，オーストラリアなどの英語圏の先進諸国へ移住する動きがみられた。

　さらに第三の波として，1960年代後半からは，高学歴で医師やエンジニア
などの専門職に従事する熟練労働者たちが，入国制限の緩和された先進諸国
をめざし始めた。アメリカのインド系移民は，全国民平均より高い教育と給
与水準を達成していることから，「モデル・マイノリティ」とよばれた。こ
の時期には，母国インドから優秀な人材が海外へ出ることで生じる人的損失
を問題にした「頭脳流出」という言葉も使われ始めた。一方で，最近は海外
へ出た高度技能人材が帰国して新たなビジネスや社会活動を開始する「頭脳
還流」の動きもみられ，その影響が注目されている。

　こうした専門職の英語圏先進国移住のパターンとは別に，非熟練・半熟練
労働者が職を求めて，オイル・マネーによる好景気で大規模開発が進む中東
産油国へ向かう動きが1970年代から始まる。このパターンは2000年以降さら
に拡大傾向にある。男性の単身出稼ぎ者が中東産油国のインド系移民の大部
分を占め，契約終了後に帰国するケースが多い。短期の労働契約が多く，移
民が受入国で定住・永住する権利を獲得することは非常に困難である。

(2)　グローバル・ローカルに構築される「絆」

　南アジア系移民社会・文化の特徴は，このように移民たちの軌跡が時代，
地域，階層によってさまざまに異なっており，さらに宗教，カースト，言語
的要素が重層的に絡みあっていることである。たとえば，筆者が調査をして
いるイギリスでは，カーストごとに異なる宗教施設が存在する。第1，第2
世代へのインタビューを通じて，移民先でもインドのローカルなカースト的
慣習が残っていることが確認できた。「移民してきた頃（1950年代）は，街
にグルドワーラー（シク教の寺院）はひとつしかなかった。その頃はカース
トの出身も関係なく，みんな助けあって暮らしていた。でもしばらくしてコ
ミュニティが大きくなってから（1970年代），それぞれのカーストごとにお
寺（マンディル，バワン，アシュラム）を建てることになった」と，ケニア生
まれの移民第2世代の男性は語る。彼の父親はイギリス植民地期にインドか
らケニアに移住し，その後，イギリス・バーミンガムに再移住した。移民第

2世代以降に特徴的な点として，アイデンティティの複層性がある。「ブリティッシュ」，「インド人」というナショナルな帰属意識に限定されず，「エイジアン」（南アジア系移民を指す），「ラヴィダーシア」，「ヴァールミーキ」などの出身カーストや宗教的アイデンティティを場面に応じて選択的に表明する。「ブリティッシュ（イギリス人）」として，移住先の文化社会を取り入れる同化・統合プロセスでは十分に捉えきれない姿がそこにある。

　カーストのようなローカルな慣習に加えて，移民社会にはグローバルに構築される「絆」もある。情報通信や金融システムの技術革新が目覚ましい発展を遂げ，インターネットを使った電話や送金サービスを通じて今までにないスピード感で故郷と移住先社会がつながっている。海外からインドへの送金額は1991年から急上昇し，2017年には690億ドルに達している。その用途は家族や親族，コミュニティの支援のみならず，インド国内の宗教，社会，政治団体の活動を支持する寄付金も多い。こうした国境を越えたネットワークが，故郷の政治や経済，社会にどのような影響を及ぼしているのか，という問いも地域研究には含まれている。

　移動がより常態化している現代社会において，「国家」を中心に据えるこれまでの見方には揺らぎが生じている。今日の南アジア地域研究にとって「移民」が重要なテーマになってきた理由として，1990年代以降の急激な社会変容が各国内の現象という枠組みでは捉えきれなくなってきたことがあげられる。移民が抱えるアイデンティティの戸惑いや，故地の文化，コミュニティとのつながりを通じて形成されるパラレルな世界観を理解するためには，南アジアの地域概念を，より広がりのある可変的・動態的な視点で捉え直すことが不可欠である。南アジア系移民の存在は，固定的に捉えがちな地域概念を見直す可能性を秘めている。異文化世界との絶え間ない接触によって形成されてきた南アジア世界を移民の視点から探求する価値はここにある。

（鈴木真弥）

参考文献

（第1節）

石井溥　2003『ヒマラヤの正倉院――カトマンズ盆地の今』山川出版社。

石井溥　2017「聖地カトマンドゥ――諸宗教・観念の複合と変化」『ヒマラヤ学誌』
　　18：147-157。

ヴィヴェイロス・デ・カストロ　2016「アメリカ先住民のパースペクティヴィズムと
　　多自然主義」『現代思想』2016年3月臨時増刊号，近藤宏訳，青土社，41-79頁。

佐伯和彦　2003『ネパール全史』明石書店。

スタン，R・A　1993『チベットの文化　決定版』山口瑞鳳・定方晟訳，岩波書店。

立川武蔵　2006「ポン教と曼荼羅」長野泰彦編『チベットポン教の神々』国立民族学
　　博物館，28-35頁。

月原敏博　2008「チベット文化の核とアイデンティティー」『ヒマラヤ学誌』9：17-41。

長野泰彦編　2006『チベットポン教の神々』国立民族学博物館。

名和克郎　2017「体制転換期ネパールにおける『包摂』の諸相――言説政治・社会実
　　践・生活世界」名和克郎編『体制転換期ネパールにおける「包摂」の諸相』三元
　　社，1-34頁。

根本かおる　2012『ブータン――「幸福の国」の不都合な真実』河出書房新社。

宮紀子　2007『モンゴル帝国が生んだ世界図』日本経済新聞社。

宮本万里　2017「現代ブータンのデモクラシーにみる宗教と王権」名和克郎編『体制
　　転換期ネパールにおける「包摂」の諸相』三元社，525-554頁。

森本泉　2012『ネパールにおけるツーリズム空間の創出――カトマンドゥから描く地
　　域像』古今書院。

薬師義美　2006『大ヒマラヤ探検史――インド測量局とその密偵たち』白水社。

山口瑞鳳　1987『チベット（上）』東京大学出版会。

（第2節）

スコット，J・C　2013『ゾミア――脱国家の世界史』佐藤仁監訳，みすず書房（J.
　　Scott 2009. *The Art of not Being Governed: An Anarchist History of Upland
　　Southeast Asia*. New Haven and London: Yale University Press）。

Michaud, J. 2010. Editorial- Zomia and beyond. *Journal of Global History* 5: 187-214.

Van Schendel, W. 2002. Geographies of Knowing, Geographies of Ignorance: Jumping
　　Scale in Southeast Asia. *Environment and Planning D: Society and Space* 20:
　　647-668.

（第3節）

辛島昇　2000『海のシルクロード――中国・泉州からイスタンブールまで』集英社。

辛島昇編　2007『世界歴史体系　南アジア史3　南インド』山川出版社。

古賀正則・内藤雅雄・浜口恒夫編　2000『移民から市民へ——世界のインド系コミュニティ』東京大学出版会。

重松伸司　1993『マドラス物語——海道のインド文化誌』中央公論社。

重松伸司　1999『国際移動の歴史社会学——近代タミル移民研究』名古屋大学出版会。

チャンドラ，S　1999『中世インドの歴史』小名康之・長島弘訳，山川出版社。

羽田正　2007『東インド会社とアジアの海』講談社。

家島彦一　2006『海域から見た歴史——インド洋と地中海を結ぶ交流史』名古屋大学出版会。

（第4節）

小河久志　2016『「正しい」イスラームをめぐるダイナミズム——タイ南部ムスリム村落の宗教民族誌』大阪大学出版会。

Janson, M. 2014. *Islam, Youth and Modernity in the Gambia: The Tablighi Jama'at.* New York: Cambridge University Press.

（第5節）

粟屋利江　2004「グローバリゼーションと南アジア系移民——イギリスの場合を中心に」『月刊言語』33（5）：64-71。

コーエン，R　2012『新版グローバル・ディアスポラ』駒井洋訳，明石書店。

古賀正則・内藤雅雄・浜口恒夫編　2000『移民から市民へ——世界のインド系コミュニティ』東京大学出版会。

●読書案内●

『チベットの文化　決定版』R・A・スタン，山口瑞鳳・定方晟訳，岩波書店，1993年
　　チベットの風土や歴史，社会に加え，民俗的伝統（無名の宗教）からボン教，チベット仏教に至る過程を解説したチベット文化研究の古典的文献。

『体制転換期ネパールにおける「包摂」の諸相』名和克郎編，三元社，2017年
　　王政を廃止し，共和制に移行したネパールで何が起きたのか。同時期のブータンの事例とともに，14名の研究者がネパールの多様な領域に関わるフィールドワークの成果から明らかにする。

『ゾミア——脱国家の世界史』
　　　　J・C・スコット，佐藤仁監訳，池田一人他共訳，みすず書房，2013年
　　　　「なぜ山岳地に国家の統治が及びにくいのか」という問いを出発点とし，
　　　　山地の人々は平地の国家の支配をかわすために意図的，戦略的に高地を
　　　　選び，独自の文化を築いてきたという斬新な歴史の再解釈を提示する。

『血と涙のナガランド——語ることを許されなかった民族の物語』
　　　　K・D・イラル，木村真希子・南風島渉訳，コモンズ，2011年
　　　　ナガランド独立をめぐるインドとの紛争に関して，現地における詳細な
　　　　聞き取りをもとにナガの人々の視点から書かれている。

『東インド会社とアジアの海』羽田正，講談社，2007年
　　　　西欧各国の東インド会社とそれらに関わった人びとに光を当て，西欧か
　　　　らインドを経て日本まで海上交易でつながっていくさまを活写する。

『海が創る文明——インド洋海域世界の歴史』家島彦一，朝日新聞社，1993年
　　　　インド洋を舞台とするネットワークの形成を多様な観点でとらえつつ，
　　　　海を介して文明が創られていく過程を詳述する。

『アジアに生きるイスラーム』笹川平和財団編，イースト・プレス，2018年
　　　　東南アジアから南アジアまで，「中東ではない」イスラーム社会や文化
　　　　の概説書。インドのデーオバンド学院の訪問記も貴重である。

『ムスリム NGO——信仰と社会奉仕活動』子島進，山川出版社，2014年
　　　　ハムダルド財団を含めたイスラーム系 NGO について，それぞれの活動
　　　　を考察している。東日本大震災での支援活動も取り上げている。

『移民から市民へ——世界のインド系コミュニティ』
　　　　古賀正則・内藤雅雄・浜口恒夫編，東京大学出版会，2000年
　　　　インド系，南アジア系移民社会の歴史，地域・宗教・カーストコミュニ
　　　　ティの特徴，ネットワーク形成などを包括的に学ぶことができる。

『その名にちなんで』J・ラヒリ，小川高義訳，新潮社，2007年
　　　　移民をテーマとする優れた小説は多い。ピューリッツァー賞をはじめ
　　　　数々の文学賞を受賞したインド系アメリカ人作家が，インドからアメリ
　　　　カに移民した家族を描く。本作は映画化され，日本でも注目を浴びた。

芸能
グローバルに拡散する芸能文化

竹村嘉晃

　南アジアには，音楽，舞踊，歌謡，芝居，影絵，仮面劇，人形劇，絵語りといった，多様な芸能が今日まで伝承されている。それらは，宮廷や上層階級を中心とした社会空間のなかで発展した古典芸術と，ローカル社会の年中行事や日常生活のなかで育まれた民俗芸術に大別される。たとえばインドでは，古典音楽としてイスラーム王朝のもとで発展した北インドのヒンドゥスターニー音楽とヒンドゥー的な伝統を色濃く残す南インドのカルナータカ音楽，古典舞踊ではバラタ・ナーティヤム，カタック，オリッシー，クチプディなどが伝承されており，それらは南アジアにも広く伝わっている。またヒンドゥー寺院の祭礼や家庭での祈りの際に詠唱されるバジャンやキールタン，イスラームの儀礼で上演されるカッワーリーといった宗教歌謡のほか，世界無形文化遺産に登録されたラージャスターン州のカルベリア・ダンスなどの民俗舞踊もある。

　南アジアの芸能の多くは，もともと伝承や上演が特定の地域，宗教，階層，カースト，集団，ジェンダーなどに限られていたが，近代以降はそれらの境界を越えて演じられる機会が増えていった。特にインドでは，芸能者たちが地域の社会関係やカースト制度のなかに組み込まれており，イギリス植民地支配の影響や近代化における社会構造の変化によってパトロンが衰退すると，伝承や上演機会に翳りが生じた。生活に困窮した彼らが映画や音楽産業に活路を求めた一方で，一部のエリートは近代教育システムに基づく芸術機関を設立し，ローカルな芸能を舞台芸術へと昇華させた。結果として芸能伝承の門戸は外に開かれ，良家の子女が嗜む習い事にまで発展した。

　加えて，欧米諸国を中心とした1980年代のワールドミュージック・ブームやボリウッドに代表されるインド映画の浸透，専門技術を有する南アジア系移民や政治難民の増加によるコミュニティの拡大が契機となって，南アジアの芸能が世界中に拡散していった。それは実演家たちにグローバルな活動機会を与え彼らの社会的流動性を高めた一方で，つながりや上演機会を求める移民の子女たちが本国に資本と新たな価値観をもたらし，ローカルな芸能の様態や意味づけ，社会関係に影響を及ぼしている。

第13章

南アジアと日本

イメージと現実の交錯

石坂晋哉

日本軍によるインパール爆撃で父親を失ったニマイチャラン・シン氏（右）にお話を
うかがう。左はマニプル大学政治学教授イボ・シン氏。イボ・シン氏は1979〜80年
に半年間，早稲田大学留学という経歴の持ち主である（2019年，インド・マニプル州イ
ンパールにて筆者撮影）

いまや，世界人口の4人に1人は南アジアの人びとである。南アジアでは現在も人口
増加が続いている。グローバル化が進むにつれて，日本と南アジアの人びとが出会う
機会は，ますます増えていくであろう。南アジアの人びとは一般に「親日的」だと言
われるが，果たして今後もその傾向は続くだろうか。本章では，仏教伝来から現代に
いたるまでの，南アジアと日本の関係史をふりかえってみたい。

1 「天竺」と日本

(1) 仏教伝来とインド・イメージ

日本では，インドはお釈迦さまが生まれた国として，「天竺」や「印度」の名で知られていた。インドで仏教が興ったのは前5世紀のことである。これが朝鮮および中国を通じて日本に伝わったのは，6世紀のことであった。インド文化が仏教を通じて日本に与えた影響は非常に大きい。しかし，日本の仏教は，インドの原始仏教とは大きく異なるものである。また，インドで最も多くの人びとに信奉されてきたのはヒンドゥー教であって，仏教ではなかった。日本で親しまれている帝釈天・弁才天・毘沙門天なども，ヒンドゥー教の神である。

古代の日本人で，インドに渡った者は1人もいない。それに対し，インドから日本にやってきた人物は，1人，確認されている。南インド出身の菩提僊那（ボーディセーナ）である。中国滞在中に招かれて奈良を訪れ，752年の東大寺の大仏開眼に際して導師を務めたという。この唯一の例外を除き，日本とインドの間には長らく直接の交流はなかった。

古代から中世にかけて，日本では，多くの僧侶が理想の国としてインドを憧憬した。今日の日本でも，仏教の故郷インドというイメージは失われていない。「仏跡巡りツアー」は今も日本人のインド観光定番ツアーのひとつである。

他方，古代インドでは，日本のことはまったく知られていなかった。日本と南アジアの関係史は，仏教伝来と，そこでのイメージに基づく日本側からインドへの一方的な憧れによって，始まったのである（山崎・高橋 1993）。

(2) ヨーロッパ経由のインド・イメージ

16世紀になると，南蛮人と呼ばれたヨーロッパ人が，日本にさまざまな知識と技術をもたらした。そのひとつが世界地理の知識であり，日本人は初めてインドより西の地理について知ることとなる。1582年，ローマに向かった

天正遣欧少年使節は，インド西海岸の当時ポルトガル領であったゴアに立ち寄り，日本人として最初期にインドの土地を踏んだが，キリスト教徒となった彼らには，インド自体に関する関心はなかった。

　江戸時代の鎖国政策下では，日本の人びとの間に現実のアジアの国ぐにに対する関心や正しい認識が生まれることはきわめて困難であった。しかし幕末期になると，インドがイギリス植民地体制に組み込まれたことが知られるようになる。そこでは，「列強の前にすでに従属させられたインド，現在侵食されつつある中国，そしてその危機が身近に迫っている日本」という構図で情勢が捉えられていた（山崎・高橋 1993：33）。

　明治期の思想家のアジア観・インド観としては，福沢諭吉（1835～1901）の「脱亜論」（1885年）が有名である。福沢には，アジアから何かを学ぶという姿勢はなかった。福沢にとってインドとは，「日本がその轍を踏むべからざる悪しき例」にすぎなかったのである（山崎・高橋 1993：37）。

2　直接的交流の始まり

(1)　「綿」をめぐる日印関係

　経済学者の高橋満によると，「明治から第二次大戦までの日印関係の歴史をふりかえってみると，政治や思想，文化の面の交流にくらべて，経済関係が突出した地位を占めていたといえる」（山崎・高橋 1993：111-112）。そして，当時のその日印経済関係の中心となっていたのが，「綿」をめぐる貿易であった。

　古代以来，18世紀までは，世界の綿業の中心地はインドであった。ところが，イギリスの産業革命後ランカシャーの近代綿業によりインドの伝統的綿業がひどく破壊されたことは，よく知られている。19世紀後半になると，インドは，イギリスの植民地下で近代工業の歩みを始め，ボンベイを中心に綿紡績業（綿花から綿糸を製造）が発展する。日本の幕末開港から明治中期には，インドの近代綿紡績業は，日本よりはるかに発展していた。

　明治時代の日本も「殖産興業」に取り組み，その大きな柱が近代綿工業の

育成であった。開港後の日本では，イギリス綿布が国内市場に流入し，日本の在来綿業は大打撃を受けた。そこでまず日本は，安価で高品質のインド綿糸を輸入して製織することを始め，それと並行して綿紡績業の振興に取り組んだのである。その結果，1897年には綿糸の自給化が実現し，1901年には綿布の自給化も達成した。

この間，日印貿易関係は大きな変貌を遂げた。インド綿糸の輸入にかわり，インド綿花が輸入されるようになったのである。さらに1930年代に入ると，インド市場において，日本はイギリスを抜いて綿布輸出国の第1位になった。

その動きを加速させたのが，1893年のボンベイ航路（直行便）開設である。香港や上海を経由せずに直接に日印間貿易が可能となったことで，神戸や横浜には多くのインド商館が建ち並び，インド人商人も多くやってくるようになった。また，日本商社によるインド綿の直接買付もさかんに行われるようになった。たとえば1918～19年頃，東綿は奥地出張員約20名，インド人約200名を雇用していたし，日綿も奥地出張員30数名，現地雇用員200名以上を擁していたという（山崎・高橋 1993：104）。

1910～30年代の日印貿易は，日本の貿易総額の10％超を占めていた。その中心は，綿花輸入と綿布輸出であった。綿業は近代日本のリーディング産業であり，日印貿易は大きな重みをもっていたのである（山崎・高橋 1993：112）。

(2) 日英同盟と日印関係

19世紀末から20世紀初頭にかけての時期，日本は，日清戦争（1894～95），日露戦争（1904～05），韓国併合（1910）などを通じて対外進出を進めていった。他方インドでは，国民会議派設立（1885），ベンガル分割反対運動（1905）など，イギリスからの脱植民地化をめざす独立運動が始まっていた。そうしたなかでインドでは，特に日露戦争での日本の勝利が注目を集めた。アジア人に対するヨーロッパの優越性という神話が崩壊した，とされたのである。

しかし20世紀初頭の日印関係は，あくまでも日英同盟（1902～23）の枠組みの内にあった。日英同盟では，日本は朝鮮における利権をイギリスに承認

させるかわりに，インドにおけるイギリスの利権を認めていたのである。つまり日本は日英同盟下でインドを見殺しにすることでアジア侵略の足場を固めていったのであった（山崎・高橋 1993）。

(3) 岡倉天心とラビーンドラナート・タゴール

近代日本美術の指導者であった岡倉天心（1862～1913）は，1902年に約10ヶ月インドを訪問し，インドの宗教家ヴィヴェーカーナンダ（Vivekananda, 1863～1902）とともに仏教聖地ボードガヤーやサールナートに巡遊し親交を結んだ。「アジアは一なり」という岡倉の言葉は有名であるが，それは「アジアを制圧しようとするヨーロッパの力に対し，アジアの文化的伝統を対置させ，『アジア的様式を守り，これをさらに緊張させる』ことこそアジアの課題」だという意味であった（山崎・高橋 1993：41）。また岡倉は，日本文化・美術の伝統の源流のひとつとしてインドの宗教・美術・文化の歴史的変遷を紹介し，それ以後の日本におけるインド文化への関心・理解に大きな影響を与えた（山崎・高橋 1993：41）。

岡倉はコルカタで，詩人・文学者のラビーンドラナート・タゴール（ベンガル語読みではロビンドロナト・タクル）（Rabindranath Tagore, 1861～1941）にも会っている。1913年にアジア人として初めてノーベル賞（文学賞）を受賞したことで知られるタゴールは，通算 5 回（1916年，1924年，1929年），訪日している。彼の最初の日本訪問に同伴したイギリス人の友C・F・アンドリュースは，日本での出来事を次のように総括したという。

> 彼ら日本国民は，当初は詩人をアジアに名誉をもたらした功労者として熱狂的に歓迎した。しかし，タゴールが日本のあらゆる面に見た軍事的帝国主義に反対する考えを力強く述べ，それとは対照的に世界的友愛の展望をもって，東洋と西洋の真の出会いについて彼自身の理想の絵図を語ったとき，こんな「平和主義」の教えは戦時には危険であり，このインド人の詩人は敗北国民の代表なのだというほのめかしが広がった。そのために，熱狂が高まったのとほとんど同じ速度で，それは冷却した。ついに，詩人はほとんど孤立してしま

い，彼が極東の国に来た目的は果たされないままになった。(森本 2015 : 274)

　日本ではジャーナリストや一般民衆が一時的に熱狂的にタゴールを歓迎する
一方，友人の横山大観（1868〜1958）など少数の者を除き，知識人や文学者
はタゴールに対し冷淡であったという。しかし第二次世界大戦後，タゴール
再評価の動きが高まり，ベンガル語原典から日本語への翻訳も進んでいる。

　他方，タゴールとタゴール家は，インドにおいてさまざまな日本文化を広
めるきっかけを作った。タゴールの従甥（叔父の孫）でありベンガル派の代
表的画家であるオボニンドロナト（Abanindranath Tagore, 1871〜1951）とゴ
ゴネンドロナト（Gaganendranath Tagore, 1867〜1938）兄弟は，日本画家の
横山大観や菱田春草（1874〜1911）らの訪印時に交流した。さらにタゴール
は，茶の湯，生け花，農芸や，特に柔道の導入にも熱心だったという（我妻
2006）。

3　第二次世界大戦下の日本と南アジア

(1)　東南アジアへの日本軍の侵攻とインド国民軍

　第二次世界大戦（1939〜1945）は，ドイツ，イタリア，日本などの「枢軸
国」と，イギリス，フランス，ソ連，アメリカなどの「連合国」とが全世界
的規模で戦った戦争である。1939年にドイツ軍によるポーランド侵攻によっ
て始まった。日本は当時すでに1937年から中国と戦争状態にあったが，1941
年12月，日本軍がマレー半島とハワイ真珠湾を攻撃したことで，日本も第二
次世界大戦に参戦した。

　日本軍は1941年12月のマレー半島上陸後，東南アジア各地に侵攻し，翌
1942年には，マニラ（フィリピン），シンガポール，ジャワ（インドネシア），ラ
ングーン（ビルマ）などを次々と占領した。東南アジアには多くのインド人が
住んでおり，また東南アジアに駐屯するイギリス軍のなかには多くのインド
人兵士がいた。日本軍は開戦直前から，そうした東南アジアのインド人・イ
ンド兵を日本側の味方につけるため，陸軍参謀本部第8課に「F機関」とい

う謀略組織を設立し，工作活動を行っていた（F機関は後に，岩畔機関，光機関，と名称を変更）。

　1942年2月にシンガポールが陥落すると，イギリス軍から投降し日本軍の戦争捕虜となった数万人のインド人兵士を中心として，インド国民軍（Indian National Army）が結成された。その後，1943年7月には，このインド国民軍の総司令官にインドの政治家スバース・チャンドラ・ボース（Subhas Chandra Bose, 1897～1945）が就任し，自由インド仮政府が樹立された。

図13-1　1944年の東南アジアとインド
出所：Bose（2011）所収の地図をもとに筆者作成。

　当時，インド独立運動の主流派は，第二次世界大戦が勃発すると，M・K・ガーンディー（Mohandas Karamchand Gandhi, 1869～1948）やネルー（Jawaharlal Nehru, 1889～1964）などを中心として，「連合国」と協力しつつインド独立をめざすという方針をとった。それに対しボースは，「敵の敵は友」の論理に従って，イギリスの敵であった「枢軸国」のドイツや日本と手を組んで，反英活動を展開しようともくろんだのである。インド国民軍は1944年，日本軍とともにビルマ（現ミャンマー）の国境を越えて，インドに侵攻する作戦に参加することとなる（山崎・高橋1993）。

(2)　インパール作戦

　第二次世界大戦中，日本軍は南アジアにおいて，インド北東部のインパールおよびコヒマ周辺そしてベンガル湾のアンダマン諸島に侵攻したほか，インド北東部アッサム地方やインド東部のカルカッタ，インド南部のヴィザガパタム（ヴィシャーカパトナム），さらに，スリランカ（セイロン）のコロン

ボとトリンコマリーなどを爆撃した（中里 2007）。

とりわけ広く知られているのが，「インパール作戦」（1944年3～7月）である。1944年3月，日本軍は，インド北東部のインパールの攻略をめざした作戦を開始した。この作戦の主目的は，（1）連合国が中国の蒋介石政権を支援していたルート（通称「援蒋ルート」）を遮断することと，（2）ビルマを防衛することの2点であった。インパールは当時，連合軍の重要な拠点だったのである。日本兵8万5000人と，インド国民軍兵士6000人が作戦に参加したが，結果的に日本側は大敗を喫し，死者・行方不明者は日本兵2万人以上，インド兵2000人以上に上ったとされる。作戦は3月に開始されたが，当初インパール攻略までに3週間しかみていなかったため，準備された食料武器弾薬は20日分のみであり，20日以降の分は現地調達とされていた。しかし結局，作戦は7月まで継続され，その間，追加補給がなされることはなかった。こうしたことから，インパール作戦は史上稀にみる「無謀な作戦」だったとして知られている。作戦遂行にあたった3個師団の全3師団長が途中で交代するなど，命令系統が混乱したことも，事態の深刻化に拍車をかけた。さらに，実際の戦闘の場ではなく，退却時の行路において，激しい雨季の到来ともあいまって，より多くの兵士が病気や飢えにより命を落としたこともあり，インパール作戦は「悲惨な作戦」だったとして知られている（山崎・高橋 1993）。

日本では「無謀」で「悲惨」な作戦だったとして知られるこのインパール作戦は，南アジアの人びとにとって，果たしてどのような意味をもったのだろうか。

ひとつの論点は，インパール作戦（1944年）が，インド・パキスタン独立（1947年）に貢献したのか否かという問題である。結論からいうと，インパール作戦が全体として「インド独立・アジア解放のための戦いだった」と言い切るには無理があるが，インド国民軍に対するインド民衆の支持が独立の要因となった面はあったといえる。

たしかに日本軍は，インド国民軍の創設にあたって，東南アジアのインド人たちに向けて「日本軍は欧米の帝国主義からアジアを解放するために戦っ

ている」「インド兵も反英の戦いに加われ」と説得を行った。インド国民軍に関わった人びととやインパール作戦に参加した兵士たちのなかに，この戦争がインド独立のためのものだと信じていた者も少なくはないが，上述のようにこの作戦の主目的はあくまでも，援蔣ルート遮断とビルマ防衛だったのである。

　インド独立との関連で重要なのは，戦後の1945年から翌1946年にかけて実施されたインド国民軍裁判である。インド国民軍兵士は，イギリス国王に対する反逆罪等で軍事裁判にかけられることになり，これに対しインドの人びとの間で，裁判反対闘争が高まりをみせた。おりしもインドでは総選挙が実施され，ネルーらインド国民会議派は選挙運動で，インド国民軍将兵の無実を訴え，圧倒的勝利を収めることとなった。さらにインド国民軍裁判反対闘争は，1946年2月のインド海軍の反乱を誘発したとされる。海軍反乱事件は，軍という「インド支配の根幹」が真に揺るぎ始めたことを示す出来事であった（長崎 2019：143）。独立後のインド政府も，インド国民軍兵士を「解放のための戦士」と認定して顕彰し，生存者には年金を支給してきた（中村 1994：114）。

　2つ目の論点として，実際に戦闘が行われたインパール周辺の人びとにとって，この作戦はどのような意味をもったかという問題がある。

　インパールは，マニプル藩王国の首都であった。マニプル藩王国は，1891年にイギリスとの戦争に敗北し，イギリス統治下に入った国である。マニプルは第二次世界大戦後，インド独立から2年後の1949年に，インドに組み込まれることとなった。インドに組み入れられたマニプルではその後，地元の人びとによる自治（や独立）をめざす運動が武装化するとともに，地域内のさまざまなエスニック集団間の勢力争いが激化し，半世紀以上にわたって紛争が続くこととなった。このマニプル現代史のなかで，インパール作戦が，どのような意味をもったかについての研究は，まだあまり進展していない。

　マニプル藩王国などインド北東部の大半は，戦前，イギリスの影響力があまり及んでいない地域であった。しかし第二次世界大戦の「最前線」となったために，社会，文化，軍事，政治，行政，宗教，経済など，さまざまな側

面で大きな変化が急速にもたらされることになった。マニプルやその周辺地域には，さまざまなエスニック集団が居住しており，そうした各集団間関係の変化にも，大戦の強い影響があったという（Guyot-Réchard 2017）。インパール作戦に際しても，現地の人びとのなかには，連合軍に加わった者もいれば，インド国民軍に参加し日本軍の側についた者もいた。敵味方に分かれて戦ったことが，メイテイ，ナガ，クキなどのエスニック集団間の関係を複雑化させることにもなった。また，インパール周辺一帯は戦場となり，連合軍・日本軍の双方が爆撃を行ったため，民衆にも多大な犠牲が出たことも，忘れてはならない。なお，イギリス政府および独立後のインド政府は，被害を受けた地元の人びとに対し戦後補償を行ったが（Naorem 2019），後述のとおりインド側は日本に対する賠償請求権を放棄したため，日本政府は地元の人びとへの補償金を一切支払っていない。

(3)　日本の敗戦と南アジア

　1945年8月15日，日本の敗戦によって第二次世界大戦は終結した。1946～1948年に開かれた極東国際軍事裁判，いわゆる東京裁判では，インド代表判事ラダビノド・パル（Radhabinod Pal, 1886～1967）が被告全員無罪とする少数意見書を提出したことが知られている。このとき検察側は，被告らが共同謀議をしたと主張したが，パルは，その共同謀議は立証されなかったとした。
　南アジア各国と日本との間での戦争状態終結と外交関係の復活は，次のように行われた。
　インドは，戦後の1947年8月15日に独立を果たした。日本が連合国の占領下にあったため，国交関係はなかったが，日印貿易は1948年に再開された（堀本 2017）。インドと日本が国交を樹立したのは1952年のことである。インドはサンフランシスコ講和会議に参加せず，独自に日本との間で平和条約を締結した。インドは対日賠償請求権を放棄した。
　パキスタンも，戦後の1947年8月14日に独立を果たした。セイロン（スリランカ）は，1948年にイギリス連邦内の自治領として独立した。この両国はサンフランシスコ講和会議に出席し，1952年のサンフランシスコ平和条約に

調印した。セイロンも，インドと同様に，対日賠償請求権を放棄した。

　ネパールは，19世紀以来鎖国していたが，1951年に開国し，日本との間では1956年に国交が樹立された。モルディヴは，1965年にイギリスの保護領から完全な主権国家として独立し，日本はこれを承認，国交を樹立した。バングラデシュは，パキスタンからの独立戦争（第三次インド・パキスタン戦争）を経て1971年12月に独立し，1972年2月に日本政府はいち早くバングラデシュを承認，国交が樹立された。ブータンは，1986年に日本と国交を樹立した（辛島他 2012）。

　戦時中，日本と南アジアは，インド国民軍やインパール作戦に関連し多くの人びとの間で，否応なく，直接間接に，ときには命を犠牲にまでして「濃密」な接触がなされたわけであった。しかし戦争直後の日本や独立直後のインドやパキスタンの一般の人びとにとって，海外渡航は夢であって，互いの直接交流はゼロに等しい状況に陥る。しかも，日本と南アジアの人びとの「現実」の交流の深まりが，戦前レベルまで戻り，さらにそれを超えていくようになるまでには，次節でみるように，数十年もの年月を要することになるのである。

4　現　　代

(1)　「経済大国日本」と南アジア

　1950年代半ば，日本が高度成長を開始すると，綿にかわって鉄鉱石が，インドからの輸入品目の第1位を占めるようになる。インドにとって日本は，この後も重要な貿易相手であり続けることになるのだが，対照的に，日本にとってインドとの貿易は，貿易総額の1％以下に減少する。1980年代のインドから日本への輸出上位3品目は，鉄鉱石，ダイヤモンド，エビであった。こうした相互に脈絡のない3品目が上位を占めているのは，日印経済関係の基盤が脆弱であったことを物語っている（佐藤 2017：136）。このような状況の背景にあったのは，インド国内の経済停滞，南アジア域内情勢の不安定化，日本の東南アジア重視，そして当初は非同盟路線を掲げていたインド外

交の軸が徐々にソ連寄りに傾斜していったことなどであった（山崎・高橋 1993）。この時期，特筆されるのは，インドの国営企業と鈴木自動車工業の合弁によるマールティ・ウドヨーグ（現マールティ・スズキ）社の成功である。同社の乗用車の市場占有率は80％を上回るほどになり，また「日本的経営」の導入や多くの自動車関連部品メーカー育成などの点で，インド製造業史上，画期的な役割を果たした（佐藤 2017：135-136）。

　戦後，日本と南アジアの新たな関係のあり方として登場したのが，経済協力（政府開発援助，ODA）である。インドについてみると，1950年代に円借款が開始され，1960年代に一度は後退するが，1980年代以降は増加した（佐藤 2017）。そうしたなかで注目を集めることになったのが，ナルマダー問題である。インド政府がナルマダー川に建設するサルダール・サローヴァル・ダムに対し，世界銀行と日本政府が援助を決定したが，立退き対象住民を中心に強力なダム建設反対運動が盛り上がりをみせ，世銀も日本も融資を凍結することとなった（鷲見 1990；真実 2001）。

　この間，留学生や観光客の増加により，人びとの直接の交流は着実に深まっていったが，他方でそれと反比例するかのように，日本の一般の人びとの間では，インドやその他の南アジア諸国に対する関心は薄れていったように思われる。たしかに，高度成長によって失われてしまった理想郷としての農村を中心とした「悠久のインド」のイメージや，欧米サブカルチャー由来の「神秘のインド」などに強烈に惹かれた人も一部には存在したが（五十嵐 2015），日本では圧倒的に，インドやバングラデシュは「貧困」の代名詞だとでもいうような風潮が長く続いたのである。

(2)　グローバル化の時代における南アジアと日本

　1990年前後に冷戦終結，湾岸戦争，インド経済自由化などの出来事が相次いで起こるとともに，2000年代に入りグローバル化が加速したことで，南アジアと日本の関係は新たな段階に入りつつある。グローバル化とは，人・物・カネ・情報などの国境を越えた移動が質量ともに増大していくことである。佐藤（2012）は，この時期の日印経済関係を，物（国際貿易）・カネ（資

本移動）・人（労働移動等）の３つの角度から分析している。

　まず日印貿易についてみると，貿易規模は2003年頃から大きくなっている
ものの，インドと中国・韓国の間の貿易の緊密化に比べると，日印貿易は相
対的には希薄化しつつある。日本のインドからの輸入品目の第１位は「石
油・歴青油」となっている（佐藤 2012：137-140）。

　日本からインドへの外国直接投資は大幅に増加している。この動きを牽引
しているのは，日系自動車企業によるインド国内生産の本格化である。
ODA は，1998年のインド核実験に対する経済制裁（～2001年）の影響を受
けた時期を除くと，毎年1000億ドル以上もの供与を行ってきた。代表的事業
のひとつが，デリーメトロの建設である。デリーメトロは，市民の足として
不可欠な存在になっており，日本のインドへの ODA のなかでも最も成功し
たものとして高く評価されている（佐藤 2012：143-152）。

　日本人のインド入国者数，インド人の日本入国者数，在印日本人，在日イ
ンド人のいずれも，増加している。在日インド人については，近年 IT 技術
者が増加している点，およびインド人留学生が非常に少ない点が特筆される
（佐藤 2012：152-155）。

　日本政府観光局のデータによると，インドからの訪日旅行者はこれまで，
観光客よりも商用客のほうが多かったが（訪日外国人全体の傾向としては商用
客より観光客のほうが圧倒的に多い），2016年度に観光客数が商用客数を超え
た（日本政府観光局 2019）。今後，インド人観光客のさらなる増加を図るに
は，インドの某旅行代理店経営者が指摘するように，アニメーションや映画
のロケ地を提供し観光地として日本をアピールすることや，SNS の活用が
鍵となるであろう。

　日本では，南アジアとの今後の関係構築のあり方について，「急成長する
南アジアの巨大市場に今こそ積極的に進出すべきだ」とか，「台頭する中国
を封じ込める戦略として南アジア各国との関係緊密化を図るべきだ」とかと
いった主張がなされることがある。そうした「経済」や「政治」の領域から
スタートする戦略的な関係づくりを，筆者はここで否定するつもりはない。
しかし「南アジアの人たちといかにつきあっていくべきか」ということを，

とことん突き詰めて，その意味をよくよく考えてみるならば，結局のところ，"人と人との心のつながり"の問題に行き着くように筆者には思われる（もちろん，それは南アジア地域以外の人びととの関係についても，同様のことがいえるであろう）。そこで最後に，本章の締めくくりとして，南アジアと日本の人びとの交流に関し，最近筆者が経験した忘れられないエピソードを紹介させていただきたい。

　本章扉写真に写っているマニプル大学のイボ・シン先生を，日本にお招きした時のことである。イボ・シン先生は40年前に半年間，日本の早稲田大学に留学されていた。その留学中ご自身の指導教員だった日本人のN先生のことを，イボ・シン先生は慕っておられた。「N先生は私の"父親"であり"兄"です。N先生と出会っていなければ今の私はありません。」N先生は10年ほど前に亡くなられたのだが，そのご家族と連絡がとれたので，今回イボ・シン先生の訪日中に一緒に訪ねることになった。

　当時住んでおられた町の駅に到着するとイボ・シン先生は，懐かしい！と急に饒舌になった。しかしN先生のお宅に向かって歩き始めると，一転，すっかり無言になり，歩くスピードはグングン速まり，あっと言う間にN先生のお宅に到着した。玄関のドアは開かれていた。イボ・シン先生が「奥さまー，奥さまー」と呼びかけ，ご夫人と娘さんが出てこられると，イボ・シン先生は感極まって，崩れ落ちるように膝を折り，大声でおいおいと泣き出し，ご夫人と娘さんと抱き合いながら，ご近所中に3人の泣き声が響き渡った。その場にいた筆者も，同行したイボ・シン先生の同僚のアマル先生も，もらい泣きしてしまった。

　南アジアと日本の関係が今後どうなるかは，結局，イボ・シン先生とN先生のような関係がどれほど広がるかにかかっているのではないだろうか。

参考文献

我妻和男　2006『タゴール——詩・思想・生涯』麗澤大学出版会。

五十嵐理奈　2015「日本におけるインド・イメージ」三尾稔・杉本良男編『現代イン
　　ド6　還流する文化と宗教』東京大学出版会，246-249頁。

辛島昇他監修　2012『新版　南アジアを知る事典』平凡社。

佐藤隆広　2012「インドと日本」西島章次・久保広正編『現代の世界経済と日本』ミネルヴァ書房，131-159頁。

佐藤隆広編　2017『インドの産業発展と日系企業』神戸大学経済経営研究所。

鷲見一夫編　1990『きらわれる援助――世銀・日本の援助とナルマダ・ダム』築地書館。

長崎暢子　2019「独立インドへの道」長崎暢子編『南アジア史4　近代・現代』山川出版社，113-149頁。

中里成章　2007「日本軍の南方作戦とインド――ベンガルにおける拒絶作戦（1942〜43年）を中心に」『東洋文化研究所紀要』151：149-217。

中村尚司　1994『人びとのアジア――民際学の視座から』岩波書店。

日本政府観光局　2019「2017年　国籍別／目的別　訪日外客数（確定値）」https://www.jnto.go.jp/jpn/statistics/tourists_2017df.pdf（2019年6月28日閲覧）。

堀本武功編　2017『現代日印関係入門』東京大学出版会。

真実一美　2001『開発と環境――インド先住民族，もう一つの選択肢を求めて』世界思想社。

森本達雄　2015『原典で読む　タゴール』岩波書店。

山崎利男・高橋満編　1993『日本とインド――交流の歴史』三省堂。

Bose, S. 2011. *His Majesty's Opponent: Subhas Chandra Bose and India's Struggle against Empire*. Cambridge, MA: Belknap Press.

Guyot-Réchard, B. 2017. When Legions Thunder Past: The Second World War and India's Northeastern Frontier. *War in History* 25(3): 328-360.

Naorem, D. 2019. Japanese Invasion, War Preparation, Relief, Rehabilitation, Compensation and *'State-making'* in an Imperial Frontier (1939-1955). *Asian Ethnicity* 21（1）：96-121. DOI: 10.1080/14631369.2019.1581985

『日本とインド——交流の歴史』山崎利男・高橋満編，三省堂，1993年
　　　古代から1990年代初めまでの日印関係史について，経済，政治，文化の
　　　各方面から論じた古典的作品。

『現代日印関係入門』堀本武功編，東京大学出版会，2017年
　　　1990年代以降の日本とインドの経済関係，政治関係について，アメリカ
　　　や中国を視野に入れた国際情勢の変化を踏まえ，詳細に分析するととも
　　　に，今後の課題と展望を論じている。

『人びとのアジア——民際学の視座から』中村尚司，岩波書店，1994年
　　　国家と国家の関係ではなく人びとの関係を主軸に据える「民際学」の立
　　　場から，日本とアジアの人びとが，いかにして，ともに豊かに生きてい
　　　けるのかを問うた書。

南アジアと中国

揺れ動く地域間関係

山本達也

　南アジア諸国がアメリカと並んで無視できない国，それが中国である。

　近代国民国家の誕生によって各国の国境が引かれる以前から，南アジアと現在の中国の間では交易が盛んであり，人や物の移動を通じて各種の交流がなされていた。しかしながら，第二次世界大戦終戦後，1962年の国境紛争や，インドの政敵パキスタンが中国に接近したことで，インドと中国両国の関係は悪化し，それが南アジア諸国の政策にも影響を与えた。ネパールは，インドと中国両者の顔色を窺いながらも，インフラの供給への依存もあってインド側の肩をもってきた。バングラデシュはその独立の経緯からしてインドに大きく依存しており，スリランカもまたインドと良好な関係を築いてきた。

　しかしながら，21世紀に入ると南アジア諸国と中国の関係が激変する。当初から中国と良好な関係を築いてきたパキスタンはもとより，ネパールやスリランカ，バングラデシュのインフラ整備に融資することで，南アジア諸国が経済的に依存する状況を中国は生み出してきた。2013年に習近平が打ち出した「一帯一路」構想は，この方向性にさらに拍車をかけようとするものである。一帯一路とは，「シルクロード経済ベルト」と「21世紀海上シルクロード」からなる経済と政治の双方を含み込む安全保障構想である。実際は，市場メカニズムを通じて人民元をアジアの基軸通貨とし，政治的経済的な覇権を獲得しようとする中国のグローバル政策であり，中国は南アジア諸国をこのなかに取り込もうと働きかけている。ネパールと中国間の融資や物流をさらに加速させるために，西寧からチベット自治区のシガツェを結ぶ青蔵鉄道をカトマンズまで延伸する計画に中国ネパール両政府は2018年6月に合意している。また中国政府は，港湾や鉄道網などの整備のために巨額の融資をスリランカやパキスタンに投入してきた。しかしながら，これらの国々は依存先をインドから中国に完全にシフトしたわけではなく，両国間を揺れ動く「天秤外交」で状況に対応している。インドもまた，中国との関係から経済的利益を引き出しながらも，南アジア諸国の外交政策を利用して中国を牽制している。

あとがき

　本書の著者には2つの共通点がある。1つ目に，本書の著者の多くは，南アジアの社会経済が劇的に変化を遂げた1990年代以降に南アジアで研究を始めた若手・中堅研究者であることだ。インドの場合，1990年代前半に経済自由化が本格的に開始されたが，著者たちは「悠久のインド」から「激動のインド」への変貌期に調査をはじめた世代といえる。わたしたちは，そのような大きく変貌する状況のなか，各自が関心を寄せる時間軸・空間軸で南アジアを捉えようとしている。

　ところで，研究者は学術学会や研究プロジェクトなどを通じて国内外のさまざまな研究者と出会い，日々ネットワークや見聞を拡げている。日本における南アジア研究の場合，近年では2010年度に開始された人間文化研究機構の地域研究推進事業「南アジア地域研究」が果たした役割はきわめて大きく，文字通り地域研究として研究分野や地域・国を超えた活発な研究交流が行われてきた。

　本書はさまざまな経緯で知り合った出会いの所産であるが，とりわけ「南アジア地域研究」によるところは大きい。編者3名はいずれも「南アジア地域研究」の元研究員（石坂は京都大学中心拠点，舟橋は龍谷大学拠点，宇根は広島大学拠点）であり，勤務場所は違えども「同僚」として苦楽をともにしてきた。われわれ編者は，新旧の研究員や，「南アジア地域研究」の研究会，国内外のシンポジウム，合宿，セミナーなどで出会った研究者に声を掛けさせてもらい，さまざまな専門分野を背景に活躍する総勢24名による本書を構成することができた。おもに「南アジア地域研究」を通じた出会い，これが本書の著者における2つ目の共通点といえる。この出会いをさらに拡げる意味でも，読者の方々にとって本書との出会いが南アジアについてさらに深く興味を抱く機会となれば幸いである。

　最後に，本書の出版にあたって編集作業を担当いただいた昭和堂の松井久

見子氏と工藤雅史氏には，原稿の遅れや煩雑な校正作業などにもことのほか忍耐強く対応いただいた。松井氏の一般読者を常に意識した的確な助言と工藤氏の丁寧なチェックにより，本書全体がブラッシュアップされたことは間違いない。著者を代表して心より感謝の意を表したい。

　2020年1月

編者一同

索　引

■編者・執筆者紹介 （執筆順。＊印編者）

＊**石坂晋哉**（いしざか　しんや）　　　　　　　　はじめに，序章，第13章，コラム②，あとがき
愛媛大学法文学部教授。博士（地域研究）。専門は社会学。主な著作に『現代インドの環境思想と環境運動——ガーンディー主義と〈つながりの政治〉』（単著，昭和堂，2011年），『インドの社会運動と民主主義——変革を求める人びと』（編著，昭和堂，2015年）ほか。

＊**宇根義己**（うね　よしみ）　　　　　　　　　　　　はじめに，第1章，あとがき
金沢大学人文学類准教授。博士（文学）。専門は人文地理学。主な著作に「インド・デリーのインフォーマル工業部門における産業集積の存立構造」（共著，『地理学評論』92（3），2019年），『経済地理学への招待』（分担執筆，ミネルヴァ書房，2020年）ほか。

＊**舟橋健太**（ふなはし　けんた）　　　　　　　　　　はじめに，第8章，あとがき
龍谷大学社会学部准教授。博士（地域研究）。専門は文化人類学。主な著作に『現代インドに生きる〈改宗仏教徒〉——新たなアイデンティティを求める「不可触民」』（単著，昭和堂，2014年），「よりよい生を求めて——インド，「不可触民」の解放実践と仏教改宗」（石森大知・丹羽典生編『宗教と開発の人類学——グローバル化するポスト世俗主義と開発言説』分担執筆，春風社，2019年）ほか。

小嶋常喜（こじま　のぶよし）　　　　　　　　　　第2章，コラム①，③
法政大学第二中・高等学校教諭。Ph.D.　専門は歴史学。主な著作に「植民地期インドにおける『農民』の登場——ビハール州キサーン・サバーの系譜」（単著，『南アジア研究』20，2008年），『インドの社会運動と民主主義——変革を求める人びと』（分担執筆，昭和堂，2015年）ほか。

井田克征（いだ　かつゆき）　　　　　　　　　　　　第3章，第4章
中央大学総合政策学部准教授。博士（文学）。専門はインド学，宗教学。主な著作に『ヒンドゥータントリズムにおける儀礼と解釈——シュリーヴィディヤー派の日常供養』（単著，昭和堂，2012年），『世界を動かす聖者たち』（単著，平凡社，2014年）ほか。

井上春緒（いのうえ　はるお）　　　　　　　　　　　　　　　　　　　コラム④
京都大学アジア・アフリカ地域研究研究科特任研究員。博士（地域研究）。専門は民族音楽学。主な著作に「タブラーの習得過程における記譜法の意義」（単著，『関西楽理研究』35，2018年），「18世紀の北インドとペルシャ音楽の文化融合——『タラーナ・イエ・スルール』にみるリズム理論」（単著，『リズム研究』18，2019年）ほか。

小松久恵（こまつ　ひさえ）　　　　　　　　　　　　　　　　　　　コラム⑤
追手門学院大学国際教養学部准教授。Ph.D.　専門はヒンディー文学。主な著書に *Stri Asmita Ki Khoj, Hindi Khestra Men Stri Dvaaraa Stri-Vimarsh 1857-1947*（単著，Nayi Kitab Prakashan，2019年），「買う・つくる・味わう——現代作家が描く食と女性」（分担執筆，春風社，2019年）ほか。

上田知亮（うえだ　ともあき）　　　　　　　　　　　　　　　　　　第5章
東洋大学法学部准教授。博士（法学）。専門は政治学。主な著作に『植民地インドのナショ
ナリズムとイギリス帝国観——ガーンディー以前の自治構想』（単著，ミネルヴァ書房，
2014年），『政治の司法化と民主化』（分担執筆，晃洋書房，2017年）ほか。

板倉和裕（いたくら　かずひろ）　　　　　　　　　　　　　　　　　　コラム⑥
奈良工業高等専門学校一般教科助教。博士（法学）。専門は政治学。主な著作に「インドの
制憲政治とB・R・アンベードカル——指定カースト留保議席導入をめぐる政治過程を中心
に」（単著，『南アジア研究』26，2014年），*Law and Democracy in Contemporary India:
Constitution, Contact Zone, and Performing Rights*（分担執筆，Palgrave Macmillan，2019
年）ほか。

和田一哉（わだ　かずや）　　　　　　　　　　　　　　　　　第6章，コラム⑦
金沢大学国際学類准教授。博士（経済学）。専門は開発経済学。主な著作に "Changes in
Employment Structures and Investments in Children's Education: Evidence from Rural
India"（単著，*PRIMCED Discussion Paper Series* 36，2013 年），"Impacts of Instream
Water Rights on River Water Conservation in Oregon"（共著，*Regional Environmental
Change* 19（8），2019年）ほか。

古田　学（ふるた　まなぶ）　　　　　　　　　　　　　　　　　　　第7章
愛知学院大学経済学部講師。博士（経済学）。専門は開発経済学。主な著作に「インド・
オートバイ産業の生産性分析」（共著，『インドの産業発展と日系企業』神戸大学経済経営
研究所叢書（77），2017年），"The Impact of Trade Liberalization on Productivity in the
Indian Manufacturing Sector"（単著，『経済学研究』7（1），2019年）ほか。

福味　敦（ふくみ　あつし）　　　　　　　　　　　　　　　　　　　コラム⑧
兵庫県立大学政策科学研究所教授。博士（経済学）。専門は開発経済学。主な著作に「モ
ディ政権の電力改革」（単著，『現代インドフォーラム』39，2018年），「ロシア，中国，イ
ンドの中央・地方財政関係の比較」（共著，『比較経済研究』56（1），2019年）ほか。

中條暁仁（なかじょう　あきひと）　　　　　　　　　　　　　　　　コラム⑨
静岡大学教育学部准教授。博士（文学）。専門は人文地理学。主な著作に『現代インドにお
ける地方の発展——ウッタラーカンド州の挑戦』（分担執筆，海青社，2014年），『経済地理
学への招待』（分担執筆，ミネルヴァ書房，2020年）ほか。

松尾瑞穂（まつお　みずほ）　　　　　　　　　　　　　　　　　　　第9章
国立民族学博物館超域フィールド科学研究部准教授。博士（文学）。専門は文化人類学。主
な著作に『ジェンダーとリプロダクションの人類学——インド農村社会の不妊を生きる女
性たち』（単著，昭和堂，2013年），『インドにおける代理出産の文化論——出産の商品化の
ゆくえ』（単著，風響社，2013年）ほか。

竹村嘉晃（たけむら　よしあき）　　　　　　　　　　　　コラム⑩，⑬
　　人間文化研究機構総合人間文化研究センター・推進センター研究員。博士（人間科学）。専門は芸能人類学。主な著作に『神霊を生きること，その世界——インド・ケーララ社会における「不可触民」の芸能民族誌』（単著，風響社，2015年），「踊る現代インド——グローバル化の中で躍動するインドの舞踊文化」（共著，三尾稔・杉本良男編『現代インド6　環流するインドの文化と宗教』東京大学出版会，2015年）ほか。

茶谷智之（ちゃや　ともゆき）　　　　　　　　　　　　　　　　第10章
　　兵庫教育大学大学院学校教育研究科講師。博士（地域研究）。専門は文化人類学。主な著作に『依存からひろがる人生機会——インド・スラム地域の人間開発と「子育ての民主化」』（単著，春風社，2020年）ほか。

中村沙絵（なかむら　さえ）　　　　　　　　　　　　　　　　コラム⑪
　　東京大学大学院総合文化研究科准教授。博士（地域研究）。専門は文化・医療人類学，南アジア地域研究。主な著作に『響応する身体——スリランカの老人施設ヴァディヒティ・ニヴァーサの民族誌』（単著，ナカニシヤ出版，2017年）ほか。

山本達也（やまもと　たつや）　　　　　　　　　　　　第11章，コラム⑭
　　静岡大学人文社会科学部准教授。博士（人間・環境学）。専門は文化人類学。主な著作に『舞台の上の難民——チベット難民芸能集団の民族誌』（単著，法蔵館，2013年），*Law and Democracy in Contemporary India: Constitution, Contact Zone, and Performing Rights*（共編著，Palgrave Macmillan，2019年）ほか。

飯田玲子（いいだ　れいこ）　　　　　　　　　　　　　　　　コラム⑫
　　金沢大学国際基幹教育院講師。博士（地域研究）。専門は地域研究，文化人類学。主な著作に『インドにおける大衆芸能と都市文化——タマーシャーの踊り子による模倣と欲望の上演』（単著，ナカニシヤ出版，2020年）ほか。

橘　健一（たちばな　けんいち）　　　　　　　　　　　　第12章第1節
　　立命館大学非常勤講師。博士（学術）。専門は人類学。主な著作に『〈他者／自己〉表象の民族誌——ネパール先住民チェパンのミクロ存在論』（単著，風響社，2009年），『体制転換期ネパールにおける「包摂」の諸相——言説政治・社会実践・生活世界』（編著，三元社，2017年）ほか。

木村真希子（きむら　まきこ）　　　　　　　　　　　　　第12章第2節
　　津田塾大学学芸学部多文化・国際協力学科教授。Ph.D.（Sociology）。専門は社会学。主な著作に *The Nellie Massacre of 1983: The Agency of Rioters*（単著，Sage，2013年），『先住民からみる現代世界——わたしたちの〈あたりまえ〉に挑む』（共編著，昭和堂，2018年）ほか。

志賀美和子（しが　みわこ）　　　　　　　　　　　　　　第12章第3節
　　専修大学文学部教授。博士（文学）。専門は歴史学。主な著作に『わかる・身につく　歴史学の学び方』（編著，大月書店，2016年），『近代インドのエリートと民衆——民族主義・共産主義・非バラモン主義の競合』（単著，有志舎，2018年）ほか。

須永恵美子（すなが　えみこ）　　　　　　　　　　　　　　
　東京大学附属図書館特任研究員。博士（地域研究）。専門は地域研究。主な著作に『現代パ
キスタンの形成と変容——イスラーム復興とウルドゥー語文化』（単著，ナカニシヤ出版，
2014年），*History, Literature and Scholarly Perspectives South and West Asian Context*（分
担執筆，Islamic Research Academy，2016年）ほか。

鈴木真弥（すずき　まや）　　　　　　　　　　　　　　　　
　大東文化大学国際関係学部准教授。博士（社会学）。専門は社会学・地域研究。主な著作に
『現代インドのカーストと不可触民——都市下層民のエスノグラフィー』（単著，慶應義塾
大学出版会，2015年），*Law and Democracy in Contemporary India: Constitution, Contact
Zone, and Performing Rights*（分担執筆，Palgrave Macmillan，2019年）ほか。

シリーズ地域研究のすすめ①

ようこそ南アジア世界へ
Introduction to South Asian Area Studies

2020 年 4 月 10 日　初版第 1 刷発行
2023 年 10 月 30 日　初版第 3 刷発行

編　者　石　坂　晋　哉
　　　　宇　根　義　己
　　　　舟　橋　健　太

発行者　杉　田　啓　三

〒607-8494　京都市山科区日ノ岡堤谷町 3-1
発行所　株式会社　昭和堂
振替口座　01060-5-9347
TEL（075）502-7500／FAX（075）502-7501
ホームページ　http://www.showado-kyoto.jp

遠藤　貢 編
阪本拓人 編
シリーズ地域研究のすすめ②
ようこそアフリカ世界へ
定価2640円

川島　真 編
シリーズ地域研究のすすめ③
ようこそ中華世界へ
定価2970円

石坂晋哉 著
現代インドの環境思想と環境運動
――ガーンディー主義と〈つながりの政治〉
定価4400円

石坂晋哉 編
インドの社会運動と民主主義
――変革を求める人びと
定価5940円

舟橋健太 著
現代インドに生きる〈改宗仏教徒〉
――新たなアイデンティティを求める「不可触民」
定価6820円

田中雅一
嶺崎寛子 編
ジェンダー暴力の文化人類学
――家族・国家・ディアスポラ社会
定価6930円

昭和堂
（表示価格は税込）